21世纪高职高专财经类规划教材

21SHIJI GAOZH... CAIJINGLEI GUIHUA JIAOCAI

U0880593

会计综合实训

（附原始凭证）（第2版）

Kuaiji zonghe shixun

甄立敏 张亚兵 ◎ 主编

许现晖 马喜珍 杨洪涛 陈志龙 ◎ 副主编

刘巧茹 ◎ 主审

人 民 邮 电 出 版 社

北 京

21SHIJI GAOZHIGAOZHUAN CAIJINGLEI GUIHUA JIAOCAI

图书在版编目（CIP）数据

会计综合实训 : 附原始凭证 / 甄立敏，张亚兵主编
. -- 2版. -- 北京 : 人民邮电出版社，2015.9
21世纪高职高专财经类规划教材
ISBN 978-7-115-30148-2

Ⅰ. ①会… Ⅱ. ①甄… ②张… Ⅲ. ①会计学－高等职业教育－教材 Ⅳ. ①F230

中国版本图书馆CIP数据核字(2015)第167186号

内 容 提 要

本书是“会计综合实训”课程教学解决方案中的一部分。除本书外，本方案还提供有电子课件、教学标准、手工会计处理参考答案、计算机会计处理备份文件、用友T3账套答案、纳税申报纸质资料和电子报税系统备份等配套教学资源。

本书是校企合作开发的仿真会计实训教材，采用仿真的凭证和会计岗位必要工作任务组织教材内容，突出仿真性和操作性，体现了工学结合。

本书共分三部分。第一部分是手工会计综合实训；第二部分是计算机会计综合实训；第三部分是企业纳税申报综合实训。三项实训均以阳光公司的经济业务为基础进行，并附有仿真原始凭证、会计报表、纳税申报表等，供学生实训操作时裁剪使用。

本书可作为高职高专院校财经、经济、管理类专业的技能课程教材，也可作为财会人员的培训教材及会计从业人员的自学参考书。

◆ 主　　编　甄立敏　张亚兵
　副 主 编　许现晖　马喜珍　杨洪涛　陈志龙
　责任编辑　万国清
　责任印制　张佳莹　杨林杰
◆ 人民邮电出版社出版发行　　北京市丰台区成寿寺路11号
　邮编　100164　　电子邮件　315@ptpress.com.cn
　网址　http://www.ptpress.com.cn
　三河市海波印务有限公司印刷
◆ 开本：787×1092　1/16
　印张：22.25　　2015年9月第2版
　字数：413千字　　2015年9月河北第1次印刷

定价：48.00元

读者服务热线：(010)81055256　印装质量热线：(010)81055316
反盗版热线：(010)81055315
广告经营许可证：京崇工商广字第0021号

第 2 版前言

本书第 1 版出版至今，我国的会计制度和税收法律制度发生了很多大的变化，政策的变化直接影响到企业会计核算和纳税申报工作，对高职“会计综合实训”课程的实训教学提出了新的要求。

一、修订背景

1. 会计政策和会计核算工作实务的变化

为适应社会主义市场经济发展，进一步完善我国企业会计准则体系，提高财务报表列报质量和会计信息透明度，保持我国企业会计准则与国际财务报告准则的持续趋同，2014 年伊始，财政部就出台了一系列准则，包括新增了《企业会计准则第 39 号——公允价值计量》等 3 项具体会计准则，修订了《企业会计准则——基本准则》和《企业会计准则第 9 号——职工薪酬准则》《企业会计准则第 30 号——财务报表列报》等 5 项具体会计准则。这是继 2012 年会计准则修订后的又一次大规模修订。同时财政部印发了《财政部关于印发<营业税改征增值税试点有关企业会计处理规定>的通知》（2012 年）、《企业产品成本核算制度（试行）》（2013 年）。会计新准则和成本核算制度的发布对企业相关经济业务的会计处理提供了新的操作规范。

2. 税收政策和企业报税工作实务的变化

2012 年 1 月 1 日起，我国拉开了营业税改征增值税试点大幕，这项税制改革对企业的税收工作影响深远。截至 2015 年 5 月，营改增的试点已经覆盖了交通运输业、邮政业、电信业、部分现代服务业 4 大行业。2013 年国家税务总局发布《关于调整增值税纳税申报有关事项的公告》，为配合营业税改征增值税试点政策实施，自 2013 年 9 月 1 日起，启用新的增值税纳税申报资料（包括纳税申报表及其附列资料和纳税申报其他资料）。2014 年国家税务总局发布《关于调整增值税纳税申报有关事项的公告》，为满足营业税改征增值税试点纳税人汇总申报缴纳增值税的需要，国家税务总局对增值税纳税申报[增值税纳税申报表附列资料（一）]有关事项进行了调整，调整后的申报表自 2014 年 11 月 1 日起使用。

为贯彻落实《中华人民共和国企业所得税法》及其有关政策，国家税务总局修订了企业所得税申报表，修订后的《中华人民共和国企业所得税年度纳税申报表（A 类，2014 年版）》，自 2015 年 1 月 1 日施行。

3. 会计环境的变化，使得会计工作的基础相应改变

会计政策和税收政策的变化，引起会计环境相应发生了很大的变化，尤其是企业接受的外来原始凭证正在悄然发生改变，比如增值税发票的改版，自 2014 年 8 月 1 日起启用新版增值税专用发票、货物运输业增值税专用发票和增值税普通发票。再比如财政部 2013 年年末《关于印发<企业会计信息化工作规范>的通知》，将进一步推动企业会计信息化、节约社会资源、提高会计软件和相关服务质量、规范信息化环境下的会计工作。同时随着互联网和信息技术在银行业的应用逐

步成熟，金融业对结算凭证的格式已经初步简化。

二、主要修订内容

增值税纳税人的增多、国家财税政策的改变、企业接受的外来原始凭证的更新、经济业务种类的变化，要求本教材适应会计环境的变化而相应调整内容。虽然每次重印均进行修订，但大面积的修订还需要再进行重新再版。

本次修订对原书内容进行了全面修改调整，增加了很多新内容，编写体例也做了调整，如增加了“提示”“注意事项”。修订的内容主要包括以下几处。

（1）项目一新增了互联网下的银行业务凭证、发票真伪鉴定、实训涉及的营业税改征增值税政策、《企业产品成本核算制度》，修订了期初资料、实训涉及的消费税政策，删除了部分参考答案（参考答案统一以电子文档形式赠送）；

（2）项目二新增了《企业会计信息化工作规范》，删除了《会计电算化工作规范》；

（3）附录一补充了总账数量；

（4）附录二修订了利润表格式，新增了现金流量表和所有者权益变动表；

（5）附录三修订了纳税申报表的格式；

（6）附录四调整了业务顺序，新增了业务种类，修订了发票（含增值税专用发票、货物运输业增值税专用发票、普通机打发票等）、银行各种结算业务凭证等原始凭证格式和内容。

（8）更新、补充完善原有配套教学资料，如对电子课件进行调整，根据新的会计准则和税收政策修订了实训答案，新增了用友软件T3系统（会计证考试软件）的账套答案。索取方式参见“配套资料索取说明”。

为了使教材更加贴近企业会计和纳税实战，来自企业一线的会计人员不仅提供了第一手的素材和案例资料，也在稿件修改中做了更多的工作。

本书第2版由河北软件职业技术学院甄立敏教授（注册会计师）任主编，负责拟定修订思路、编写大纲、修订书稿内容，并对全书进行统稿。参加修订编写工作的人员还有航天信息股份公司张亚兵、河北软件职业技术学院许现晖、中国石油化工股份公司的郭艳玲。

由于编者学识水平有限，难免有疏漏和不足之处，恳请读者批评指正！我们会在重印或下次再版时继续加以改进。

编　者

2015年5月

第 1 版前言

"会计综合实训"课程主要面向企业会计部门工作的全过程，为学生提供了会计工作场景再现，他们可以扮演会计部门的各种角色，亲自动手处理会计实务，体会会计工作中的酸甜苦辣，从而提高自身的会计核算能力、计算机会计处理能力、纳税申报能力和会计职业判断能力，实现对会计工作知识从感性认识到深入理解，形成核心竞争力。

一、编写感想

寒来暑往，时光飞逝。编者经过将近一年的企业走访，收集案例资料，工作之余又利用近一年的时间进行编写，并经过多次修改后，本书终于成稿。在会计综合实训教学过程中，学生们流露出浓厚的学习兴趣，同时也表现出对未来的迷茫和对自身能力的担忧。由于会计工作的特殊性，他们批量到企业财务部门实习是不可能的。怎样让他们在校期间就能真正融入工作环境，是编者教学改革的动力，也是本套教学解决方案编写的初衷。

二、创新点

众所周知，工学结合的实践性教学是高职教学的一个重要组成部分，能够使学生将所学的理论知识与实践技能水平得到验证。

在多年的教学生涯中，编者每年均从新出版教材中寻找最适合高职层次、最贴近企业实践的教材应用于教学。这些教材给学生提供了实战平台，对学生由学校走向工作岗位起到了指导作用。但由于各种原因，编者总感觉在本课程教学中仍存在一些缺憾。

如何弥补本课程教学中的缺憾是编者多年来一直思考的问题，由于本课程难以大规模进行企业实训，因此，编者试图编写一本在以下几方面有所创新的教学解决方案。

（1）将会计处理和纳税申报相结合。编者根据多年的会计工作实践和近年来对企业进行的走访，认为纳税申报工作是企业会计工作的重中之重，但此部分内容在现有教材中较少受到重视。当然，不少教材的企业经济业务中也包含一些涉税业务，但基本上仅限于购进、销售所涉及的一些增值税和业务发生当月的预缴企业所得税。按照相关法律规定，企业应按时、正确地进行纳税申报，故而本教学解决方案增加了纳税部分的内容。

（2）增加职工个人权益业务。随着我国用工制度逐渐规范化，职工个人权益的保护越来越受到管理部门、企事业单位、职工个人的重视，故而本教学解决方案增加了涉及职工个人利益的事项。

（3）提出"教材+电子资料"的立体化教学解决方案。任何一个教学解决方案都不可能由教科书单独完成，如果将会计处理结果放在教材内，既会加重学生负担，也不利于实训的开展。本教学解决方案以教科书为中心，提供动态更新的电子教学资源。整理动态电子教学资源是一件费时费力的工作，但却最有益于学生实训和教师教学。之所以说是"动态"，是因为本书不仅提供课件、教案、手工会计处理参考答案、计算机会计处理备份文件（使用 V8.50 版本用友软件 ERP-U8 进行会计处理完毕的账套备份）、纳税申报纸质资料和电子报税系统备份等配套资源，而且这些资源还会根据国家财经法规的政策变化随时进行修改、调整（本书配套电子资源的索取方式参见本书末页的“配套资料索取说明”）。

三、本教学解决方案的特点

本教学解决方案根据 2006 年财政部颁布的《企业会计准则》及其应用指南、2008 年修订的《中华人民共和国增值税暂行条例》及其实施细则、《中华人民共和国消费税暂行条例》及其实施细则、《中华人民共和国营业税暂行条例》及其实施细则、2007 年颁布的《中华人民共和国企业所得税法》及其实施条例以及最新政策编写。编者在编写过程中力图体现以下特点。

（1）校企合作共同开发，体现工学结合。本教学解决方案由校企合作共同开发，由会计、税务行业专家、会计工作人员和会计专业的教师共同编写，实训素材仿真性强。在模拟一个真实的公司时，会精选其各方面经济活动所涉及的典型经济业务，尽量让读者见到各种类型的原始凭证，并将它们浓缩在一个月（即 12 月）内发生，以提高学员的实训效率和会计工作的整体认知。

（2）根据企业实际确定实训项目，内容新颖。本教学解决方案以企业会计的日常工作为主要实训项目，涵盖了三部分工作内容：一是手工会计综合实训；二是计算机会计综合实训；三是企业纳税申报综合实训。三项实训均以阳光公司经济业务为基础进行，书后附有仿真原始凭证和纳税申报材料，供学生实训操作时裁剪使用。

（3）根据会计工作实际确定实训内容，工作适应性强。凡需要由单位相应会计岗位填制的自制原始凭证，都需要由会计人员（实训中为学生）自行填制或加盖相关印章，这样就增加了会计岗位处理业务的真实感。实训将手工账与电算化账充分结合，以企业常见的业务为主线，同时设计了现实工作中最新而又与会计工作、会计人员关联最为密切的业务，如“五险一金”业务的处理。

（4）重构实训项目体系，便于学生实训操作。本教学解决方案主要适用于高职层次的学生进行会计综合实训，也可供自学者使用。实训要求学生在真实的凭证、账簿和报表中独立完成各项工作任务，最终提交一套完整的会计档案和企业报税资料，并按照我国税收法律法规进行纳税申报。实训项目设计了“知识链接”“实训指导”等板块，对学生进行指导和实训内容分析，这对于进行实训的学生或自学者是极大的帮助，可以提高实训的准确性和速度。

（5）工作任务连续、完整，实训具有验证性。对企业发生的经济业务，先要求实训者进行手工操作，然后进行电算化操作，最后填制需要上交税务机关的纳税申报资料。实训者通过手工和电算化的会计处理结果对比、会计处理和纳税申报资料比对，可以验证会计处理结果的正确性。

本书由河北软件职业技术学院甄立敏教授和张亚兵任主编。具体分工如下：甄立敏负责收集实训资料、拟定编写提纲、修改全书，同时编写项目一、项目三、附录二、附录三及参考答案；张亚兵编写项目二及参考答案及原始凭证的修改；杨洪涛（保定市财政局）负责参考答案，陈志龙（某外资制造企业财务经理）负责收集实训资料、审阅原始凭证，许现晖、马喜珍负责附录一项目一经济业务原始凭证的编制。最后由甄立敏总纂成书。

本书由河北软件职业技术学院刘巧茹教授审稿，在审定过程中提出了许多宝贵意见。在编写过程中，得到了汪丽萍和刘松颖老师的帮助，也得到了河北软件职业技术学院各位领导的大力支持，在此表示衷心的感谢。

书中难免有错误和不当之处，敬请广大读者批评指正。

编　者

2011 年 5 月

目录

上　册

下 册

项目一

手工会计综合实训

活动 1　明确手工会计实训目的

本实训为手工会计综合实训，模拟了河北阳光啤酒集团有限公司 2014 年 12 月份的全部业务，为学生提供了会计工作场景再现。通过对这套仿真实训的操作，学生能够练习并掌握工业企业会计核算的基本程序和基本方法，从而对工业企业会计核算的全过程有比较清晰、完整的认知，将所学的会计专业理论与实践操作融会贯通，提高解决会计问题和办理企业纳税事宜的能力毕业后能尽快上岗工作。

活动 2　了解手工会计实训要求

（1）完全按照会计部门工作实际组织会计核算的程序、方法和所使用的账、证、表来进行会计实训。

（2）必须按照会计制度规定用蓝或黑墨水填制凭证、登记账簿和编制报表，不得随意用红笔记录。

（3）会计数字书写要符合要求，如发现错误，必须用正确的方法予以纠正。

（4）记账凭证编号整理，科目汇总表放入其中，加上封面、封底，分别装订成册。装订人员需注明单位名称、年度、月份、起讫日期和编号，并签名、盖章。

（5）每位学生需撰写实训报告，总结实训体会。实训报告必须由学生独立完成，写出真情实感。

本实训时间要求在 40～70 课时。

实训提示

在手工会计实训练习中，建议特别注意以下两项：

（1）仔细阅读会计主体设计，了解企业概况，掌握企业会计制度。

（2）仔细阅读操作程序设计，按操作程序对河北阳光啤酒集团有限公司 2014 年 12 月份发生的经济业务进行相应的账务处理。

活动 3　确定实训形式

形式一：实训开始后，组织每个学生独立完成此项实训，包括空白原始凭证的填写、记账凭证的编制、账簿的登记（含总账、明细账、日记账）、会计报表的编制。

形式二：实训开始后，按照会计岗位进行分岗位实训，使学生熟悉会计处理的流程和各岗位的主要职责与标准，培养团队合作意识和严谨的工作作风。

活动4 配齐手工会计实训用品

（1）通用记账凭证135张。

（2）明细账页：三栏式明细账1本（约80张），多栏式30张，数量金额式16张，增值税专用多栏账页4张。

（3）总分类账簿1本，见附录一附表1.3～附表1.66。

（4）库存现金日记账1本（或1张），见附录一附表1.1，银行存款日记账1本（或2张），见附录一附表1.2。

（5）科目汇总表4张，见附录一附表1.67～附表1.70。

（6）资产负债表1份，见附录二附表2.2；利润表1份，见附录二附表2.1。

（7）记账凭证封皮3套。

另外准备记账用笔（黑色及红色）、胶水、账本夹、口取纸、账本绳、夹子、曲别针、装订机等。

活动5 明确手工会计操作流程

（1）根据河北阳光啤酒集团有限公司2014年11月份各账簿期末余额建账，将11月期末余额逐笔登记到各日记账、明细账、总账中，并认真进行核对。

（2）对收到的外来原始凭证和部分已填写好的自制原始凭证进行审核，并将空白原始凭证或原始凭证汇总表填写完整。

（3）根据审核无误的原始凭证及原始凭证汇总表，填制记账凭证。

（4）对已填写的记账凭证进行审核。

（5）根据审核无误的记账凭证和原始凭证，逐笔登记现金日记账、银行存款日记账和其他明细分类账。

（6）根据记账凭证编制科目汇总表。

（7）根据科目汇总表登记有关的总分类账。

（8）采用"账结法"计算每月利润总额和净利润，年终对全年利润总额进行分配，并结清除了"利润分配——未分配利润"以外的其他"利润分配"的明细账户。

（9）对账和结账，并根据有关资料编制资产负债表、利润表、所有者权益变动表、现金流量表。

（10）整理和装订会计资料。

活动6 熟悉会计主体情况

一、企业概况

河北阳光啤酒集团有限公司（以下简称"阳光公司"）拥有阳光啤酒商标，是一家以啤酒生产为主业，以啤酒配套和相关产业为辅助的大型现代化啤酒企业。采用先进技术生产高品质的啤酒产品，满足了广大消费者的需求，创造了良好的社会效益和经济效益。

阳光公司设有酿造部和包装部两个生产车间，及工程部一个辅助生产车间。公司以麦芽、大米等为原料、以啤酒花为辅料生产阳光纯生啤酒和阳光普通啤酒两种产品。销售的产品通过第三方物流公司运送给客户，运费卖方负担。出于环保的原因，公司管理和产品生产用水直接从自来水公司购买，生产和管理用电直接从供电公司购买。

1. 公司机构设置和重点人员配置

公司机构设置和重点人员配置如表 1.1 所示。

表 1.1 公司机构设置和重点人员配置明细表

序号	部门	职 务	职工姓名	序号	部门	职 务	职工姓名
1	董事会	董事长	赵立强	7	销售部	经理兼南方区客户经理	赵建
2	经理层	总经理	钱二国			华东区客户经理	赵海
3	财务部	经理	孙丽丽			华北区客户经理	郑伟林
		出纳	李芳芳	8	物流部	经理	李东
		会计	郑祥林			采购	李勤
		主管会计	周宏伟			库管员	周丽影
4	酿造部	经理	李强	9	行政部	经理	孙兵
		领料员	李红			职员	孙梅
		报账员	李刚			职员	孙巧巧
5	包装部	经理	周立强	10	工程部	车队负责人	孙亮
		领料员	李莉			经理	钱刚强
		报账员	周芳芳			报账员	钱美丽
6	品控部	经理	赵涛				
		检验员	石晓光				
		报账员	赵丽				

2. 企业其他基本信息

法定代表人：赵立强　　企业类型：股份有限公司

成立日期：1996 年　　经营期限：1996 年 1 月 3 日至 2036 年 1 月 3 日

经营范围：从事啤酒的生产和销售　　经营地址：河北省万春市春江路 8008 号

联系电话：89798969　　开户银行：中国建设银行股份有限公司万春第一支行

账号：1300160000111222201　　税务登记号：130620041011029

计算机代码：01020304　　主管税务局：万春市国家税务局、万春市地方税务局

二、企业会计制度设置情况

公司执行新会计准则，会计核算健全。

（1）记账方法：借贷记账法。

（2）会计科目：使用财政部 2006 年《企业会计准则》规定的科目名称。

（3）库存现金限额：36 000 元。

（4）坏账损失采用备抵法转销，坏账准备采用“应收账款余额百分比法”，提取比率为 3‰。

（5）存货（原材料、周转材料、库存商品）按实际成本核算。啤酒花出库单价采用先进先出法计算，其他原材料、库存商品出库单价按加权平均法计算。塑料周转箱价值按五五摊销法摊销，其他周转材料价值采用一次摊销法摊销。购进存货时发生运输等费用一般由供应商承担，同时因供应商比较固定，每年年初签订购货合同，年内定价大多稳定不变，次年根据市场情况双方协商做调整。销售产品时发生运输等费用由本公司承担。

（6）辅助生产车间发生的费用在“辅助生产成本”账户的借方归集，并按工程部设置明细账，按受益对象耗用工时直接分配。

（7）生产车间为组织和管理生产所发生的各项费用在“制造费用”账户的借方归集，并按生产车间设置明细账。制造费用按生产工时在本车间不同产品之间进行分配。

（8）产品成本计算采用品种法，生产费用在完工产品与在产品之间的分配采用约当产量比例法，为便利操作，生产成本计算单内已给出 12 月在产品的约当产量。

（9）固定资产折旧采用年限平均法。

（10）无形资产摊销采用直线法。

（11）工会经费按工资总额的 2%计提并拨缴。

（12）长期股权投资，根据企业具体情况确定按成本法或权益法核算。

（13）五险一金，计提和缴存均使用“应付职工薪酬”科目核算。

1）企业负担的五险一金分别按应付工资总额的以下比例计提并缴存：养老保险缴存比例 20%；失业保险缴存比例 2%；工伤保险缴存比例 1%；医疗保险缴存比例 7.5%；生育保险缴存比例 0.6%；住房公积金缴存比例 10%。

2）职工个人负担的五险一金分别按职工个人工资的以下比例计提并缴存：养老保险缴存比例 8%；失业保险缴存比例 1%；医疗保险缴存比例 2%；住房公积金缴存比例 8%。

（14）利润分配：法定盈余公积金，按当年税后净利润的 10%计提；向投资者分配利润，对当年计提公积金后所剩利润的 60%，按照投资者出资比例分配。

（15）财务报销制度。原始凭证由企业相关负责人签字后，到财务部报销。其中，车票、住宿费实报实销，饮食、交通、通信等杂费按每天 100 元包干。

三、企业适用的主要税收政策情况

公司执行现行税收政策，为增值税一般纳税人，流转税确定为查账征收。

（1）公司不享受增值税税收优惠政策，啤酒增值税税率 17%，转让商标使用权增值税税率 6%。经主管税务机关核定，增值税纳税期限为 1 个月。

（2）公司不享受消费税税收优惠政策，采用定额计征消费税办法。每吨出厂价（含包装物及包装物押金，但不包括供重复使用的塑料周转箱的押金）在 3 000 元（含 3 000 元，不含增值税）以上的，消费税率 250 元/吨；每吨出厂价（含包装物及包装物押金，但不包括供重复使用的塑料周转箱的押金）在 3 000 元以下的，消费税率 220 元/吨。经主管税务机关核定，消费税纳税期限为 1 个月。

（3）公司不享受营业税税收优惠政策，出租不动产营业税税率为 5%，经主管税务机关核定，营业税纳税期限为 1 个月。

（4）城市维护建设税和教育费附加，分别按增值税额、消费税额和营业税额之和的 7%和 3%计算缴纳，纳税期限为 1 个月。

（5）公司不享受企业所得税税收优惠政策，适用企业所得税税率为 25%，采用按月预缴，年终汇算清缴的征收办法。

（6）根据我国《个人所得税法》及实施细则，对职工工资薪金所得项目应纳的个人所得税进行代扣代缴。

（7）房产税、车船税、土地使用税等按年征收，一次缴纳。经主管税务机关核定，房产税、车船税、土地使用税的缴纳税款时间分别为每年的 5 月、6 月、7 月。

（8）为便于核算，本套实训资料省略除上述以外税种的计算、核算。

（9）年末，根据《企业所得税法》及实施细则，对企业会计利润进行纳税调整。

（10）12 月所取得的合法增值税扣税发票均已通过税务机关认证。

四、账簿组织程序

（1）记账凭证组织。公司采用科目汇总表核算形式，其记账凭证组织采用通用记账凭证和科目汇总表等。一笔经济业务需填制多张记账凭证时，采用分数编号法编号。

（2）账簿组织。分别开设总账、日记账、明细账。存货类采用数量金额式明细账，增值税采用增值税专用多栏式明细账，生产成本、管理费用、制造费用等采用多栏式明细账，其他科目明细账和总账、日记账等采用三栏式。

会计科目汇总表核算流程图，如图 1.1 所示。

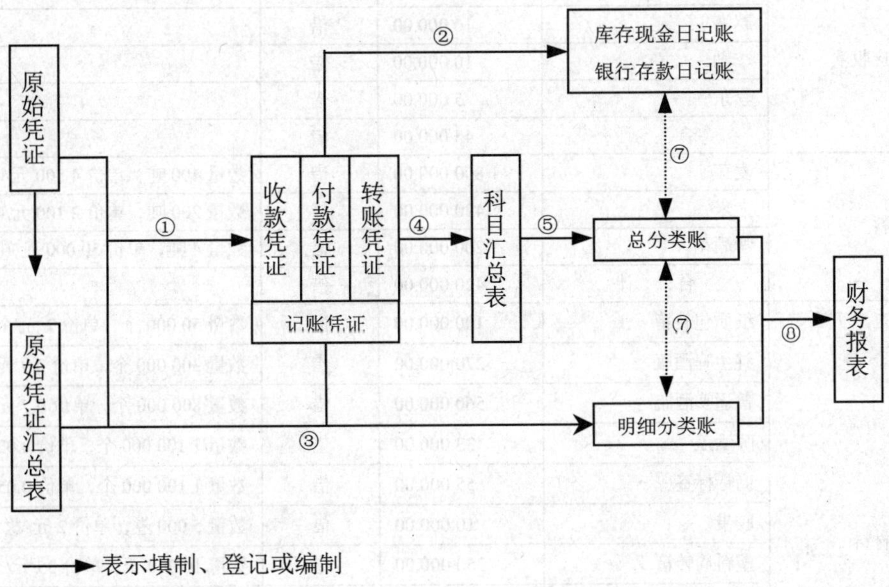

图 1.1　科目汇总表核算流程图

链接 1　实训资料

一、会计核算所需资料

（1）2014 年 11 月总账、明细账、日记账期末余额资料（如表 1.2 所示）。

表1.2 河北阳光啤酒集团有限公司有关总账、明细账、日记账期末余额资料

2014年11月30日

项目	总账科目	明细科目	余额（元）	余额方向	备注
资产	库存现金		35 000.00	借	
	银行存款		35 593 890.52	借	
	其他货币资金	存出投资款	1 528 800.00	借	
		合　计	1 528 800.00	借	
	交易性金融资产	黄河科技公司（成本）	1 000 000.00	借	
		长江电力公司（成本）	1 500 000.00	借	
		合　计	2 500 000.00	借	
	应收票据	济南代理商	9 828.00	借	
	应收账款	广州代理商	1 000 000.00	借	
		上海代理商	1 000 000.00	借	
		天津代理商	421 200.00	借	
		北京代理商	280 800.00	借	
		合　计	2 702 000.00	借	
	坏账准备		8 106.00	贷	
	应收利息	国债利息	13 200.00	借	
	其他应收款	赵建	20 000.00	借	
		赵海	10 000.00	借	
		李勤	10 000.00	借	
		李东	5 000.00	借	
		合　计	45 000.00	借	
	原材料	麦芽	1 800 000.00	借	数量400吨，单价4 500元/吨
		大米	420 000.00	借	数量200吨，单价2 100元/吨
		啤酒花	200 000.00	借	数量4吨，单价50 000元/吨
		合　计	2 420 000.00	借	
	周转材料	纸质包装箱	100 000.00	借	数量50 000个，单价2元/个
		纯生啤酒瓶	270 000.00	借	数量300 000个，单价0.9元/个
		普通啤酒瓶	560 000.00	借	数量800 000个，单价0.7元/个
		啤酒盖	33 000.00	借	数量1 100 000个，单价0.03元/个
		商标标签	55 000.00	借	数量1 100 000个，单价0.05元/个
		胶带	10 000.00	借	数量5 000卷，单价2元/卷
		塑料周转箱	350 000.00	借	数量10 000个，单价35元/个
		润滑油	320.00	借	数量40千克，单价8元/千克
		工作服	10 000.00	借	数量100套，单价100元/套
		工作鞋	7 500.00	借	数量50双，单价150元/双
		手套	400.00	借	数量200双，单价2元/双
		合　计	1 396 220.00	借	
	库存商品	纯生瓶装啤酒	3 200 000.00	借	数量1 000吨，单价3 200元/吨
		普通瓶装啤酒	4 560 000.00	借	数量3 000吨，单价1 520元/吨
		合　计	7 760 000.00	借	
	生产成本	纯生瓶装啤酒	6 400 000.00	借	成本要素详细资料如表1.3所示
		普通瓶装啤酒	3 040 000.00	借	成本要素详细资料如表1.3所示
		合　计	9 440 000.00	借	

续表

项目	总账科目	明细科目	余额（元）	余额方向	备注
资产	持有至到期投资	国债	200 000.00	借	
	长期股权投资	海河公司（成本）	4 500 000.00	借	
		合　计	4 500 000.00	借	
	投资性房地产	房屋	1 500 000.00	借	
	投资性房地产累计折旧		395 675.00	贷	
	固定资产	房屋建筑物	382 195 000.00	借	分别为办公楼、厂房、仓库等
		生产经营用机器设备	217 836 000.00	借	分别为主要或其他生产经营设备
		运输设备	6 000 000.00	借	分别为叉车、轿车等
		办公设备	900 000.00	借	分别为笔记本电脑、台式计算机等
		家具	482 000.00	借	分别为文件柜、办公桌椅等
		合　计	607 413 000.00	借	
	累计折旧	房屋建筑物	175 099 859.80	贷	
		生产经营用机器设备	99 799 979.20	贷	
		运输设备	2 748 856.37	贷	
		办公设备	412 328.45	贷	
		家具	220 824.79	贷	
		合　计	278 281 848.61	贷	
	无形资产	土地使用权	240 000 000.00	借	
		商标权	3 600 000.00	借	
		专利权	1 020 000.00	借	
		合　计	244 620 000.00	借	
	累计摊销	土地使用权	42 800 000.00	贷	
		阳光啤酒商标	3 210 000.00	贷	
		专利权	909 500.00	贷	
		合　计	46 919 500.00	贷	
	资产合计		596 071 808.91		
负债	短期借款	建设银行	1 200 000.00	贷	流动资金借款
	应付账款	济南广发麦芽厂	3 600 000.00	贷	
		北京利发啤酒物资供应公司	6 400 000.00	贷	
		济南纸箱厂	100 000.00	贷	
		合　计	10 100 000.00	贷	
	应付利息	短期借款利息	10 000.00	贷	建设银行
		长期借款利息	55 000.00	贷	
		合　计	65 000.00	贷	
	应付职工薪酬	短期薪酬	2 753 100.00	贷	其中：工资 2 100 000.00；医疗保险 199 500.00；工伤保险 21 000.00；生育保险 12 600.00；住房公积金 378 000.00；工会经费 42 000.00。
		离职后福利	651 000.00	贷	其中：养老保险 588 000.00；失业保险 63 000.00。
		合　计	3 404 100.00	贷	

续表

项目	总账科目	明细科目	余额（元）	余额方向	备注
负债	应交税费	未交增值税	1 000 000.00	贷	
		应交消费税	2 000 000.00	贷	
		应交城建税	210 000.00	贷	
		应交教育费附加	90 000.00	贷	
		应交企业所得税	3 200 000.00	贷	
		应交个人所得税	6 150.00	贷	
		合　计	6 506 150.00	贷	
	长期借款	建设银行	10 000 000.00	贷	
	负债合计		31 275 250.00		
所有者权益	股本	长江公司	120 000 000.00	贷	股权比例 80%
		黄河公司	30 000 000.00	贷	股权比例 20%
		合计	150 000 000.00		
	盈余公积		47 400 000.00	贷	
	未分配利润		170 114 467.91	贷	
	本年利润		197 282 091.00	贷	
	所有者权益合计		564 796 558.91	贷	
负债和所有者权益合计			596 071 808.91		

（2）月初产品成本（如表 1.3 所示）。

表 1.3　月初产成品单位成本　（单位：元/吨）

项　目	直接材料	直接人工	制造费用	其他直接支出	在产品成本
纯生瓶装啤酒	4 300 000.00	300 000.00	1 600 000.00	200 000.00	6 400 000.00
普通瓶装啤酒	2 480 000.00	200 000.00	200 000.00	160 000.00	3 040 000.00
合　计	6 780 000.00	500 000.00	1 800 000.00	360 000.00	9 440 000.00

（3）产品出厂价格（如表 1.4 所示）。

（4）12 月生产情况（如表 1.5 所示）。

表 1.4　产品出厂价格表

产品名称	出厂价格（不含增值税：元/吨）	出厂价格（不含增值税：元/箱）	出厂价格（不含增值税：元/500 毫升）
纯生瓶装啤酒	6 000.00	36.00	3.00
普通瓶装啤酒	2 800.00	16.80	1.40

注：啤酒的相关换算，1 吨为 2 000 斤，1 斤为 500 毫升，1 瓶装啤酒 500 毫升，1 箱啤酒 12 瓶。

表 1.5　12 月产量情况　（单位：吨）

产品	本月完工	月末在产品约当产量（材料分配时使用）	月末在产品约当产量（其他成本项目分配时使用）
纯生啤酒	4 500	3 000	1 800
普通啤酒	12 400	3 200	1 800

（5）12 月生产工时（如表 1.6 所示）。

表 1.6 12 月生产工时明细表

（单位：生产工时）

产 品	工程部	酿造部	包装部	合 计
纯生瓶装啤酒	5 200.00	2 160 000.00	18 000 000.00	20 165 200.00
普通瓶装啤酒	10 400.00	4 320 000.00	12 000 000.00	16 330 400.00
合 计	15 600.00	6 480 000.00	30 000 000.00	36 495 600.00

注：人工费用、制造费用、辅助生产成本分配时使用

二、2014 年 1～11 月纳税有关资料

（1）1～11 月损益表项目发生额表（如表 1.7 所示）。

表 1.7 2014 年 1～11 月损益类科目金额明细表

序号	收入项目	金额（元）	序号	费用项目	金额（元）
1	主营业务收入	493 769 380.00	1	主营业务成本	207 418 883.02
2	其他业务收入		2	其他业务成本	
3	投资收益	305 067.00	3	营业税金及附加	20 517 545.82
4	公允价值变动损益		4	财务费用	604 411.50
5	营业外收入		5	管理费用	12 377 997.43
6			6	销售费用	17 015 412.23
7			7	资产减值损失	8 106.00
8			8	营业外支出	3 650 000.00
			9	所得税费用	35 200 000.00

（2）其他有关科目明细资料（如表 1.8、表 1.9 所示）。

表 1.8 投资收益明细表

（单位：元）

序号	收入项目	1～11 月入账金额
1	获得海河公司（成本法）现金股利	300 000.00
2	购入黄河科技	−3 254.00
3	购入电力公司	−4 879.00
4	计提国债利息	13 200.00
	合 计	305 067.00

表 1.9 部分支出项目及金额明细表

（单位：元）

支 出	支出明细项目	1～11 月入账金额
管理费用	招待费	450 000.00
	研发费	2 000 000.00
销售费用	招待费	2 450 000.00
	广告费	12 500 000.00
营业外支出	公益捐赠	3 000 000.00
	非广告性质的赞助支出	375 000.00
	固定资产盘亏	275 000.00
所得税费用		35 200 000.00

三、经济业务原始凭证

经济业务原始凭证见附录四（见下册）。

链接2 实训指导

一、原始凭证处理的注意事项

1. 原始凭证填制

在实际的会计工作中，有一部分原始凭证是需要根据会计账簿记录进行整理编制的。如本书中空白的原始凭证，包括产品出库单、发料凭证汇总表、辅助生产成本分配表、制造费用分配表、产品成本计算单等。这些表一般由会计部门有关人员根据账簿记录结果计算编制。在本实训中，参加实训的学生需填写的原始凭证包括材料费用分配表、产品出库单、辅助生产成本分配表、制造费用分配表、生产成本计算单、增值税计算表、消费税计算表、营业税计算表、企业所得税计算表等。

“材料费用分配表”是企业在月末根据各种领料凭证，按照材料发生的不同地点和用途编制的。材料单价根据发出存货实际成本计价方法（在全月一次加权平均法、先进先出法、个别计价法中选取其中一种）计算确定。

“产品出库单”是产品出库的原始凭证。月末，企业按照已销商品数量，根据库存商品明细账的期初和本期借方发生额，按照发出存货实际成本计价方法（在全月一次加权平均法、先进先出法、个别计价法中选取其中一种）计算并填列单价。

企业将制造费用、辅助生产费用计入生产成本时，依据“制造费用”“辅助生产成本”账户本月借方发生额，并按已制定的分配标准进行计算填列“制造费用分配表”和“辅助生产成本分配表”，合理地将制造费用、辅助生产成本归集到生产成本中去。这两种费用分配表提供的内容主要包括成本计算对象、分配标准和分配金额等项。

增值税计算表、消费税计算表、营业税计算表、企业所得税计算表，是纳税人根据账簿资料计算出应缴纳的增值税额、消费税额、营业税额、企业所得税额，并填写应纳税额计算过程或缴纳情况的纳税申报表，项目一手工会计实训中的报表以纳税申报表的简表代替，项目三纳税申报实训中的报表是我国目前使用的纳税申报表。

2. 增值税专用发票的抵扣联

增值税专用发票的抵扣联是增值税一般纳税人纳税抵扣的合法凭证。企业需要对其单独装订成册，定期到税务机关进行认证，认证通过后，购买货物的进项税额才允许抵扣。企业在生产经营过程中会收到很多外单位开具的原始凭证，多数原始凭证需要作为记账凭证的附件，和记账凭证放到一起装订。增值税专用发票的抵扣联具有专门的用途，不能作为记账凭证的附件。

目前，我国实行增值税电子信息采集，即对增值税专用发票（含货物运输业增值税专用发票）的抵扣联信息进行电子采集。企业电子信息采集方式是金税工程防伪认证子系统的重要组成部分。增值税专用发票抵扣联信息采集方式是由企业自行扫描、识别增值税专用发票抵扣联信息并生成电子数据，以U盘或互联网方式报送税务机关，由税务机关完成认证比对，并将认证结果返回企业。

增值税一般纳税人申请抵扣的防伪税控系统开具的增值税专用发票，必须自该专用发票开具之日起 180 日内到税务机关认证，并在认证通过的当月按照增值税有关规定核算当期进项税额并申报抵扣，否则不予抵扣进项税额。

二、互联网下的银行业务凭证

企业到银行办理相关业务，需要取得相应的原始凭证。

1. 银行结算凭证

银行结算凭证是收付款双方及银行办理银行转账结算的书面凭证。它是银行结算的重要组成内容，也是银行办理款项划拨、收付款单位和银行进行会计核算的依据。不同的结算方式，由于其适用范围、结算内容和结算程序不同，因而其结算凭证的格式、内容和联次等也各不相同。

2. 中国建设银行实时通付款凭证

中国建设银行实时通付款凭证是建设银行的单位客户办理实时通结算业务的原始凭证。实时通结算业务覆盖了人民币对公通存通兑业务的核心功能，覆盖了签发支票、银行汇票申请书、银行本票申请书和委托汇兑的功能。单位客户持“实时通”凭证可在建设银行多个办理对公业务的营业网点办理业务，突破了原来单位客户必须在开户网点办理结算业务的限制。

办理实时通结算业务时，单位客户须申请使用支付密码。支付密码是客户在签发支票、汇兑凭证、银行汇（本）票申请书及中国建设银行实时通付款凭证时，利用支付密码器进行加密计算出支付密码并填写在相应支付凭证上，作为银行审核支付条件的一组数字。

> **实训提示**
>
> 同城特约委托收款是收款人委托银行向同城付款人收取款项的结算方式。适用于在同城范围内的公用事业费或根据国务院规定可以使用该收款方式的其他款项结算。同城特约委托收款无起点金额限制。

3. 中国工商银行即时通付款凭证

中国工商银行即时通付款凭证是工商银行的公司客户办理即时通结算业务时使用的一种原始凭证。

即时通是工商银行运用现代计算机和通讯网络，为公司客户提供的一项安全、方便、快捷的资金通存通兑结算服务。公司客户办理异地现金存入、异地转账存入和异地转账付款等支付结算业务时，不用再前往开户行，可以选择工商银行国内任意一个对公或综合性营业机构均可进行办理，资金即时入账、当日结算完毕。

公司客户办理异地通兑业务时，统一使用“即时通”付款凭证且必须使用支付密码。即时通付款凭证可随时签发、及时支付，资金实时到账，便于减少结算风险、提高商品交易效率。即时通付款凭证采用支付密码进行安全控制，支付时系统验证支付密码的合法性，确保资金安全。

4. 电子银行交易回单

目前，各大银行均已经提供单位客户网上银行服务，并为客户提供电子银行交易回单。

电子银行交易回单一般记载企业网上付款交易的各种详细交易信息，并加盖银行电子回单专用章，标注了电子回单号和验证码，以确保电子回单的真实性和可认证性。电子银行交易回单可以作为企业记账的原始凭证，每笔交易的电子回单的回单号是唯一的，而回单验证码不唯一，每次打印时都会重新生成新的回单验证码。对于补打回单，注意不要重复记账，该回单也不作为收款方发货依据。

三、发票真伪鉴定

发票分类代码（以下称发票代码）是税务部门给予发票的编码。在查询发票真伪的时候，需要输入发票代码。发票代码一般是10位或12位。在网上查询发票真伪时，一般需要同时输入“发票代码＋发票号码”才能成功查询。发票号码是税务部门给予每份发票的代码，是唯一的。

> **推荐阅读**
>
> 国家税务总局《关于增值税普通发票印制供应有关事项的公告》（国家税务总局公告2013年第51号）中含增值税普通发票新的防伪措施介绍，建议读者仔细学习：
>
> http://www.chinatax.gov.cn/n810341/n810755/c1148587/content.html

1. 普通发票的代码和号码

国家对普通发票分类代码和发票号码的位置和规格有规定。目前，统一印制在发票右上角，第一排为分类代码，第二排为发票号码。

普通发票分类代码为12位阿拉伯数字。普通发票代码由国地税代码、行政区域代码、年份代码、行业代码、发票种类代码等组成。代码的编码原则为，第1位为国家税务局、地方税务局代码，1为国家税务局，2为地方税务局，0为总局；第2、第3、第4、第5位为地区代码（地、市级），以全国行政区域统一代码为准，总局为0000；第6、第7位为年份代码（例如2014年以14表示）；第8位为统一的行业代码，比如按国税行业划分，1为工业，2为商业，3为加工修理修配业，按地税行业划分，7为服务业，9为销售不动产；第9、第10、第11、第12位为细化的发票种类代码，按照保证每种发票编码唯一的原则，由省、自治区、直辖市和计划单列市国家税务局、地方税务局自行编制，比如有的省规定第11位为发票的联次，第12位为发票额代码。

普通发票号码为8位阿拉伯数字。如发票号码资源不够用，税务机关在设计发票时可能考虑与分类代码结合，即在分类代码的第9、第10、第11、第12位中设置1位为批次代码。企业冠名发票，税务机关在印制发票时会在第9、第10、第11、第12位分类代码中设置1位单独表示，或者直接在发票号码中以给每个企业分配一段号码的方式进行编制。

2. 增值税发票的代码和号码

增值税发票有增值税专用发票、货物运输业增值税专用发票和增值税普通发票。目前，增值税发票的分类代码印制在发票左上角，发票号码印制在发票右上角。

三类增值税发票的代码均为10位。发票代码的编码原则为：第1～4位代表省、自治区、直辖市和计划单列市，第5～6位代表制版年度，第7位代表批次（分别用1、2、3、4表示4个季度），第8位代表票种（1代表增值税专用发票），第9位代表发票联次（分别用3和6表示三联和六联），第10位代表发票金额版本号（目前统一用“0”表示电脑发票）。

> **推荐阅读**
>
> 《关于启用新版增值税发票有关问题的公告》（国家税务总局公告2014年第43号）中包括发票代码、内容调整的信息，建议读者关注：
>
> http://www.chinatax.gov.cn/n810341/n810755/c1150709/content.html

发票号码为8位，按年度、分批次编制。

为进一步规范增值税发票管理，满足营业税改征增值税工作需要，自2014年8月1日起启用新版增值税专用发票、货物运输业增值税专用发票和增值税普通发票，同时提升专用发票和增值税专用发票（以下简称货运专票）防伪技术水平。改版后的发票代码仍然是10位，其中第8位代表发票种类，货物运输业增值税专用发票代码由“7”调整为“2”，增值税普通发票代码由“6”调整为“3”，增值税专用发票代码仍然为“1”。

3. 机动车销售统一发票

自 2009 年 1 月 1 日起，增值税一般纳税人购进固定资产的进项税额可以从销项税额中抵扣。其中，购买属于固定资产扣税范围的机动车（应征消费税的机动车和旧机动车除外），取得机动车零售企业使用税控系统开具的机动车销售统一发票，属于扣税范围的，应自该发票开具之日起规定时间内到税务机关认证，认证通过的可按增值税专用发票作为增值税进项税额的扣税凭证。从 2013 年 8 月 1 日起，增值税一般纳税人自用的应征消费税的摩托车、汽车、游艇，其进项税额准予从销项税额中抵扣，抵扣的合法凭证为机动车零售企业使用税控系统开具的机动车销售统一发票。

推荐阅读

《关于调整机动车销售统一发票票面内容的公告》（国家税务总局公告 2014 年第 27 号）内有更详细介绍和解读页面链接，建议读者关注：http://www.chinatax.gov.cn/n810341/n810765/n812141/n812257/c1078891/content.html

四、应用税收政策注意事项

（一）本实训涉及的部分增值税政策

1. 增值税的征税范围

增值税的征税范围包括销售货物或者提供加工、修理修配劳务和进口货物。单位或者个体工商户的下列行为视同销售货物：①将货物交付其他单位或者个人代销；②销售代销货物；③设有两个以上机构并实行统一核算的纳税人将货物从一个机构移送其他机构用于销售，但相关机构设在同一县（市）的除外；④将自产或者委托加工的货物用于非增值税应税项目；⑤将自产、委托加工的货物用于集体福利或者个人消费；⑥将自产、委托加工或者购进的货物作为投资，提供给其他单位或者个体工商户；⑦将自产、委托加工或者购进的货物分配给股东或者投资者；⑧将自产、委托加工或者购进的货物无偿赠送其他单位或者个人。

推荐阅读

各国税收政策常有调整，特别是我国税收政策尚在改革中，调整会更频繁一些，建议读者多关注国家税务总局网站“最新文件”和“政策解读”两个栏目：http://www.chinatax.gov.cn/

2. 纳税人的销售额

纳税人的销售额为纳税人销售货物或者提供应税劳务向购买方收取的全部价款和价外费用，但是不包括收取的销项税额。在实际工作中，常常会出现一般纳税人将销售货物或者应税劳务采用销售额和销项税额合并定价的方法，这样就会形成含税销售额。在编制记账凭证和计算应纳税额时，就需要将含税销售额换算成不含税销售额：

$$销售额 = 含税销售额 \div (1 + 税率)$$

（二）本实训涉及的营业税改征增值税政策

在中华人民共和国境内（以下称“境内”）提供交通运输业、邮政业、电信业和部分现代服务业服务（以下称应税服务）的单位和个人，为增值税纳税人。纳税人提供应税服务，应当缴纳增值税，不再缴纳营业税。

（1）商标使用权转让属于部分现代服务业中的文化创意服务，根据营改增政策应纳增值税。

（2）文化创意服务，包括设计服务、商标和著作权转让服务、知识产权服务、广告服务和会议展览服务。①设计服务，是指把计划、规划、设想通过视觉、文字等形式传递出来的业务活动。包括工业设计、造型设计、服装设计、环境设计、平面设计、包装设计、动漫设计、展示设计、网站设计、机械设计、工程设计、广告设计、创意策划、文印晒图等。②商标和著作权转让服务，是指转让商标、商誉和著作权的业务活动。

（3）基础电信服务，是指利用固网、移动网、卫星、互联网，提供语音通话服务的业务活动，以及出租或者出售带宽、波长等网络元素的业务活动。

（4）增值电信服务，是指利用固网、移动网、卫星、互联网、有线电视网络，提供短信和彩信服务、电子数据和信息的传输及应用服务、互联网接入服务等业务活动。卫星电视信号落地转接服务，按照增值电信服务计算缴纳增值税。

（5）提供现代服务业服务（有形动产租赁服务除外）、增值电信服务，增值税税率为 6%；提供交通运输业服务、基础电信服务，税率为 11%；提供有形动产租赁服务，税率为 17%。

（6）增值税纳税义务发生时间为纳税人提供应税服务并收讫销售款项或者取得索取销售款项凭据的当天；先开具发票的，为开具发票的当天。收讫销售款项，是指纳税人提供应税服务过程中或者完成后收到款项。取得索取销售款项凭据的当天，是指书面合同确定的付款日期；未签订书面合同或者书面合同未确定付款日期的，为应税服务完成的当天。

（三）本实训涉及的消费税政策

企业生产并销售应税消费品或将自产应税消费品用于其他方面应当缴纳消费税。啤酒是消费税酒及酒精税目中的子目。啤酒每吨出厂价（含包装物及包装物押金）在 3 000 元（含 3 000 元，不含增值税）以上的是甲类啤酒，适用消费税税率为 250 元/吨；啤酒每吨出厂价（含包装物及包装物押金）在 3 000 元以下的是乙类啤酒，适用消费税税率为 220 元/吨。

（四）本实训涉及的企业所得税政策

1. 企业所得税的计税依据

企业所得税的计税依据是年应纳税所得额。

在直接计算法下，企业每一纳税年度的收入总额减除不征税收入、免税收入、各项扣除以及允许弥补的以前年度亏损后的余额，为应纳税所得额。计算公式为

年应纳税所得额=收入总额−不征税收入−免税收入−各项扣除−允许弥补的以前年度亏损

不征税收入包括：①财政拨款，是指各级人民政府对纳入预算管理的事业单位、社会团体等组织拨付的财政资金，但国务院和国务院财政、税务主管部门另有规定的除外。②依法收取并纳入财政管理的行政事业性收费、政府性基金。③国务院规定的其他不征税收入，是指企业取得的，由国务院财政、税务主管部门规定专项用途并经国务院批准的财政性资金。

免税收入包括：①国债利息收入，即企业持有国务院财政部门发行的国债取得的利息收入。②符合条件的居民企业之间的股息、红利等权益性投资收益，即居民企业直接投资于其他居民企业取得的投资收益。③在中国境内设立机构、场所的非居民企业从居民企业取得与该机构、场所有实际联系的股息、红利等权益性投资收益。④符合条件的非营利组织的收入，不包括非营利组织从事营利性活动取得的收入，但国务院财政、税务主管部门另有规定的除外。其中第②、③项的股息、红利等权益性投资收益，不包括连续持有居民企业公开发行并上市流通的股票不足 12 个月取得的投资收益。

2. 企业所得税纳税调整计算公式

计算应纳税所得额时，企业财务、会计处理办法与税收法律、行政法规的规定不一致的 应当依照税收法律、行政法规的规定计算。在间接计算法下，在会计利润总额的基础上加或减按照税法规定调整的项目金额后，即为应纳税所得额，计算公式为

应纳税所得额=会计利润总额 ± 纳税调整项目金额

3. 企业所得税纳税调整增加的项目

实际会计工作中，各企业情况不同，需要进行企业所得税纳税调整的项目有很多，在本实训中大概有以下几项调整增加的项目。

（1）视同销售收入。指会计上不作为销售核算，而在税法上应作应税收入缴纳企业所得税的收入。

（2）业务招待费支出。企业发生的与生产经营活动有关的业务招待费支出，按照发生额的 60%扣除，但最高不得超过当年销售（营业）收入的 5‰。超过部分应调增应纳税所得额。

（3）职工福利费支出、工会经费支出。企业发生的职工福利费支出不超过合理工资薪金总额 14%的部分；企业拨缴的工会经费不超过合理工资薪金总额 2%的部分准予税前扣除。当按照国家统一会计制度计入成本费用的职工福利费、工会经费大于按照税法规定允许税前扣除的职工福利费、工会经费时，超过部分应调增应纳税所得额。

（4）职工教育经费。除国务院财政、税务主管部门另有规定外，企业发生的职工教育经费支出不超过合理工资薪金总额 2.5%的部分准予扣除；超过部分准予在以后纳税年度结转扣除，但应调增本年度应纳税所得额。

（5）广告费和业务宣传费支出。企业发生的符合条件的广告费和业务宣传费支出，除国务院财政、税务主管部门另有规定外，不超过当年销售（营业）收入 15%的部分准予扣除，超过部分准予在以后纳税年度结转扣除，但应调增本年度应纳税所得额。

（6）利息支出。企业在生产经营活动中发生的合理的不需要资本化的借款费用准予扣除。纳税人按照国家统一会计制度实际发生的向非金融企业借款计入财务费用的利息支出的金额，超过按照税法规定允许税前扣除的利息支出金额的部分，应调增应纳税所得额。

（7）罚金、罚款和被没收财物的损失。指纳税人在纳税年度实际发生的罚金、罚款和被罚没财物的损失，不包括纳税人按照经济合同规定支付的违约金（包括银行罚息）、罚款和诉讼费。这些支出不允许税前扣除，应调增应纳税所得额。

（8）税收滞纳金。指纳税人在纳税年度因违反规定滞纳税款按税法规定须向税务部门实际缴纳的款项。这种滞纳金不允许税前扣除，应调增应纳税所得额。

（9）赞助支出。指纳税人在纳税年度实际发生的，且不符合税收规定的公益性捐赠范围的捐赠，包括直接向受赠人的捐赠、各种赞助支出，不包含广告性的赞助支出。赞助支出不允许税前扣除，应调增应纳税所得额。

（10）捐赠支出。捐赠支出分为公益性捐赠支出和非公益性捐赠支出。企业发生的公益性捐赠支出，在年度利润总额 12%以内的部分准予在计算应纳税所得额时扣除。超过部分和非公益性捐赠支出不允许税前扣除，应调增应纳税所得额。

（11）与取得收入无关的支出、不征税收入用于支出所形成的费用。纳税人在纳税年度实际发生的与取得收入无关的支出、与不征税收入相关的支出不允许税前扣除，应调增应纳税所得额。

4. 纳税调整减少的项目

在本实训中大概有以下几项有关企业所得税纳税调整减少的项目。

（1）按权益法核算长期股权投资对初始投资成本调整确认收益。纳税人在权益法核算下，初始投资成本小于取得投资时应享有被投资单位可辨认净资产公允价值份额的，两者之间的差额计入取得投资当期的营业外收入的金额。税法规定对这部分收入不征税，应调减应纳税所得额。

（2）不征税收入、免税收入、减计收入、减免税项目所得、抵扣应纳税所得额均调减应纳税所得额。

（3）视同销售成本。指纳税人会计上未核算而按税法规定应计算的与视同销售收入相对应的成本费用。每一笔确认为视同销售的经济事项，在确认应税收入的同时，均应确认相对应的应税成本。

5．企业所得税调整视情况增加或减少的项目

在本实训中有关企业所得税纳税视情况增加或减少的项目有以下两项。

（1）公允价值变动净收益。指以公允价值计量且其变动计入当期损益的金融资产、金融负债以及投资性房地产的公允价值，其税法规定的计税基础与会计处理不一致形成的差异应进行的纳税调整的金额。按税法规定确定的收入金额扣减会计核算的账面金额后的余额为正，应调增应纳税所得额，反之，则调减应纳税所得额。

例如，企业持有一项交易性金融资产，在资产负债表日会将持有期间发生的公允价值变动损益反映出来，增加资产账面价值的同时，增加企业的当期损益。按税法规定，该公允价值变动损益并不计入应纳税所得额，因而其计税基础不变，仍为其历史成本。但其账面价值却是其历史成本加上公允价值变动损益后的余额，因而与其计税基础就出现了差异。

（2）按权益法核算的长期股权投资持有期间的投资损益。指按照财务会计规定核算的和税法规定确定的按权益法核算的长期股权投资持有期间的投资损益的差异金额。对于股权投资转让所得，会计确认的金额大于税法确认的金额时应调增应纳税所得，反之则调减应纳税所得额。对于股权投资转让损失，会计确认的金额大于税法确认的金额时应调减应纳税所得，反之则调增应纳税所得额。

（五）实训需注意的税收问题

租金应纳营业税和企业所得税。企业所得税法规定，租金收入按照合同约定的承租人应付租金的日期确认收入的实现。营业税法规定，提供租赁业劳务收到预收款项的，纳税义务发生时间为收到预收款的当天。

特许权使用费收入。企业所得税法规定，特许权使用费收入按照合同约定的特许权使用人应付特许权使用费的日期确认收入的实现。

取得长期股权投资。采用权益法核算时，对初始投资成本的调整产生的收益，不征企业所得税，应调减应纳税所得额。

推荐阅读

我国企业会计准则体系在不断完善，最新信息可在财政部会计准则委员会官网查询：

http://www.casc.org.cn/

五、记账凭证填制注意事项

记账凭证，是根据审核无误的原始凭证或原始凭证汇总表编制的、用来确定会计分录、作为记账依据的一种会计凭证。记账凭证的核心是会计分录。所谓会计分录（简称“分录”），是对标明经济业务发生后应记的账户名称、应借、应贷的方向及金额所做的记录。它是会计语言的表达方式。本实训中需要注意以下经济业务记账凭证的编制。

1．将原来非投资性房地产转换为投资性房地产

企业将原本用于生产商品、提供劳务或经营管理的房地产或作为存货的房地产改为用于出租或资本增值，应于租赁期开始日，将相应的固定资产、无形资产或开发商品转换为投资

性房地产。

后续计量采用成本模式的，将自用的建筑物等转换为投资性房地产的，应按其在转换日的原价、累计折旧、减值准备等，分别转入“投资性房地产”科目、“投资性房地产累计折旧（摊销）”“投资性房地产减值准备”科目。会计分录为

借：投资性房地产（原始价值）

　　累计折旧（累计折旧）

　　贷：固定资产（原始价值）

　　　　投资性房地产累计折旧（累计折旧）

2. 取得、处置交易性金融资产

（1）取得交易性金融资产的，应当按照取得时的公允价值作为初始确认金额，相关的交易费用在发生时计入当期损益。支付的价款中包含已宣告但尚未发放的现金股利或已到付息期但尚未领取的债券利息，应当单独确认为应收项目。会计分录为

借：交易性金融资产——成本（公允价值）

　　投资收益（相关交易费用）

　　贷：银行存款（或其他货币资金——存出投资款）（实际支付款项）

（2）资产负债表日：

借：交易性金融资产（公允价值变动）

　　贷：公允价值变动损益（交易性金融资产的公允价值高于其账面余额的差额）

或：

借：公允价值变动损益（交易性金融资产的公允价值低于其账面余额的差额）

　　贷：交易性金融资产（公允价值变动）

（3）出售所持有的交易性金融资产

借：其他货币资金——存出投资款（实际收取款项）

　　贷：交易性金融资产——成本（银河科技股票）（取得成本）

　　　　借或贷：投资收益（投资收益）

3. 取得、处置持有至到期投资

（1）企业取得持有至到期投资：

借：持有至到期投资——成本（投资的面值）

　　应收利息（支付的价款中如果包含已到付息期但尚未领取的利息）

　　贷：银行存款（实际支付的金额）

　　　　借或贷：持有至到期投资——利息调整（差额）

（2）持有至到期投资利息。持有至到期投资为分期付息、一次还本债券投资的：

借：应收利息（资产负债表日按票面利率计算的应收未收利息）

　　贷：投资收益（按持有至到期投资摊余成本和实际利率计算确定的利息收入）

　　　　借或贷：持有至到期投资——利息调整（差额）

（3）出售持有至到期投资：

借：银行存款（按实际收到的金额）

　　贷：持有至到期投资——成本、利息调整、应计利息（账面余额）

　　　　贷或借：投资收益（差额）

本书为便利学生操作，不考虑实际利率，不使用“持有至到期投资——利息调整”科目。

4. 取得长期股权投资

采用权益法核算的长期股权投资。

（1）取得投资时对于初始投资成本大于投资时应享有被投资单位可辨认净资产公允价值份额的，该差额不要求调整初始投资成本：

借：长期股权投资——成本（投资时应享有被投资单位可辨认净资产公允价值）
　　贷：银行存款　　　　　　　（初始投资成本）

（2）对于初始投资成本小于投资时应享有被投资单位可辨认净资产公允价值份额的，其差额应当计入当期损益（营业外收入），同时调整长期股权投资的成本。

借：长期股权投资——成本（投资时应享有被投资单位可辨认净资产公允价值）
　　贷：银行存款　　　　　　（初始投资成本）
　　　　营业外收入　　　　　（差额）

（3）根据被投资方盈亏情况，按投资比例确认实现的对外股权投资收益。被投资方赢利：

借：长期股权投资——损益调整
　　贷：投资收益

被投资方亏损：

借：投资收益
　　贷：长期股权投资——损益调整

（4）被投资方宣告发放现金股利时：

借：应收股利
　　贷：长期股权投资——损益调整

（5）收到被投资方宣告发放的现金股利：

借：银行存款
　　贷：应收股利

5. 取得固定资产

以银行存款购入与生产经营有关的固定资产时，根据增值税专用发票，编写会计分录：

借：固定资产（不含税价）
　　应交税费——应交增值税（进项税额）（增值税）
　　贷：银行存款（含税价）

6. 接受投资

借：银行存款（固定资产、无形资产等科目）（实收款或实物的公允价值）
　（应交税费——应交增值税（进项税额）允许抵扣的增值税）
　　贷：股本——永华集团（实收股本）
　　　　资本公积——股本溢价（差额）

7. 发放工资

借：应付职工薪酬——工资（应发工资总额）
　　贷：银行存款（实发工资）
　　　　应付职工薪酬——短期薪酬（个人负担的住房公积金、工伤保险、医疗保险、生育保险）
　　　　　　　　　　——离职后福利（个人负担的养老保险、失业保险）
　　　　应交税费——个人所得税

8. 自产货物用于职工福利和个人消费

自产货物用于发放给职工，为非货币性福利，视同销售货物。

借：应付职工薪酬——短期福利（含税价）
　　贷：主营业务收入（不含税价）
　　　　应交税费——应交增值税（销项税额）（增值税）

9. 固定资产清理

（1）转入清理时：
借：固定资产清理（固定资产净值）
　　累计折旧（固定资产折旧）
　　贷：固定资产（固定资产原值）
（2）发生清理费用：
借：固定资产清理
　　贷：银行存款或其他科目
（3）产生清理收入：
借：银行存款或其他科目
　　贷：固定资产清理
（4）结转清理净收益：
借：固定资产清理
　　贷：营业外收入
（5）结转清理净支出：
借：营业外支出
　　贷：固定资产清理

10. 出售自己使用过的固定资产

自 2014 年 7 月 1 日起，出售 2008 年 12 月 31 日前自己使用过的固定资产，按简易征税办法减按 2%征收率征增值税：按照固定资产清理业务编制会计分录。如有出售收入：

借：银行存款（含税价）
　　贷：固定资产清理（不含税价 + 减征的增值税）
　　　　应交税费——应交增值税（销项税额）（减征后的增值税）

注： 不含税价=含税收入 ÷（1 + 3%），应纳税额=不含税价 × 2%减征增值税=不含税价 × 1%。

11. 购入存货发生非常损失

（1）发现外购原材料损失：
借：待处理财产损溢——待处理流动资产损溢（价税合计）
　　贷：原材料（成本）
　　　　应交税费——应交增值税（进项税额转出）（增值税）
（2）根据情况转入营业外支出等科目
借：营业外支出——流动资产盘亏损失
　　贷：待处理财产损溢——待处理流动资产损溢（价税合计）

12. 支付运费、广告费等，取得合法扣税凭证

借：销售费用 （不含税价）

　　应交税费——应交增值税（进项税额）

　　贷：银行存款

13. 工资分配

根据计算结果：

借：生产成本——某产品（直接人工）

　　制造费用——某车间（人工费）

　　辅助生产成本（人工费）

　　管理费用——人工费

　　销售费用——人工费

　　贷：应付职工薪酬——短期薪酬（工资）

计提职工福利、职工教育经费、工会经费的分录类似。

14. 计提单位负担的五险一金

借：生产成本——某产品（直接人工）

　　制造费用——某车间（社会保险费）

　　辅助生产成本——（社会保险费）

　　管理费用——社会保险费

　　销售费用——社会保险费

　　贷：应付职工薪酬——短期薪酬（单位负担的住房公积金、工伤保险、医疗保险、生育保险）

　　　　　　　　　　——离职后福利（单位缴纳的养老保险、失业保险）

链接3 会计基础工作规范

会计基础工作规范

财会字〔1996〕19号

第一章 总 则

第一条 为了加强会计基础工作，建立规范的会计工作秩序，提高会计工作水平，根据《中华人民共和国会计法》的有关规定，制定本规范。

第二条 国家机关、社会团体、企业、事业单位、个体工商户和其他组织的会计基础工作，应当符合本规范的规定。

第三条 各单位应当依据有关法律、法规和本规范的规定，加强会计基础工作，严格执行会计法规制度，保证会计工作依法有序地进行。

第四条 单位领导人对本单位的会计基础工作负有领导责任。

第五条 各省，自治区、直辖市财政厅（局）要加强对会计基础工作的管理和指导，通过政策引导、经验交流、监督检查等措施，促进基层单位加强会计基础工作，不断提高会计工作水平。国务院各业务主管部门根据职责权限管理本部门的会计基础工作。

第二章　会计机构和会计人员

第一节　会计机构设置和会计人员配备

第六条　各单位应当根据会计业务的需要设置会计机构；不具备单独设置会计机构条件的，应当在有关机构中配备专职人员。事业行政单位会计机构的设置和会计人员的配备，应当符合国家统一事业行政单位会计制度的规定。设置会计机构，应当配备会计机构负责人；在有关机构中配备专职会计人员，应当在专职会计人员中指定会计主管人员。会计机构负责人、会计主管人员的任免，应当符合《中华人民共和国会计法》和有关法律的规定。

第七条　会计机构负责人、会计主管人员应当具备下列基本条件：（一）坚持原则，廉洁奉公；（二）具有会计专业技术资格；（三）主管一个单位或者单位内一个重要方面的财务会计工作时间不少于 2 年；（四）熟悉国家财经法律、法规、规章和方针、政策，掌握本行业业务管理的有关知识；（五）有较强的组织能力；（六）身体状况能够适应本职工作的要求。

第八条　没有设置会计机构和配备会计人员的单位，应当根据《代理记账管理暂行办法》委托会计师事务所或者持有代理记账许可证书的其他代理记账机构进行代理记账。

第九条　大、中型企业、事业单位、业务主管部门应当根据法律和国家有关规定设置总会计师。总会计师由具有会计师以上专业技术资格的人员担任。总会计师行使《总会计师条例》规定的职责、权限。总会计师的任命（聘任）、免职（解聘）依照《总会计师条例》和有关法律的规定办理。

第十条　各单位应当根据会计业务需要配备持有会计证的会计人员。未取得会计证的人员，不得从事会计工作。

第十一条　各单位应当根据会计业务需要设置会计工作岗位。会计工作岗位一般可分为：会计机构负责人或者会计主管人员，出纳，财产物资核算，工资核算，成本费用核算；财务成果核算，资金核算，往来结算，总账报表，稽核，档案管理等。开展会计电算化和管理会计的单位，可以根据需要设置相应工作岗位，也可以与其他工作岗位相结合。

第十二条　会计工作岗位，可以一人一岗、一人多岗或者一岗多人。但出纳人员不得兼管稽核、会计档案保管和收入、费用、债权债务账目的登记工作。

第十三条　会计人员的工作岗位应当有计划地进行轮换。

第十四条　会计人员应当具备必要的专业知识和专业技能，熟悉国家有关法律、法规，规章和国家统一会计制度，遵守职业道德。会计人员应当按照国家有关规定参加会计业务的培训。各单位应当合理安排会计人员的培训，保证会计人员每年有一定时间用于学习和参加培训。

第十五条　各单位领导人应当支持会计机构、会计人员依法行使职权；对忠于职守，坚持原则，做出显著成绩的会计机构、会计人员，应当给予精神的和物质的奖励。

第十六条　国家机关、国有企业、事业单位任用会计人员应当实行回避制度。单位领导人的直系亲属不得担任本单位的会计机构负责人、会计主管人员。会计机构负责人，会计主管人员的直系亲属不得在本单位会计机构中担任出纳工作。需要回避的直系亲属为：夫妻关系、直系血亲关系、三代以内旁系血亲以及配偶亲关系。

第二节　会计人员职业道德

第十七条　会计人员在会计工作中应当遵守职业道德，树立良好的职业品质、严谨的工作作风，严守工作纪律，努力提高工作效率和工作质量。

第十八条　会计人员应当热爱本职工作，努力钻研业务，使自己的知识和技能适应所从事工作的要求。

第十九条　会计人员应当熟悉财经法律、法规、规章和国家统一会计制度，并结合会计工作进行广泛宣传。

第二十条　会计人员应当按照会计法律、法规和国家统一会计制度规定的程序和要求进行会计工作，保证所提供的会计信息合法、真实、准确、及时、完整。

第二十一条　会计人员办理会计事务应当实事求是、客观公正。

第二十二条　会计人员应当熟悉本单位的生产经营和业务管理情况，运用掌握的会计信息和会计方法，为改善单位内部管理、提高经济效益服务。

第二十三条　会计人员应当保守本单位的商业秘密。除法律规定和单位领导人同意外，不能私自向外界提供或者泄露单位的会计信息。

第二十四条　财政部门、业务主管部门和各单位应当定期检查会计人员遵守职业道德的情况，并作为会计人员晋升、晋级、聘任专业职务、表彰奖励的重要考核依据。会计人员违反职业道德的，由所在单位进行处罚；情节严重的，由会计证发证机关吊销其会计证。

第三节　会计工作交接

第二十五条　会计人员工作调动或者因故离职，必须将本人所经管的会计工作全部移交给接替人员。没有办清交接手续的，不得调动或者离职。

第二十六条　接替人员应当认真接管移交工作，并继续办理移交的未了事项。

第二十七条　会计人员办理移交手续前，必须及时做好以下工作：（一）已经受理的经济业务尚未填制会计凭证的，应当填制完毕。（二）尚未登记的账目，应当登记完毕，并在最后一笔余额后加盖经办人员印章。（三）整理应该移交的各项资料，对未了事项写出书面材料。（四）编制移交清册，列明应当移交的会计凭证、会计账簿、会计报表、印章、现金、有价证券、支票簿、发票、文件、其他会计资料和物品等内容；实行会计电算化的单位，从事该项工作的移交人员还应当在移交清册中列明会计软件及密码、会计软件数据磁盘（磁带等）及有关资料、实物等内容。

第二十八条　会计人员办理交接手续，必须有监交人负责监交。一般会计人员交接，由单位会计机构负责人、会计主管人员负责监交；会计机构负责人、会计主管人员交接，由单位领导人负责监交，必要时可由上级主管部门派人会同监交。

第二十九条　移交人员在办理移交时，要按移交清册逐项移交；接替人员要逐项核对点收。（一）现金、有价证券要根据会计账簿有关记录进行点交。库存现金、有价证券必须与会计账簿记录保持一致。不一致时，移交人员必须限期查清。（二）会计凭证、会计账簿、会计报表和其他会计资料必须完整无缺。如有短缺，必须查清原因，并在移交清册中注明，由移交人员负责。（三）银行存款账户余额要与银行对账单核对，如不一致，应当编制银行存款余额调节表调节相符，各种财产物资和债权债务的明细账户余额要与总账有关账户余额核对相符；必要时，要抽查个别账户的余额，与实物核对相符，或者与往来单位、个人核对清楚。（四）移交人员经管的票据、印章和其他实物等，必须交接清楚；移交人员从事会计电算化工作的，要对有关电子数据在实际操作状态下进行交接。

第三十条　会计机构负责人、会计主管人员移交时，还必须将全部财务会计工作、重大财务收支和会计人员的情况等，向接替人员详细介绍。对需要移交的遗留问题，应当写出书面材料。

第三十一条　交接完毕后，交接双方和监交人员要在移交注册上签名或者盖章，并应在移交注册上注明：单位名称，交接日期，交接双方和监交人员的职务、姓名，移交清册页数以及需要说明的问题和意见等。移交清册一般应当填制一式三份，交接双方各执一份，存档一份。

第三十二条　接替人员应当继续使用移交的会计账簿，不得自行另立新账，以保持会计记录的连续性。

第三十三条　会计人员临时离职或者因病不能工作且需要接替或者代理的，会计机构负责人、会计主管人员或者单位领导人必须指定有关人员接替或者代理，并办理交接手续。临时离职或者因病不能工作的会计人员恢复工作的，应当与接替或者代理人员办理交接手续。移交人员因病或者其他特殊原因不能亲自办理移交的，经单位领导人批准，可由移交人员委托他人代办移交，但委托人应当承担本规范第三十五条规定的责任。

第三十四条　单位撤销时，必须留有必要的会计人员，会同有关人员办理清理工作，编制决算。未移交前，不得离职。接收单位和移交日期由主管部门确定。单位合并、分立的，其会计工作交接手续比照上述有关规定办理。

第三十五条 移交人员对所移交的会计凭证、会计账簿、会计报表和其他有关资料的合法性、真实性承担法律责任。

第三章 会计核算

第一节 会计核算一般要求

第三十六条 各单位应当按照《中华人民共和国会计法》和国家统一会计制度的规定建立会计账册，进行会计核算，及时提供合法、真实、准确、完整的会计信息。

第三十七条 各单位发生的下列事项，应当及时办理会计手续、进行会计核算：（一）款项和有价证券的收付；（二）财物的收发、增减和使用；（三）债权债务的发生和结算；（四）资本、基金的增减；（五）收入、支出、费用、成本的计算；（六）财务成果的计算和处理；（七）其他需要办理会计手续、进行会计核算的事项。

第三十八条 各单位的会计核算应当以实际发生的经济业务为依据，按照规定的会计处理方法进行，保证会计指标的口径一致、相互可比和会计处理方法的前后各期相一致。

第三十九条 会计年度自公历 1 月 1 日起至 12 月 31 日止。

第四十条 会计核算以人民币为记账本位币。收支业务以外国货币为主的单位，也可以选定某种外国货币作为记账本位币，但是编制的会计报表应当折算为人民币反映。境外单位向国内有关部门编报的会计报表，应当折算为人民币反映。

第四十一条 各单位根据国家统一会计制度的要求，在不影响会计核算要求、会计报表指标汇总和对外统一会计报表的前提下，可以根据实际情况自行设置和使用会计科目。事业行政单位会计科目的设置和使用，应当符合国家统一事业行政单位会计制度的规定。

第四十二条 会计凭证、会计账簿、会计报表和其他会计资料的内容和要求必须符合国家统一会计制度的规定，不得伪造、变造会计凭证和会计账簿，不得设置账外账，不得报送虚假会计报表。

第四十三条 各单位对外报送的会计报表格式由财政部统一规定。

第四十四条 实行会计电算化的单位，对使用的会计软件及其生成的会计凭证、会计账簿、会计报表和其他会计资料的要求，应当符合财政部关于会计电算化的有关规定。

第四十五条 各单位的会计凭证、会计账簿、会计报表和其他会计资料，应当建立档案，妥善保管。会计档案建档要求、保管期限、销毁办法等依据《会计档案管理办法》的规定进行。实行会计电算化的单位，有关电子数据、会计软件资料等应当作为会计档案进行管理。

第四十六条 会计记录的文字应当使用中文，少数民族自治地区可以同时使用少数民族文字。中国境内的外商投资企业、外国企业和其他外国经济组织也可以同时使用某种外国文字。

第二节 填制会计凭证

第四十七条 各单位办理本规范第三十七条规定的事项，必须取得或者填制原始凭证，并及时送交会计机构。

第四十八条 原始凭证的基本要求如下。

（一）原始凭证的内容必须具备：凭证的名称；填制凭证的日期；填制凭证单位名称或者填制人姓名；经办人员的签名或者盖章；接受凭证单位名称；经济业务内容；数量、单价和金额。

（二）从外单位取得的原始凭证，必须盖有填制单位的公章；从个人取得的原始凭证，必须有填制人员的签名或者盖章。自制原始凭证必须有经办单位领导人或者其指定的人员签名或者盖章。对外开出的原始凭证，必须加盖本单位公章。

（三）凡填有大写和小写金额的原始凭证，大写与小写金额必须相符。购买实物的原始凭证，必须有验收证明。支付款项的原始凭证，必须有收款单位和收款人的收款证明。

（四）一式几联的原始凭证，应当注明各联的用途，只能以一联作为报销凭证。一式几联的发票和收据，必须用双面复写纸（发票和收据本身具备复写纸功能的除外）套写，并连续编号。作废时应当加盖“作废”戳记，连同存根一起保存，不得撕毁。

（五）发生销货退回的，除填制退货发票外，还必须有退货验收证明；退款时，必须取得对方的收款收据或者汇款银行的凭证，不得以退货发票代替收据。

（六）职工公出借款凭据，必须附在记账凭证之后。收回借款时，应当另开收据或者退还借据副本，不得退还原借款收据。

（七）经上级有关部门批准的经济业务，应当将批准文件作为原始凭证附件。如果批准文件需要单独归档的，应当在凭证上注明批准机关名称、日期和文件字号。

第四十九条　原始凭证不得涂改、挖补。发现原始凭证有错误的，应当由开出单位重开或者更正，更正处应当加盖开出单位的公章。

第五十条　会计机构、会计人员要根据审核无误的原始凭证填制记账凭证。记账凭证可以分为收款凭证、付款凭证和转账凭证，也可以使用通用记账凭证。

第五十一条　记账凭证的基本要求是：

（一）记账凭证的内容必须具备：填制凭证的日期；凭证编号；经济业务摘要；会计科目；金额；所附原始凭证张数；填制凭证人员、稽核人员、记账人员、会计机构负责人、会计主管人员签名或者盖章。收款和付款记账凭证还应当由出纳人员签名或者盖章。以自制的原始凭证或者原始凭证汇总表代替记账凭证的，也必须具备记账凭证应有的项目。

（二）填制记账凭证时，应当对记账凭证进行连续编号。一笔经济业务需要填制两张以上记账凭证的，可以采用分数编号法编号。

（三）记账凭证可以根据每一张原始凭证填制，或者根据若干张同类原始凭证汇总填制，也可以根据原始凭证汇总表填制。但不得将不同内容和类别的原始凭证汇总填制在一张记账凭证上。

（四）除结账和更正错误的记账凭证可以不附原始凭证外，其他记账凭证必须附有原始凭证。如果一张原始凭证涉及几张记账凭证，可以把原始凭证附在一张主要的记账凭证后面，并在其他记账凭证上注明附有该原始凭证的记账凭证的编号或者附原始凭证复印件。一张原始凭证所列支出需要几个单位共同负担的，应当将其他单位负担的部分，开给对方原始凭证分割单，进行结算。原始凭证分割单必须具备原始凭证的基本内容：凭证名称、填制凭证日期、填制凭证单位名称或者填制人姓名、经办人的签名或者盖章、接受凭证单位名称、经济业务内容、数量、单价、金额和费用分摊情况等。

（五）如果在填制记账凭证时发生错误，应当重新填制。已经登记入账的记账凭证，在当年内发现填写错误时，可以用红字填写一张与原内容相同的记账凭证，在摘要栏注明“注销某月某日某号凭证”字样，同时再用蓝字重新填制一张正确的记账凭证，注明“订正某月某日某号凭证”字样。如果会计科目没有错误，只是金额错误，也可以将正确数字与错误数字之间的差额，另编一张调整的记账凭证，调增金额用蓝字，调减金额用红字。发现以前年度记账凭证有错误的，应当用蓝字填制一张更正的记账凭证。

（六）记账凭证填制完经济业务事项后，如有空行，应当自金额栏最后一笔金额数字下的空行处至合计数上的空行处画线注销。

第五十二条　填制会计凭证，字迹必须清晰、工整，并符合下列要求。

（一）阿拉伯数字应当一个一个地写，不得连笔写。阿拉伯金额数字前面应当书写货币币种符号或者货币名称简写和币种符号。币种符号与阿拉伯金额数字之间不得留有空白。凡阿拉伯数字前写有币种符号的，数字后面不再写货币单位。

（二）所有以元为单位（其他货币种类为货币基本单位，下同）的阿拉伯数字，除表示单价等情况外，一律填写到角分；无角分的，角位和分位可写“00”，或者符号“-”；有角无分的，分位应当写“0”，不得用符号“-”代替。

（三）汉字大写数字金额如零、壹、贰、叁、肆、伍、陆、柒、捌、玖、拾、佰、仟、万、亿等，一律用正楷或者行书体书写，不得用〇、一、二、三、四、五、六、七、八、九、十等简化字代替，不得任意自造简化字。大写金额数字到元或者角为止的，在“元”或者“角”字之后应当写“整”字或者“正”字；大写金额数字有分的，分字后面不写“整”或者“正”字。

（四）大写金额数字前未印有货币名称的，应当加填货币名称，货币名称与金额数字之间不得留有空白。

（五）阿拉伯金额数字中间有“0”时，汉字大写金额要写“零”字；阿拉伯数字金额中间连续有几个“0”时，汉字大写金额中可以只写一个“零”字；阿拉伯金额数字元位是“0”，或者数字中间连续有几个“0”、元位也是“0”但角位不是“0”时，汉字大写金额可以只写一个“零”字，也可以不写“零”字。

第五十三条　实行会计电算化的单位，对于机制记账凭证，要认真审核，做到会计科目使用正确，数字准确无误。打印出的机制记账凭证要加盖制单人员、审核人员、记账人员及会计机构负责人、会计主管人员印章或者签字。

第五十四条　各单位会计凭证的传递程序应当科学、合理，具体办法由各单位根据会计业务需要自行规定。

第五十五条　会计机构、会计人员要妥善保管会计凭证。

（一）会计凭证应当及时传递，不得积压。

（二）会计凭证登记完毕后，应当按照分类和编号顺序保管，不得散乱丢失。

（三）记账凭证应当连同所附的原始凭证或者原始凭证汇总表，按照编号顺序，折叠整齐，按期装订成册，并加具封面，注明单位名称、年度、月份和起讫日期、凭证种类、起讫号码，由装订人在装订线封签外签名或者盖章。对于数量过多的原始凭证，可以单独装订保管，在封面上注明记账凭证日期、编号、种类，同时在记账凭证上注明“附件另订”和原始凭证名称及编号。各种经济合同、存出保证金收据以及涉外文件等重要原始凭证，应当另编目录，单独登记保管，并在有关的记账凭证和原始凭证上相互注明日期和编号。

（四）原始凭证不得外借，其他单位如因特殊原因需要使用原始凭证时，经本单位会计机构负责人、会计主管人员批准，可以复制。向外单位提供的原始凭证复制件，应当在专设的登记簿上登记，并由提供人员和收取人员共同签名或者盖章。

（五）从外单位取得的原始凭证如有遗失，应当取得原开出单位盖有公章的证明，并注明原来凭证的号码、金额和内容等，由经办单位会计机构负责人、会计主管人员和单位领导人批准后，才能代作原始凭证。如果确实无法取得证明的，如火车、轮船、飞机票等凭证，由当事人写出详细情况，由经办单位会计机构负责人、会计主管人员和单位领导人批准后，代作原始凭证。

第三节　登记会计账簿

第五十六条　各单位应当按照国家统一会计制度的规定和会计业务的需要设置会计账簿。会计账簿包括总账、明细账、日记账和其他辅助性账簿。

第五十七条　现金日记账和银行存款日记账必须采用订本式账簿。不得用银行对账单或者其他方法代替日记账。

第五十八条　实行会计电算化的单位，用计算机打印的会计账簿必须连续编号，经审核无误后装订成册，并由记账人员和会计机构负责人、会计主管人员签字或者盖章。

第五十九条　启用会计账簿时，应当在账簿封面上写明单位名称和账簿名称。在账簿扉页上应当附启用表，内容包括：启用日期、账簿页数、记账人员和会计机构负责人、会计主管人员姓名，并加盖名章和单位公章。记账人员或者会计机构负责人、会计主管人员调动工作时，应当注明交接日期、接办人员或者监交人员姓名，并由交接双方人员签名或者盖章。启用订本式账簿，应当从第一页到最后一页顺序编定页数，不得跳页、缺号。使用活页式账页，应当按账户顺序编号，并须定期装订成册。装订后再按实际使用的账页顺序编定页码。另加目录，记明每个账户的名称和页次。

第六十条　会计人员应当根据审核无误的会计凭证登记会计账簿。登记账簿的基本要求如下。

（一）登记会计账簿时，应当将会计凭证日期、编号、业务内容摘要、金额和其他有关资料逐项记入账内；做到数字准确、摘要清楚、登记及时、字迹工整。

（二）登记完毕后，要在记账凭证上签名或者盖章，并注明已经登账的符号，表示已经记账。

（三）账簿中书写的文字和数字上面要留有适当空格，不要写满格；一般应占格距的二分之一。

（四）登记账簿要用蓝黑墨水或者碳素墨水书写，不得使用圆珠笔（银行的复写账簿除外）或者铅笔书写。

（五）下列情况，可以用红色墨水记账：

1. 按照红字冲账的记账凭证，冲销错误记录；

2. 在不设借贷等栏的多栏式账页中，登记减少数；

3. 在三栏式账户的余额栏前，如未印明余额方向的，在余额栏内登记负数余额；

4. 根据国家统一会计制度的规定可以用红字登记的其他会计记录。

（六）各种账簿按页次顺序连续登记，不得跳行、隔页。如果发生跳行、隔页，应当将空行、空页画线注销，或者注明“此行空白”“此页空白”字样，并由记账人员签名或者盖章。

（七）凡需要结出余额的账户，结出余额后。应当在“借或贷”等栏内写明“借”或者“贷”等字样。没有余额的账户，应当在“借或贷”等栏内写“平”字，并在余额栏内用“θ”表示。现金日记账和银行存款日记账必须逐日结出余额。

（八）每一账页登记完毕结转下页时，应当结出本页合计数及余额，写在本页最后一行和下页第一行有关栏内，并在摘要栏内注明“过次页”和“承前页”字样；也可以将本页合计数及金额只写在下页第一行有关栏内，并在摘要栏内注明“承前页”字样。对需要结计本月发生额的账户，结计“过次页”的本页合计数应当为自本月初起至本页末止的发生额合计数；对需要结计本年累计发生额的账户，结计“过次页”的本页合计数应当为自年初起至本页末止的累计数；对既不需要结计本月发生额也不需要结计本年累计发生额的账户，可以只将每页末的余额结转次页。

第六十一条　实行会计电算化的单位，总账和明细账应当定期打印。发生收款和付款业务的，在输入收款凭证和付款凭证的当天必须打印出现金日记账和银行存款日记账，并与库存现金核对无误。

第六十二条　账簿记录发生错误，不准涂改、挖补、刮擦或者用药水消除字迹，不准重新抄写，必须按照下列方法进行更正。

（一）登记账簿时发生错误，应当将错误的文字或者数字画红线注销，但必须使原有字迹仍可辨认；然后在画线上方填写正确的文字或者数字，并由记账入员在更正处盖章。对于错误的数字，应当全部画红线更正，不得只更正其中的错误数字。对于文字错误，可只画去错误的部分。

（二）由于记账凭证错误而使账簿记录发生错误，应当按更正的记账凭证登记账簿。

第六十三条　各单位应当定期对会计账簿记录的有关数字与库存实物、货币资金、有价证券、往来单位或者个人等进行相互核对，保证账证相符、账账相符、账实相符。对账工作每年至少进行一次。

（一）账证核对。核对会计账簿记录与原始凭证、记账凭证的时间、凭证字号、内容、金额是否一致，记账方向是否相符。

（二）账账核对。核对不同会计账簿之间的账簿记录是否相符，包括：总账有关账户的余额核对，总账与明细账核对，总账与日记账核对，会计部门的财产物资明细账与财产物资保管和使用部门的有关明细账核对等。

（三）账实核对。核对会计账簿记录与财产等实有数额是否相符。包括：现金日记账账面余额与现金实际库存数相核对；银行存款日记账账面余额定期与银行对账单相核对；各种财物明细账账面余额与财物实存数额相核对；各种应收、应付款明细账账面余额与有关债务、债权单位或者个人核对等。

第六十四条　各单位应当按照规定定期结账。

（一）结账前，必须将本期内所发生的各项经济业务全部登记入账。

（二）结账时，应当结出每个账户的期末余额。需要结出当月发生额的，应当在摘要栏内注明“本月合计”

字样，并在下面通栏画单红线。需要结出本年累计发生额的，应当在摘要栏内注明“本年累计”字样，并在下面通栏画单红线；十二月末的“本年累计”就是全年累计发生额。全年累计发生额下面应当通栏画双红线。年度终了结账时，所有总账账户都应当结出全年发生额和年末余额。

（三）年度终了，要把各账户的余额结转到下一会计年度，并在摘要栏注明“结转下年”字样；在下一会计年度新建有关会计账簿的第一行余额栏内填写上年结转的余额，并在摘要栏注明“上年结转”字样。

第四节 编制财务报告

第六十五条 各单位必须按照国家统一会计制度的规定，定期编制财务报告。财务报告包括会计报表及其说明。会计报表包括会计报表主表、会计报表附表、会计报表附注。

第六十六条 各单位对外报送的财务报告应当根据国家统一会计制度规定的格式和要求编制。单位内部使用的财务报告，其格式和要求由各单位自行规定。

第六十七条 会计报表应当根据登记完整、核对无误的会计账簿记录和其他有关资料编制，做到数字真实、计算准确、内容完整、说明清楚。任何人不得篡改或者授意、指使、强令他人篡改会计报表的有关数字。

第六十八条 会计报表之间、会计报表各项目之间，凡有对应关系的数字，应当相互一致。本期会计报表与上期会计报表之间有关的数字应当相互衔接。如果不同会计年度会计报表中各项目的内容和核算方法有变更的，应当在年度会计报表中加以说明。

第六十九条 各单位应当按照国家统一会计制度的规定认真编写会计报表附注及其说明，做到项目齐全，内容完整。

第七十条 各单位应当按照国家规定的期限对外报送财务报告。对外报送的财务报告，应当依次编定页码，加具封面，装订成册，加盖公章。封面上应当注明：单位名称，单位地址，财务报告所属年度、季度、月度，送出日期，并由单位领导人、总会计师、会计机构负责人、会计主管人员签名或者盖章。单位领导人对财务报告的合法性、真实性负法律责任。

第七十一条 根据法律和国家有关规定应当对财务报告进行审计的，财务报告编制单位应当先行委托注册会计师进行审计，并将注册会计师出具的审计报告随同财务报告按照规定的期限报送有关部门。

第七十二条 如果发现对外报送的财务报告有错误，应当及时办理更正手续。除更正本单位留存的财务报告外，并应同时通知接受财务报告的单位更正。错误较多的，应当重新编报。

第四章 会 计 监 督

第七十三条 各单位的会计机构、会计人员对本单位的经济活动进行会计监督。

第七十四条 会计机构、会计人员进行会计监督的依据如下。

（一）财经法律、法规、规章；

（二）会计法律、法规和国家统一会计制度；

（三）各省、自治区、直辖市财政厅（局）和国务院业务主管部门根据《中华人民共和国会计法》和国家统一会计制度制定的具体实施办法或者补充规定；

（四）各单位根据《中华人民共和国会计法》和国家统一会计制度制定的单位内部会计管理制度；

（五）各单位内部的预算、财务计划、经济计划、业务计划。

第七十五条 会计机构、会计人员应当对原始凭证进行审核和监督。对不真实、不合法的原始凭证，不予受理。对弄虚作假、严重违法的原始凭证，在不予受理的同时，应当予以扣留，并及时向单位领导人报告，请求查明原因，追究当事人的责任。对记载不明确、不完整的原始凭证，予以退回，要求经办人员更正、补充。

第七十六条 会计机构、会计人员对伪造、变造、故意毁灭会计账簿或者账外设账行为，应当制止和纠正；制止和纠正无效的，应当向上级主管单位报告，请求做出处理。

第七十七条 会计机构、会计人员应当对实物、款项进行监督，督促建立并严格执行财产清查制度。发现账簿记录与实物、款项不符时，应当按照国家有关规定进行处理。超出会计机构、会计人员职权范围的，应当立即向本单位领导报告，请求查明原因，做出处理。

第七十八条　会计机构、会计人员对指使、强令编造、篡改财务报告行为，应当制止和纠正；制止和纠正无效的，应当向上级主管单位报告，请求处理。

第七十九条　会计机构、会计人员应当对财务收支进行监督。

（一）对审批手续不全的财务收支，应当退回，要求补充、更正。

（二）对违反规定不纳入单位统一会计核算的财务收支，应当制止和纠正。

（三）对违反国家统一的财政、财务、会计制度规定的财务收支，不予办理。

（四）对认为是违反国家统一的财政、财务、会计制度规定的财务收支，应当制止和纠正；制止和纠正无效的，应当向单位领导人提出书面意见请求处理。单位领导人应当在接到书面意见起十日内作出书面决定，并对决定承担责任。

（五）对违反国家统一的财政、财务、会计制度规定的财务收支，不予制止和纠正，又不向单位领导人提出书面意见的，也应当承担责任。

（六）对严重违反国家利益和社会公众利益的财务收支，应当向主管单位或者财政、审计、税务机关报告。

第八十条　会计机构、会计人员对违反单位内部会计管理制度的经济活动，应当制止和纠正；制止和纠正无效的，向单位领导人报告，请求处理。

第八十一条　会计机构、会计人员应当对单位制定的预算、财务计划、经济计划、业务计划的执行情况进行监督。

第八十二条　各单位必须依照法律和国家有关规定接受财政、审计、税务等机关的监督，如实提供会计凭证、会计账簿、会计报表和其他会计资料以及有关情况，不得拒绝、隐匿、谎报。

第八十三条　按照法律规定应当委托注册会计师进行审计的单位，应当委托注册会计师进行审计，并配合注册会计师的工作，如实提供会计凭证、会计账簿、会计报表和其他会计资料以及有关情况，不得拒绝、隐匿、谎报；不得示意注册会计师出具不当的审计报告。

第五章　内部会计管理制度

第八十四条　各单位应当根据《中华人民共和国会计法》和国家统一会计制度的规定，结合单位类型和内部管理的需要，建立健全相应的内部会计管理制度。

第八十五条　各单位制定内部会计管理制度应当遵循下列原则。

（一）应当执行法律、法规和国家统一的财务会计制度。

（二）应当体现本单位的生产经营、业务管理的特点和要求。

（三）应当全面规范本单位的各项会计工作，建立健全会计基础，保证会计工作的有序进行。

（四）应当科学、合理，便于操作和执行。

（五）应当定期检查执行情况。

（六）应当根据管理需要和执行中的问题不断完善。

第八十六条　各单位应当建立内部会计管理体系。主要内容包括：单位领导人、总会计师对会计工作的领导职责；会计部门及其会计机构负责人、会计主管人员的职责、权限；会计部门与其他职能部门的关系；会计核算的组织形式等。

第八十七条　各单位应当建立会计人员岗位责任制度。主要内容包括：会计人员的工作岗位设置；各会计工作岗位的职责和标准；各会计工作岗位的人员和具体分工；会计工作岗位轮换办法；对各会计工作岗位的考核办法。

第八十八条　各单位应当建立账务处理程序制度。主要内容包括：会计科目及其明细科目的设置和使用；

会计凭证的格式、审核要求和传递程序；会计核算方法；会计账簿的设置；编制会计报表的种类和要求；单位会计指标体系。

第八十九条　各单位应当建立内部牵制制度。主要内容包括：内部牵制制度的原则；组织分工；出纳岗位的职责和限制条件；有关岗位的职责和权限。

第九十条　各单位应当建立稽核制度。主要内容包括：稽核工作的组织形式和具体分工；稽核工作的职责、权限；审核会计凭证和复核会计账簿、会计报表的方法。

第九十一条　各单位应当建立原始记录管理制度。主要内容包括：原始记录的内容和填制方法；原始记录的格式；原始记录的审核；原始记录填制人的责任；原始记录签署；传递、汇集要求。

第九十二条　各单位应当建立定额管理制度。主要内容包括：定额管理的范围；制定和修订定额的依据、程序和方法；定额的执行；定额考核和奖惩办法等。

第九十三条　各单位应当建立计量验收制度。主要内容包括：计量检测手段和方法；计量验收管理的要求；计量验收人员的责任和奖惩办法。

第九十四条　各单位应当建立财产清查制度。主要内容包括：财产清查的范围；财产清查的组织；财产清查的期限和方法；对财产清查中发现问题的处理办法；对财产管理人员的奖惩办法。

第九十五条　各单位应当建立财务收支审批制度。主要内容包括：财务收支审批人员和审批权限；财务收支审批程序；财务收支审批人员的责任。

第九十六条　实行成本核算的单位应当建立成本核算制度。主要内容包括：成本核算的对象；成本核算的方法和程序；成本分析等。

第九十七条　各单位应当建立财务会计分析制度。主要内容包括：财务会计分析的主要内容；财务会计分析的基本要求和组织程序；财务会计分析的具体方法；财务会计分析报告的编写要求等。

第六章　附　　则

第九十八条　本规范所称国家统一会计制度，是指由财政部制定、或者财政部与国务院有关部门联合制定、或者经财政部审核批准的在全国范围内统一执行的会计规章、准则、办法等规范性文件。本规范所称会计主管人员，是指不设置会计机构、只在其他机构中设置专职会计人员的单位行使会计机构负责人职权的人员。本规范第三章第二节和第三节关于填制会计凭证、登记会计账簿的规定，除特别指出外，一般适用于手工记账。实行会计电算化的单位，填制会计凭证和登记会计账簿的有关要求，应当符合财政部关于会计电算化的有关规定。

第九十九条　各省、自治区、直辖市财政厅（局）、国务院各业务主管部门可以根据本规范的原则，结合本地区、本部门的具体情况，制定具体实施办法，报财政部备案。

第一百条　本规范由财政部负责解释、修改。

第一百零一条　本规范自公布之日起实施。1984 年 4 月 24 日财政部发布的《会计人员工作规则》同时废止。

链接 4　企业产品成本核算制度（试行）

第一章　总则

第一条　为了加强企业产品成本核算工作，保证产品成本信息真实、完整，促进企业和经济社会的可持续发展，根据《中华人民共和国会计法》、企业会计准则等国家有关规定制定本制度。

第二条　本制度适用于大中型企业，包括制造业、农业、批发零售业、建筑业、房地产业、采矿业、交

推荐阅读

财政部《关于印发〈企业产品成本核算制度（试行）〉的通知（财会[2013]17号）》：http://kjs.mof.gov.cn/zhengwuxinxi/zhengcefabu/201309/t20130906_986492.html

通运输业、信息传输业、软件及信息技术服务业、文化业以及其他行业的企业。其他未明确规定的行业比照以上类似行业的规定执行。

本制度不适用于金融保险业的企业。

第三条　本制度所称的产品，是指企业日常生产经营活动中持有以备出售的产成品、商品、提供的劳务或服务。

本制度所称的产品成本，是指企业在生产产品过程中所发生的材料费用、职工薪酬等，以及不能直接计入而按一定标准分配计入的各种间接费用。

第四条　企业应当充分利用现代信息技术，编制、执行企业产品成本预算，对执行情况进行分析、考核，落实成本管理责任制，加强对产品生产事前、事中、事后的全过程控制，加强产品成本核算与管理各项基础工作。

第五条　企业应当根据所发生的有关费用能否归属于使产品达到目前场所和状态的原则，正确区分产品成本和期间费用。

第六条　企业应当根据产品生产过程的特点、生产经营组织的类型、产品种类的繁简和成本管理的要求，确定产品成本核算的对象、项目、范围，及时对有关费用进行归集、分配和结转。

企业产品成本核算采用的会计政策和估计一经确定，不得随意变更。

第七条　企业一般应当按月编制产品成本报表，全面反映企业生产成本、成本计划执行情况、产品成本及其变动情况等。

第二章　产品成本核算对象

第八条　企业应当根据生产经营特点和管理要求，确定成本核算对象，归集成本费用，计算产品的生产成本。

第九条　制造企业一般按照产品品种、批次订单或生产步骤等确定产品成本核算对象。

（一）大量大批单步骤生产产品或管理上不要求提供有关生产步骤成本信息的，一般按照产品品种确定成本核算对象。

（二）小批单件生产产品的，一般按照每批或每件产品确定成本核算对象。

（三）多步骤连续加工产品且管理上要求提供有关生产步骤成本信息的，一般按照每种（批）产品及各生产步骤确定成本核算对象。

产品规格繁多的，可以将产品结构、耗用原材料和工艺过程基本相同的产品，适当合并作为成本核算对象。

第十条　农业企业一般按照生物资产的品种、成长期、批别（群别、批次）、与农业生产相关的劳务作业等确定成本核算对象。

第十一条　批发零售企业一般按照商品的品种、批次、订单、类别等确定成本核算对象。

第十二条　建筑企业一般按照订立的单项合同确定成本核算对象。单项合同包括建造多项资产的，企业应当按照企业会计准则规定的合同分立原则，确定建造合同的成本核算对象。为建造一项或数项资产而签订一组合同的，按合同合并的原则，确定建造合同的成本核算对象。

第十三条　房地产企业一般按照开发项目、综合开发期数并兼顾产品类型等确定成本核算对象。

第十四条　采矿企业一般按照所采掘的产品确定成本核算对象。

第十五条　交通运输企业以运输工具从事货物、旅客运输的，一般按照航线、航次、单船（机）、基层站段等确定成本核算对象；从事货物等装卸业务的，可以按照货物、成本责任部门、作业场所等确定成本核算对象；从事仓储、堆存、港务管理业务的，一般按照码头、仓库、堆场、油罐、筒仓、货棚或主要货物的种类、成本责任部门等确定成本核算对象。

第十六条 信息传输企业一般按照基础电信业务、电信增值业务和其他信息传输业务等确定成本核算对象。

第十七条 软件及信息技术服务企业的科研设计与软件开发等人工成本比重较高的，一般按照科研课题、承接的单项合同项目、开发项目、技术服务客户等确定成本核算对象。合同项目规模较大、开发期较长的，可以分段确定成本核算对象。

第十八条 文化企业一般按照制作产品的种类、批次、印次、刊次等确定成本核算对象。

第十九条 除本制度已明确规定的以外，其他行业企业应当比照以上类似行业的企业确定产品成本核算对象。

第二十条 企业应当按照第八条至第十九条规定确定产品成本核算对象，进行产品成本核算。企业内部管理有相关要求的，还可以按照现代企业多维度、多层次的管理需要，确定多元化的产品成本核算对象。

多维度，是指以产品的最小生产步骤或作业为基础，按照企业有关部门的生产流程及其相应的成本管理要求，利用现代信息技术，组合出产品维度、工序维度、车间班组维度、生产设备维度、客户订单维度、变动成本维度和固定成本维度等不同的成本核算对象。

多层次，是指根据企业成本管理需要，划分为企业管理部门、工厂车间和班组等成本管控层次。

第三章 产品成本核算项目和范围

第二十一条 企业应当根据生产经营特点和管理要求，按照成本的经济用途和生产要素内容相结合的原则或者成本性态等设置成本项目。

第二十二条 制造企业一般设置直接材料、燃料和动力、直接人工和制造费用等成本项目。

直接材料，是指构成产品实体的原材料以及有助于产品形成的主要材料和辅助材料。

燃料和动力，是指直接用于产品生产的燃料和动力。

直接人工，是指直接从事产品生产的工人的职工薪酬。

制造费用，是指企业为生产产品和提供劳务而发生的各项间接费用，包括企业生产部（如生产车间）发生的水电费、固定资产折旧、无形资产摊销、管理人员的职工薪酬、劳动保护费、国家规定的有关环保费用、季节性和修理期间的停工损失等。

第二十三条 农业企业一般设置直接材料、直接人工、机械作业费、其他直接费用、间接费用等成本项目。

直接材料，是指种植业生产中耗用的自产或外购的种子、种苗、饲料、肥料、农药、燃料和动力、修理用材料和零件、原材料以及其他材料等；养殖业生产中直接用于养殖生产的苗种、饲料、肥料、燃料、动力、畜禽医药费等。

直接人工，是指直接从事农业生产人员的职工薪酬。

机械作业费，是指种植业生产过程中农用机械进行耕耙、播种、施肥、除草、喷药、收割、脱粒等机械作业所发生的费用。

其他直接费用，是指除直接材料、直接人工和机械作业费以外的畜力作业费等直接费用。

间接费用，是指应摊销、分配计入成本核算对象的运输费、灌溉费、固定资产折旧、租赁费、保养费等费用。

第二十四条 批发零售企业一般设置进货成本、相关税费、采购费等成本项目。

进货成本，是指商品的采购价款。

相关税费，是指购买商品发生的进口关税、资源税和不能抵扣的增值税等。

采购费，是指运杂费、装卸费、保险费、仓储费、整理费、合理损耗以及其他可归属于商品采购成本的费用。采购费金额较小的，可以在发生时直接计入当期销售费用。

第二十五条 建筑企业一般设置直接人工、直接材料、机械使用费、其他直接费用和间接费用等成本项目。建筑企业将部分工程分包的，还可以设置分包成本项目。

直接人工，是指按照国家规定支付给施工过程中直接从事建筑安装工程施工的工人以及在施工现场直接为工程制作构件和运料、配料等工人的职工薪酬。

直接材料，是指在施工过程中所耗用的、构成工程实体的材料、结构件、机械配件和有助于工程形成的其他材料以及周转材料的租赁费和摊销等。

机械使用费，是指施工过程中使用自有施工机械所发生的机械使用费，使用外单位施工机械的租赁费，以及按照规定支付的施工机械进出场费等。

其他直接费用，是指施工过程中发生的材料搬运费、材料装卸保管费、燃料动力费、临时设施摊销、生产工具用具使用费、检验试验费、工程定位复测费、工程点交费、场地清理费，以及能够单独区分和可靠计量的为订立建造承包合同而发生的差旅费、投标费等费用。

间接费用，是指企业各施工单位为组织和管理工程施工所发生的费用。

分包成本，是指按照国家规定开展分包，支付给分包单位的工程价款。

第二十六条　房地产企业一般设置土地征用及拆迁补偿费、前期工程费、建筑安装工程费、基础设施建设费、公共配套设施费、开发间接费、借款费用等成本项目。

土地征用及拆迁补偿费，是指为取得土地开发使用权（或开发权）而发生的各项费用，包括土地买价或出让金、大市政配套费、契税、耕地占用税、土地使用费、土地闲置费、农作物补偿费、危房补偿费、土地变更用途和超面积补交的地价及相关税费、拆迁补偿费用、安置及动迁费用、回迁房建造费用等。

前期工程费，是指项目开发前期发生的政府许可规费、招标代理费、临时设施费以及水文地质勘察、测绘、规划、设计、可行性研究、咨询论证费、筹建、场地通平等前期费用。

建筑安装工程费，是指开发项目开发过程中发生的各项主体建筑的建筑工程费、安装工程费及精装修费等。

基础设施建设费，是指开发项目在开发过程中发生的道路、供水、供电、供气、供暖、排污、排洪、消防、通信、照明、有线电视、宽带网络、智能化等社区管网工程费和环境卫生、园林绿化等园林、景观环境工程费用等。

公共配套设施费，是指开发项目内发生的、独立的、非营利性的且产权属于全体业主的，或无偿赠与地方政府、政府公共事业单位的公共配套设施费用等。

开发间接费，指企业为直接组织和管理开发项目所发生的，且不能将其直接归属于成本核算对象的工程监理费、造价审核费、结算审核费、工程保险费等。为业主代扣代缴的公共维修基金等不得计入产品成本。

借款费用，是指符合资本化条件的借款费用。

房地产企业自行进行基础设施、建筑安装等工程建设的，可以比照建筑企业设置有关成本项目。

第二十七条　采矿企业一般设置直接材料、燃料和动力、直接人工、间接费用等成本项目。

直接材料，是指采掘生产过程中直接耗用的添加剂、催化剂、引发剂、助剂、触媒以及净化材料、包装物等。

燃料和动力，是指采掘生产过程中直接耗用的各种固体、液体、气体燃料，以及水、电、汽、风、氮气、氧气等动力。

直接人工，是指直接从事采矿生产人员的职工薪酬。

间接费用，是指为组织和管理厂（矿）采掘生产所发生的职工薪酬、劳动保护费、固定资产折旧、无形资产摊销、保险费、办公费、环保费用、化（检）验计量费、设计制图费、停工损失、洗车费、转输费、科研试验费、信息系统维护费等。

第二十八条　交通运输企业一般设置营运费用、运输工具固定费用与非营运期间的费用等成本项目。

营运费用，是指企业在货物或旅客运输、装卸、堆存过程中发生的营运费用，包括货物费、港口费、起降及停机费、中转费、过桥过路费、燃料和动力、航次租船费、安全救生费、护航费、装卸整理费、堆存费等。铁路运输企业的营运费用还包括线路等相关设施的维护费等。

运输工具固定费用，是指运输工具的固定费用和共同费用等，包括检验检疫费、车船使用税、劳动保护费、固定资产折旧、租赁费、备件配件、保险费、驾驶及相关操作人员薪酬及其伙食费等。

非营运期间费用，是指受不可抗力制约或行业惯例等原因暂停营运期间发生的有关费用等。

第二十九条　信息传输企业一般设置直接人工、固定资产折旧、无形资产摊销、低值易耗品摊销、业务费、电路及网元租赁费等成本项目。

直接人工，是指直接从事信息传输服务的人员的职工薪酬。

业务费，是指支付通信生产的各种业务费用，包括频率占用费，卫星测控费，安全保卫费，码号资源费，设备耗用的外购电力费，自有电源设备耗用的燃料和润料费等。

电路及网元租赁费，是指支付给其他信息传输企业的电路及网元等传输系统及设备的租赁费等。

第三十条　软件及信息技术服务企业一般设置直接人工、外购软件与服务费、场地租赁费、固定资产折旧、无形资产摊销、差旅费、培训费、转包成本、水电费、办公费等成本项目。

直接人工，是指直接从事软件及信息技术服务的人员的职工薪酬。

外购软件与服务费，是指企业为开发特定项目而必须从外部购进的辅助软件或服务所发生的费用。

场地租赁费，是指企业为开发软件或提供信息技术服务租赁场地支付的费用等。

转包成本，是指企业将有关项目部分分包给其他单位支付的费用。

第三十一条　文化企业一般设置开发成本和制作成本等成本项目。

开发成本，是指从选题策划开始到正式生产制作所经历的一系列过程，包括信息收集、策划、市场调研、选题论证、立项等阶段所发生的信息搜集费、调研交通费、通信费、组稿费、专题会议费、参与开发的职工薪酬等。

制作成本，是指产品内容制作成本和物质形态的制作成本，包括稿费、审稿费、校对费、录入费、编辑加工费、直接材料费、印刷费、固定资产折旧、参与制作的职工薪酬等。电影企业的制作成本，是指企业在影片制片、译制、洗印等生产过程所发生的各项费用，包括剧本费、演职员的薪酬、胶片及磁片磁带费、化妆费、道具费、布景费、场租费、剪接费、洗印费等。

第三十二条　除本制度已明确规定的以外，其他行业企业应当比照以上类似行业的企业确定成本项目。

第三十三条　企业应当按照第二十一条至第三十二条规定确定产品成本核算项目，进行产品成本核算。企业内部管理有相关要求的，还可以按照现代企业多维度、多层次的成本管理要求，利用现代信息技术对有关成本项目进行组合，输出有关成本信息。

第四章　产品成本归集、分配和结转

第三十四条　企业所发生的费用，能确定由某一成本核算对象负担的，应当按照所对应的产品成本项目类别，直接计入产品成本核算对象的生产成本；由几个成本核算对象共同负担的，应当选择合理的分配标准分配计入。

企业应当根据生产经营特点，以正常生产能力水平为基础，按照资源耗费方式确定合理的分配标准。

企业应当按照权责发生制的原则，根据产品的生产特点和管理要求结转成本。

第三十五条　制造企业发生的直接材料和直接人工，能够直接计入成本核算对象的，应当直接计入成本核算对象的生产成本，否则应当按照合理的分配标准分配计入。

制造企业外购燃料和动力的，应当根据实际耗用数量或者合理的分配标准对燃料和动力费用进行归集分配。生产部门直接用于生产的燃料和动力，直接计入生产成本；生产部门间接用于生产（如照明、取暖）的燃料和动力，计入制造费用。制造企业内部自行提供燃料和动力的，参照本条第三款进行处理。

制造企业辅助生产部门为生产部门提供劳务和产品而发生的费用，应当参照生产成本项目归集，并按照合理的分配标准分配计入各成本核算对象的生产成本。辅助生产部门之间互相提供的劳务、作业成本，应当采用合理的方法，进行交互分配。互相提供劳务、作业不多的，可以不进行交互分配，直接分配给辅助生产部门以外的受益单位。

第三十六条　制造企业发生的制造费用，应当按照合理的分配标准按月分配计入各成本核算对象的生产成本。企业可以采取的分配标准包括机器工时、人工工时、计划分配率等。季节性生产企业在停工期间发生的制造费用，应当在开工期间进行合理分摊，连同开工期间发生的制造费用，一并计入产品的生产成本。

制造企业可以根据自身经营管理特点和条件，利用现代信息技术，采用作业成本法对不能直接归属于成本核算对象的成本进行归集和分配。

第三十七条　制造企业应当根据生产经营特点和联产品、副产品的工艺要求，选择系数分配法、实物量分配法、相对销售价格分配法等合理的方法分配联合生产成本。

第三十八条　制造企业发出的材料成本，可以根据实物流转方式、管理要求、实物性质等实际情况，采用先进先出法、加权平均法、个别计价法等方法计算。

第三十九条　制造企业应当根据产品的生产特点和管理要求，按成本计算期结转成本。制造企业可以选择原材料消耗量、约当产量法、定额比例法、原材料扣除法、完工百分比法等方法，恰当地确定完工产品和在产品的实际成本，并将完工入库产品的产品成本结转至库存产品科目；在产品数量、金额不重要或在产品期初期末数量变动不大的，可以不计算在产品成本。

制造企业产成品和在产品的成本核算，除季节性生产企业等以外，应当以月为成本计算期。

第四十条　农业企业应当比照制造企业对产品成本进行归集、分配和结转。

第四十一条　批发零售企业发生的进货成本、相关税金直接计入成本核算对象成本；发生的采购费，可以结合经营管理特点，按照合理的方法分配计入成本核算对象成本。采购费金额较小的，可以在发生时直接计入当期销售费用。

批发零售企业可以根据实物流转方式、管理要求、实物性质等实际情况，采用先进先出法、加权平均法、个别计价法、毛利率法等方法结转产品成本。

第四十二条　建筑企业发生的有关费用，由某一成本核算对象负担的，应当直接计入成本核算对象成本；由几个成本核算对象共同负担的，应当选择直接费用比例、定额比例和职工薪酬比例等合理的分配标准，分配计入成本核算对象成本。

建筑企业应当按照《企业会计准则第 15 号——建造合同》的规定结转产品成本。合同结果能够可靠估计的，应当采用完工百分比法确定和结转当期提供服务的成本；合同结果不能可靠估计的，应当直接结转已经发生的成本。

第四十三条　房地产企业发生的有关费用，由某一成本核算对象负担的，应当直接计入成本核算对象成本；由几个成本核算对象共同负担的，应当选择占地面积比例、预算造价比例、建筑面积比例等合理的分配标准，分配计入成本核算对象成本。

第四十四条　采矿企业应当比照制造企业对产品成本进行归集、分配和结转。

第四十五条　交通运输企业发生的营运费用，应当按照成本核算对象归集。

交通运输企业发生的运输工具固定费用，能确定由某一成本核算对象负担的，应当直接计入成本核算对象的成本；由多个成本核算对象共同负担的，应当选择营运时间等符合经营特点的、科学合理的分配标准分配计入各成本核算对象的成本。

交通运输企业发生的非营运期间费用，比照制造业季节性生产企业处理。

第四十六条　信息传输、软件及信息技术服务等企业，可以根据经营特点和条件，利用现代信息技术，采用作业成本法等对产品成本进行归集和分配。

第四十七条　文化企业发生的有关成本项目费用，由某一成本核算对象负担的，应当直接计入成本核算对象成本；由几个成本核算对象共同负担的，应当选择人员比例、工时比例、材料耗用比例等合理的分配标准分配计入成本核算对象成本。

第四十八条　企业不得以计划成本、标准成本、定额成本等代替实际成本。企业采用计划成本、标准成本、定额成本等类似成本进行直接材料日常核算的，期末应当将耗用直接材料的计划成本或定额成本等类似成本调整为实际成本。

第四十九条　除本制度已明确规定的以外，其他行业企业应当比照以上类似行业的企业对产品成本进行归集、分配和结转。

第五十条　企业应当按照第三十四条至第四十九条规定对产品成本进行归集、分配和结转。企业内部管理有相关要求的，还可以利用现代信息技术，在确定多维度、多层次成本核算对象的基础上，对有关费用进行归集、分配和结转。

第五章　附则

第五十一条　小企业参照执行本制度。

第五十二条　本制度自 2014 年 1 月 1 日起施行。

第五十三条　执行本制度的企业不再执行《国营工业企业成本核算办法》。

项目二

计算机会计综合实训

活动 1　明确计算机会计综合实训目的

通过计算机操作，使学生全面了解和掌握会计软件的工作流程、操作步骤和操作技巧，达到掌握运用计算机进行会计处理的目的。同时可将计算机操作产生的会计处理结果，与手工操作所产生的会计处理结果进行比较，以检验其操作的准确程度。

活动 2　了解计算机会计综合实训要求

一、实训要求

根据项目一链接 1 或项目二链接 2 实训资料创建账套、设置操作员、分配权限及录入基础信息；按照会计核算与管理的要求对相关系统进行参数设置；根据附录四经济业务原始凭证进行相关系统日常业务处理；期末进行对账、结账并编制财务报表。

本实训时间要求在 20～50 课时之间。

二、计算机会计综合实训步骤

（1）设置操作员及权限；
（2）建立账套；
（3）录入会计核算基础信息；
（4）设置总账辅助信息；
（5）录入期初余额；
（6）日常业务处理；
（7）期末业务处理；
（8）生成报表。

活动 3　确定实训形式

形式一：实训开始后，组织每个学生独立完成本实训，包括期初资料的录入、记账凭证的编制、审核、记账、结账、会计报表的编制。

形式二：实训开始后，按照会计岗位进行分岗位实训，提高学生对会计电算化各工作岗位职责和处理权限的认识，培养学生团结协作的团队意识。

活动4 配齐计算机会计综合实训用具

进行实训的机房需配备软件：学校机房装有数据库和财务软件，本教材提供的答案、实训指导采用的是用友 T3-用友通软件（需要配备 SQL Server 软件）。具体采用的财务软件取决于学校的实际情况。

实训所需会计资料：学生可以直接根据项目一资料和附录四经济业务原始凭证进行计算机会计处理，也可以根据项目一的手工会计账务处理档案直接录入财务软件完成本实训。

链接1 实训指导

一、系统初始化注意事项

初始化设置在整个账务处理中十分重要，它工作量大，在会计软件使用中最为繁杂。如果初始化设置得不详细，后面的工作则无法进行。初始化内容一般有：会计核算基础信息、总账辅助信息、期初余额。操作时根据所给的实训基础资料录入。需注意的事项如下。

1. 操作员及权限的设置

根据单位的情况（在实训中为河北阳光啤酒集团有限公司）设置系统管理员及操作人员的工作权限，权限的设置必须符合会计岗位中相互稽核的目的。同时，只有被赋予权限的操作员才可登录企业门户。

密码是分清操作员责任的重要依据，各操作员要及时定期更改密码，防止密码被盗用，若操作员忘记密码，可以让系统管理员在用户管理窗口进行修改。

> **实训提示**
>
> 设置操作员时应设置一名为实训学生本人，并赋予该操作员一定的权限。比如赋予其制单权限。

在修改操作员时，操作员编号不能修改，若修改编号，只能在删除该操作员后重新增加操作员，操作员在其权限范围内对系统中某功能进行操作后不能删除，只能注销该操作员。

若系统有两个或两个以上的账套，在对操作员授权之前应选择其操作的账套。

2. 建立账套

若单位是首次使用会计核算软件，则需首先建立新的核算账套。账套由系统管理员根据单位实际情况设置，包括设置账套号与账套名称、账套路径、会计期间、单位的行业性质、编码方案、基础信息、数据精度、系统启用日期等。这些参数决定了系统内数据处理的方式及数据输入、输出形式，必须认真完成。

> **实训提示**
>
> 账套号是账套的唯一代号，不能重复使用同一代号。参加实训的学生应建立不同的账套号，以便于考核每位实训学生的实训结果。

账套号是账套的编号，一旦建账后便不能修改，若想更改，只能删除该账套重新建账。

行业性质要选择“新会计准则科目”，因为此行业性质的会计科目一级编码为 4 位数（与目前施行的会计准则、会计制度中的编码级数一致）。

编码方案是设置各会计信息的编码规则，可以在建立账套、修改账套及企业门户中进行设置。

3. 选项参数

在初次使用总账系统前，需要由账套主管根据该企业实际情况在选项中进行设置，一般需要对制单控制和凭证控制做出设定。

“制单序时控制”和“系统编号”选项联用，制单时凭证编号必须按日期顺序排列，如果有特殊需要可以将其改为不序时制单。

为体验会计工作中稽核作用，建议不选择“允许、修改作废他人填制的凭证”选项。

> **实训提示**
>
> 系统启用日期是该系统所需会计资料准备的截止日期，该日期可以与账套的启用日期相同，也可以滞后，但不能超前。启用日期以前发生的业务，不能录入系统。

> **实训提示**
>
> “指定会计科目”，在总账系统“会计科目”菜单编辑功能下指定“库存现金”为现金科目、“银行存款”为银行科目。

若科目为应收款系统的受控科目，为了防止重复制单，只允许应收系统使用此科目进行制单，总账系统则不能使用此科目制单。若希望在总账系统中也能使用这些科目填制凭证，则应选择此项。其他系统的受控科目类似。

若要求现金、银行科目凭证必须由出纳人员核对签字后才能记账，则选择“出纳凭证必须经由出纳签字”。

4. 会计核算基础信息

> **实训提示**
>
> 会计科目的设置是总账初始化中最重要的一项工作，总账系统在使用前根据企业会计准则的规定，结合本企业实际情况设置会计科目。会计科目设置的内容包括科目代码、科目名称、科目性质、账页格式、辅助核算等。
>
> 一般情况，设置会计科目时需要对存货类明细科目的账页格式设置为数量金额式，并设置相应的数量单位。

结算方式设置的主要目的是为了详细了解经营活动中每笔业务的结算情况。结算方式设置时应将企业需要使用的各种结算方式，如现金结算、支票结算、商业汇票结算、银行汇票结算等，按照设定的编码方案进行整理、输入系统，以便在编制凭证时进行参照录入。结算方式设置的主要内容包括结算方式编码、结算方式名称、票据管理标志等。

凭证类别设置也是总账初始化中一项重要工作，由企业根据本单位需要对凭证进行分类。由于本实训的结果将要与手工账结果进行核对，因此，在此选择的凭证分类建议应与手工模拟实训中采用的凭证类别一致。

5. 总账辅助信息

在将会计科目设置了辅助核算要求后，若需进行部门、个人、客户、供应商、项目核算的，就要分别设置部门档案、职员档案、客户档案、供应商档案和项目目录，形成本单位总账的辅助信息档案。

部门档案设置就是按照设定好的编码方案输入部门编号及其信息，如部门编码、名称、负责人、部门属性等。部门负责人的录入须在添加完职员档案后，回到部门档案窗口修改设置。

职员档案设置就是对本单位与财务部有经济往来的职员列表，按照设定好的编码方案输入相关信息。包括职员编码、名称、所属部门及职员属性等。

客户档案和供应商档案设置是对本单位的客户和供应商按照设定好的编码方案输入这些单位的编码、名称等信息，以便在业务处理中进行详细管理。

项目目录设置是将具有相同特性的一类项目定义为一个项目大类，在该项目大类下设置其所属每一个项目的名称及其他信息，也可以在项目大类下先分小项目进行管理。

实训提示

本实训需要对生产成本科目的四个明细科目设置项目辅助核算，以便对生产成本进行归集；同时对库存现金、银行存款、其他货币资金三个科目设置项目辅助核算，以便进行现金流量表的快速、正确编制。

一般需要先设置会计科目，后设置项目档案。

6. 期初余额

会计科目设置完毕后，录入余额之前，应先查看科目的余额方向，若方向不能修改，录入过程要以“–”数录入。在录入余额过程中，存在上下级关系的科目余额应从末级录入，上级根据下级自动计算得出；设置了辅助核算的需双击打开往来期初录入。余额录入完毕后，应注意进行试算平衡，使全部科目的借方余额等于贷方余额，总账的余额等于其所属明细账（或辅助账）的余额之和。

方向的调整方法：在录入余额之前，选中相应会计科目，单击标题栏的“方向”，按所给提示操作即可。

二、日常业务处理注意事项

实训提示

《会计信息化工作规范》规定：会计软件应当提供不可逆的记账功能，确保对同类已记账凭证的连续编号，不得提供对已记账凭证的删除和插入功能，不得提供对已记账凭证日期、金额、科目和操作人的修改功能。

在实训过程中，实训学生应当特别注意保证实训质量，不要盲目追求实训速度，否则会事倍功半。

1. 填制凭证

记账凭证是登记账簿的依据，要求直接在计算机上根据审核无误的原始凭证填制记账凭证。输入时应注意：

（1）首先为所填凭证选择正确的凭证类别；

（2）凭证的日期应在确保上一天的凭证全部输入的情况下，才能输入当天的凭证；

（3）会计科目必须输入到末级，若系统中预设的会计科目不够用，在填制凭证窗口，单击“编辑”按钮还可以增加会计科目；

（4）若会计科目有辅助账，必须同时输入辅助账的内容；

（5）注意空格键和等号键的灵活运用。

为提高凭证输入速度，对日常业务中要经常输入的相同会计凭证类型，可通过设置凭证选项和常用凭证来快速录入凭证。

当凭证出现错误时，可通过修改功能进行修改。未经审核的错误凭证可在填制凭证窗口直接修改，已审核的凭证应先取消审核后，再在填制凭证窗口进行修改。

若有非法凭证需要作废时，在填制凭证窗口的“制单”功能下选择“作废/恢复功能”即可。若不想保留作废凭证，在“制单”功能下选择“整理凭证”来完成。

在“填制凭证”窗口只能查询未记账凭证，而在“凭证查询”窗口既可查询未记账凭证也可查询已记账凭证。

本实训中可以在期末自动结转的是销售成本和期间损益，为避免重复生成凭证，每月只生成一次。在执行自动结转前，应先确保相关经济业务的记账凭证已登记入账，否则会出现数据金额错误。

2. 审核凭证

凭证录入完毕，要进行审核。审核的内容主要包括：所附原始凭证的业务内容是否与记账凭证相符，所使用的会计科目是否正确，辅助核算内容是否完整，金额是否一致，原始凭证的张数等。审核完毕，必须由审核员签字盖章。

审核时，在“重新注册”下更换操作员（出纳或审核员）。“出纳签字”与“凭证审核”没有先后之分。

审核发现记账凭证有错的，若是在记账前，可以用取消审核的功能，取消审核后进行修改。若已记账，必须用红字冲销法或补充登记法进行更正。

冲销凭证是在填制凭证窗口的“制单”功能下选择“冲销凭证”，按所给提示操作即可。

已标记作废的凭证不能被审核，也不能被标错。

如果出现出纳无法签字，则要检查是否已指定科目。

3. 记账

记账前必须进行数据备份，然后由有记账权限的操作员发出记账指令登记账簿。

遇到无法记账时，可能是由于学生未严格按照实训资料进行操作。因为资料要求系统的启用时间为2014.12.01，若在12月以前的月份启用，而填制12月的凭证，就会出现这样的结果。此时要对以前月份进行结账处理。

在实际记账过程中由于某些情况需要取消记账时，可在期末对账窗口，按“Ctrl＋H”组合键，激活“恢复记账前状态”功能。此时会在凭证功能模块下出现“恢复记账前状态”选项，单击之后，选择“恢复”方式，完成取消记账操作。

4. 对账

对账是手工记账条件下保证账证相符、账账相符、账实相符的一种有效的工作方法。启用计算机记账后，只要记账凭证录入正确，相应的各种账簿应该是正确的。但由于各种客观原因，也可能导致账证、账账不符，因此有必要在月末结账前进行对账。操作步骤如下：

（1）在总账系统中，选择“期末”→“对账”，进入对账窗口。

（2）单击工具栏中“选择”按钮，选择对账期间。

（3）单击“对账”按钮，开始对账并显示对账结果。

（4）单击“试算”按钮，可以试算资产、负债是否平衡。

（5）单击“确定”退出。

> **实训提示**
>
> 一般情况，在查询账簿时需要对“应交增值税”明细科目设置为和手工账簿一样的综合多栏账格式，需要对“管理费用”“销售费用”等科目设置为和手工账簿一样的普通多栏账格式，以便和手工核算成果核对。

当对账出现错误或记账有误，需要启动“恢复记账前状态”操作，进行检查、修改，直到对账正确。在总账系统中，选择“期末”菜单下“对账”，进入对账窗口，按“Ctrl＋H”组合键激活“恢复记账前状态”功能。退出对账后，选择“凭证”菜单下“恢复记账前状态”，进入恢复记账前状态窗口。需注意，已结账月份不能进行“恢复记账前状态”操作。

5. 结账

结账是由有结账权限的操作员发出结账指令，系统得到结账信息后认为本月数据已处理完毕，自动把当月期末余额结转到下月，结转后不能再录入当月凭证，所以结账前应确保账簿记录的正确性。

完成结账时，如果提示“未通过工作检查不可以结账”，可单击“上一步”按钮，查看“月度工作报告”寻找原因。

若启用了其他系统，则总账系统结账工作必须在其他系统结账之后进行。

在完成结账操作后由于某些情况必须取消结账时，可在期末结账窗口，选择要取消结账的月份，按“Ctrl + Shift + F6”组合键，即可取消结账。

三、报表生成注意事项

（1）在格式状态下设置报表的格式（包括报表的尺寸、行高列宽、组合单元、设置单元属性、关键字等），只能显示报表的格式，不能显示数据。

（2）设置报表的行数应包括报表表头、表体和表尾。行数和列数设置以后，若发现少设，在格式状态下可通过选择“编辑”插入或追加行与列完成；若发现多设，在格式状态下通过“编辑”删除行与列。在设置了行高及列宽后，若觉得不合适，可以直接用鼠标拖动行线及列线调整行高及列宽。

（3）在输入报表内容时，单位名称及日期一般不需输入，UFO 报表一般将其设置为关键字，用设置关键字的方法设置。关键字只能在格式状态下设置，在数据状态下录入。关键字在设置后可能会重叠在一起，可以通过设置关键字的偏移来错开，负数表示向左移，正数表示向右移。

（4）单元公式在输入时，凡是涉及加、减等数学符号的均须输入英文半角字符。所录入的公式必须符合公式的模式，否则会被系统判定为公式错误。

（5）在数据状态下计算报表的数据，能同时显示报表的格式和数据。

打开自制资产负债表及利润表应在进入会计报表系统之后。打开之后，自动进入数据处理状态，屏幕左下角显示“数据”。

实训提示

实训学生应当在会计报表编报人处签名（学生姓名）。为提高实训质量，建议实训学生自行编制空白会计报表，设置单元公式、关键字等。

链接 2 实训资料

一、初始化资料

1. 设置操作员及权限

据表 2.1 所示内容设置操作员及权限。

表 2.1 操作员及权限明细表

编码	姓名	权　限	编码	姓名	权　限
101	孙丽丽	账套主管	103	郑祥林	填制凭证、转账公式定义及转账生成
102	李芳芳	出纳签字和出纳所有权限	104	周宏伟	审核凭证、记账及结账

2. 账套信息

河北阳光啤酒集团有限公司（简称：阳光啤酒集团，账套号：888），2014 年 11 月 30 日前手工操作，2014 年 12 月 1 日实现会计电算化，执行新会计制度。记账本位币为人民币（RMB）。对数量核算时取小数位为 2，对单价等核算时取小数位为 6。

经营地址：河北省万春市春江路8008号；法定代表人：赵立强；联系电话及传真：89798969；税务登记号：1306 2004 1011 029；开户银行：中国建设银行万春第一支行；账号：13001600001111222201。

进行经济业务处理时，需要对存货、客户进行分类，没有外币业务。

客户分类编码级次：122。　　存货分类编码级次：122。

部门编码级次：22。　　结算方式编码级次：12。

会计科目编码级次：42222。

3. 部门档案

部门档案如表2.2所示。

表2.2　部门档案

部门编码	部门名称	负责人	部门属性	部门编码	部门名称	负责人	部门属性
01	董事会	赵立强	管理部门	06	品控部	赵涛	质量管理
02	经理层	钱二国	管理部门	07	销售部	赵建	销售管理
03	财务部	孙丽丽	财务管理	08	物流部	李东	运输管理
04	酿造部	李强	生产管理	09	行政部	孙兵	综合管理
05	包装部	周立强	包装管理	10	工程部	钱刚强	工程管理

4. 职员档案

职员档案如表2.3所示。

表2.3　职员档案

职员编码	职员名称	所属部门	职员属性	职员编码	职员名称	所属部门	职员属性
101	赵立强	董事会	董事长	114	赵丽	品控部	报账员
102	钱二国	经理层	总经理	115	赵建	销售部	经理兼南方区域经理
103	孙丽丽	财务部	经理	116	赵海	销售部	华东区域经理
104	李芳芳	财务部	出纳	117	郑伟林	销售部	华北区域经理
105	郑祥林	财务部	会计				
106	周宏伟	财务部	主管会计	118	李东	物流部	经理
107	李强	酿造部	经理	119	李勤	物流部	采购
108	李红	酿造部	领料员	120	周丽影	物流部	库管员
109	李刚	酿造部	报账员	121	孙兵	行政部	经理
110	周立强	包装部	经理	122	孙梅	行政部	职员
111	李莉	包装部	领料员	123	孙亮	行政部	车队负责人
112	周芳芳	包装部	报账员	124	钱刚强	工程部	经理
113	赵涛	品控部	经理	125	钱美丽	工程部	报账员

5. 结算方式

结算方式如表2.4所示。

表 2.4 结算方式

编码	结算方式	票据管理标志	编码	结算方式	票据管理标志
1	现金结算		301	商业承兑汇票	√
2	支票	√	302	银行承兑汇票	√
201	现金支票	√	4	银行汇票	√
202	转账支票	√	5	其他	
3	商业汇票	√			

6. 凭证类别

凭证类别如表 2.5 所示。

表 2.5 凭证类别

类　型	限制类型	限制科目	类　型	限制类型	限制科目
通用记账凭证					

7. 客户分类和客户档案

客户分类和客户档案如表 2.6 所示。

表 2.6 客户分类和客户档案

分类编码	分类名称	客户名称	分类编码	分类名称	客户名称
1	东北经济协作区		301	上海	上海代理商
101	辽宁		302	山东	济南代理商
102	吉林		4	中南经济协作区	
2	华北经济协作区		401	河南	
201	北京	北京代理商	402	广东	广州代理商
202	天津	天津代理商	5	西南经济协作区	
203	河北	石家庄代理商	501	四川	
3	华东经济协作区		502	云南	

8. 存货分类

存货分类如表 2.7 所示。

表 2.7 存货分类

存货分类编码	存货分类名称	存货分类编码	存货分类名称
1	原材料	201	包装物
101	原料及主要材料	202	低值易耗品
102	辅助材料	3	库存商品
2	周转材料		

9. 存货档案

存货档案如表 2.8 所示。

表 2.8　存货档案

存货编号	所属分类码	存货名称	计量单位	存货编号	所属分类码	存货名称	计量单位
001	101	麦芽	吨	009	201	胶带	卷
002	101	大米	吨	010	201	塑料周转箱	个
003	102	啤酒花	吨	011	202	润滑油	千克
004	201	纸质包装箱	个	012	202	工作服	套
005	201	纯生啤酒瓶	个	013	202	工作鞋	双
006	201	普通啤酒瓶	个	014	202	手套	双
007	201	啤酒盖	个	015	3	纯生瓶装啤酒	吨
008	201	商标标签	个	016	3	普通瓶装啤酒	吨

10. 项目档案

项目档案如表 2.9 所示。

表 2.9　项目档案

项目目录 / 核算科目	项目大类：生产成本			
	自行生产成本		委托加工成本	
	101 纯生瓶装啤酒	102 普通瓶装啤酒		
5001　生产成本				
500101 直接材料				
500102 直接人工				
500103 制造费用				
500104 其他直接支出				

11. 供应商档案

供应商档案如表 2.10 所示。

表 2.10　供应商档案

分类编码	供应商名称	分类编码	供应商名称
01	济南广发麦芽厂	04	自来水公司
02	北京利发啤酒物资供应公司	05	供电公司
03	济南纸箱厂		

12. 选项参数

凭证制单时，采用序时控制；进行支票管理与资金及往来赤字控制；客户往来款项和供应商往来款项在总账系统核算；不可修改他人填制的凭证；由出纳填制的凭证必须经出纳签字。

账簿打印位数每页打印行数按软件的标准设定；明细账查询控制到科目；明细账打印按年排页；部门、个人、项目按编码方式排序。

二、会计科目设置及期初余额列表

会计科目设置及期初余额列表如表 2.11～表 2.16 所示。

表 2.11 会计科目设置及期初余额列表

级次	科目编码	科目名称	数量	辅助账类型	账页格式	方向	余 额
		一、资产类					
1	1001	库存现金		日记账 项目核算	金额式	借	35 000.00
1	1002	银行存款		日记账 项目核算	金额式	借	35 593 890.52
1	1012	其他货币资金		项目核算	金额式	借	1 528 800.00
2	101201	银行汇票存款			金额式	借	
2	101202	银行本票存款			金额式	借	
2	101203	外埠存款			金额式	借	
2	101204	存出投资款			金额式	借	1 528 800.00
1	1101	交易性金融资产			金额式	借	2 500 000.00
2	110101	成本			金额式	借	2 500 000.00
3	11010101	黄河科技公司			金额式	借	1 000 000.00
3	11010102	长江电力公司			金额式	借	1 500 000.00
3	11010103	银河科技股票			金额式	借	
2	110102	公允价值变动			金额式	借	
3	11010201	黄河科技公司			金额式	借	
3	11010202	长江电力公司			金额式	借	
3	11010203	银河科技股票			金额式	借	
1	1121	应收票据		客户往来	金额式	借	9 828.00
1	1122	应收账款		客户往来	金额式	借	2 702 000.00
1	1123	预付账款		供应商往来	金额式	借	
1	1131	应收股利			金额式	借	
2	113101	海河公司			金额式	借	
1	1132	应收利息			金额式	借	13 200.00
2	113201	国债利息			金额式	借	13 200.00
1	1221	其他应收款		个人往来	金额式	借	45 000.00
1	1231	坏账准备			金额式	贷	8 106.00
1	1402	在途物资			金额式	借	
1	1403	原材料			金额式	借	2 420 000.00
2	140301	原料及主要材料			金额式	借	2 220 000.00
3	14030101	麦芽	400 吨		数量金额式	借	1 800 000.00
3	14030102	大米	200 吨		数量金额式	借	420 000.00
2	140302	辅助材料			金额式	借	200 000.00
3	14030201	啤酒花	4 吨		数量金额式	借	200 000.00
1	1405	库存商品			金额式	借	7 760 000.00
2	140501	纯生瓶装啤酒	1000 吨		数量金额式	借	3 200 000.00
2	140502	普通瓶装啤酒	3000 吨		数量金额式	借	4 560 000.00
1	1411	周转材料			金额式	借	1 396 220.00
2	141101	包装物			金额式	借	1 378 000.00

续表

级次	科目编码	科目名称	数量	辅助账类型	账页格式	方向	余额
3	14110101	纸质包装箱	50 000 个		数量金额式	借	100 000.00
3	14110102	纯生啤酒瓶	300 000 个		数量金额式	借	270 000.00
3	14110103	普通啤酒瓶	800 000 个		数量金额式	借	560 000.00
3	14110104	啤酒盖	1 100 000 个		数量金额式	借	33 000.00
3	14110105	商标标签	1 100 000 个		数量金额式	借	55 000.00
3	14110106	胶带	5 000 卷		数量金额式	借	10 000.00
3	14110107	塑料周转箱	10 000 个		数量金额式	借	350 000.00
2	141102	低值易耗品			金额式	借	18 220.00
3	14110201	润滑油	40 千克		数量金额式	借	320.00
3	14110202	工作服	100 套		数量金额式	借	10 000.00
3	14110203	工作鞋	50 双		数量金额式	借	7 500.00
3	14110204	手套	200 双		数量金额式	借	400.00
1	1471	存货跌价准备			金额式	贷	
1	1501	持有至到期投资			金额式	借	200 000.00
1	1511	长期股权投资			金额式	借	4 500 000.00
2	151101	成本			金额式	借	4 500 000.00
3	15110101	海河公司			金额式	借	4 500 000.00
3	15110102	永兴股份有限公司			金额式	借	
2	151102	损益调整			金额式	借	
1	1521	投资性房地产			金额式	借	1 500 000.00
2	152101	房屋			金额式	借	1 500 000.00
1	1601	固定资产			金额式	借	607 413 000.00
2	160101	房屋、建筑物			金额式	借	382 195 000.00
3	16010101	办公楼			金额式	借	100 000 000.00
3	16010102	厂房			金额式	借	246 190 000.00
3	16010104	仓库			金额式	借	36 005 000.00
2	160102	生产经营用机器设备			金额式	借	217 836 000.00
3	16010201	主要生产设备			金额式	借	210 036 000.00
3	16010204	其他经营设备			金额式	借	7 800 000.00
2	160103	运输设备			金额式	借	6 000 000.00
3	16010301	叉车			金额式	借	3 000 000.00
3	16010302	轿车			金额式	借	3 000 000.00
2	160104	办公设备			金额式	借	900 000.00
3	16010401	笔记本电脑			金额式	借	150 000.00
3	16010402	台式计算机			金额式	借	750 000.00
2	160105	家具			金额式	借	482 000.00
3	16010501	文件柜			金额式	借	32 000.00
3	16010502	办公桌			金额式	借	400 000.00
3	16010503	办公椅			金额式	借	50 000.00
1	1602	累计折旧			金额式	贷	278 281 848.61

续表

级次	科目编码	科目名称	数量	辅助账类型	账页格式	方向	余 额
2	160201	房屋建筑物					175 099 859.80
2	160202	生产经营用机器设备					99 799 979.20
2	160203	运输设备					2 748 856.37
2	160204	办公设备					412 328.45
2	160205	家具					220 824.79
1	1603	固定资产减值准备			金额式	贷	
1	1604	在建工程			金额式	借	
2	160401	生产线			金额式	借	
1	1605	在建工程减值准备			金额式	贷	
1	1606	固定资产清理			金额式	借	
1	1701	无形资产			金额式	借	244 620 000.00
2	170101	土地使用权			金额式	借	240 000 000.00
2	170102	商标权			金额式	借	3 600 000.00
2	170103	专利权			金额式	借	1 020 000.00
1	1702	累计摊销			金额式	贷	46 919 500.00
2	170201	土地使用权			金额式	贷	42 800 000.00
2	170202	商标权			金额式	贷	3 210 000.00
2	170203	专利权			金额式	贷	909 500.00
1	1703	无形资产减值准备			金额式	贷	
1	1704	投资性房地产累计折旧（摊销）			金额式	贷	395 675.00
1	1815	未确认融资费用			金额式	借	
1	1901	长期待摊费用			金额式	借	
1	1911	待处理财产损溢			金额式	借	
2	191101	待处理流动资产损溢			金额式	借	
2	191102	待处理固定资产损溢			金额式	借	
		二、负债类					
1	2001	短期借款			金额式	贷	1 200 000.00
2	200101	建设银行			金额式	贷	1 200 000.00
1	2201	应付票据		供应商往来	金额式	贷	
1	2202	应付账款		供应商往来	金额式	贷	10 100 000.00
1	2203	预收账款			金额式	贷	
2	220301	宝华饭店			金额式	贷	
2	220302	石家庄光明啤酒厂			金额式	贷	
1	2211	应付职工薪酬			金额式	贷	3 404 100.00
2	221101	短期薪酬					2 753 100.00
3	22110101	工资			金额式	贷	2 100 000.00
3	22110102	职工福利			金额式	贷	
3	22110103	医疗保险			金额式	贷	199 500.00
3	22110104	工伤保险			金额式	贷	21 000.00
3	22110105	生育保险			金额式	贷	12 600.00

续表

级次	科目编码	科目名称	数量	辅助账类型	账页格式	方向	余额
3	22110106	公积金			金额式	贷	378 000.00
3	22110107	职工教育经费			金额式	贷	
3	22110108	工会经费			金额式	贷	42 000.00
3	22110109	非货币性福利			金额式	贷	
2	221102	离职后福利					651 000.00
3	22110201	养老保险			金额式	贷	588 000.00
3	22110202	失业保险			金额式	贷	63 000.00
1	2221	应交税费			金额式	贷	6 506 150.00
2	222101	应交增值税			金额式	贷	
3	22210101	进项税额			金额式	贷	
3	22210102	已交税金			金额式	贷	
3	22210103	转出未交增值税			金额式	贷	
3	22210105	销项税额			金额式	贷	
3	22210107	进项税额转出			金额式	贷	
3	22210109	转出多交增值税			金额式	贷	
2	222102	未交增值税			金额式	贷	1 000 000.00
2	222103	应交营业税			金额式	贷	
2	222104	应交消费税			金额式	贷	2 000 000.00
2	222105	应交教育费附加			金额式	贷	90 000.00
2	222106	应交城市维护建设税			金额式	贷	210 000.00
2	222108	应交房产税			金额式	贷	
2	222109	应交土地使用税			金额式	贷	
2	222110	应交车船使用税			金额式	贷	
2	222111	应交企业所得税			金额式	贷	3 200 000.00
2	222112	应交个人所得税			金额式	贷	6 150.00
1	2231	应付利息			金额式	贷	65 000.00
2	223101	短期借款利息			金额式	贷	10 000.00
3	22310101	建设银行利息			金额式	贷	10 000.00
2	223102	长期借款利息			金额式	贷	55 000.00
1	2232	应付股利			金额式	贷	
2	223201	长江公司			金额式	贷	
2	223202	黄河公司			金额式	贷	
1	2241	其他应付款			金额式	贷	
1	2501	长期借款			金额式	贷	10 000 000.00
1	2502	应付债券			金额式	贷	
1	2701	长期应付款			金额式	贷	
1	2711	专项应付款			金额式	贷	
1	2801	预计负债			金额式	贷	
1	2901	递延所得税负债			金额式	贷	
		四、所有者权益类					

续表

级次	科目编码	科目名称	数量	辅助账类型	账页格式	方向	余额
1	4001	实收资本（或股本）			金额式	贷	150 000 000.00
2	400101	长江公司			金额式	贷	120 000 000.00
2	400102	黄河公司			金额式	贷	30 000 000.00
2	400103	永华公司			金额式	贷	
2	400104	永浩公司			金额式	贷	
1	4002	资本公积			金额式	贷	
2	400201	资本（或股本）溢价			金额式	贷	
2	400202	其他资本公积			金额式	贷	
1	4101	盈余公积			金额式	贷	47 400 000.00
2	410101	法定盈余公积			金额式	贷	47 400 000.00
2	410102	任意盈余公积			金额式	贷	
1	4103	本年利润			金额式	贷	197 282 091.00
1	4104	利润分配			金额式	贷	170 114 467.91
2	410401	提取法定盈余公积			金额式	贷	
2	410402	应付普通股股利			金额式	贷	
2	410403	未分配利润			金额式	贷	170 114 467.91
		五、成本类					
1	5001	生产成本			金额式	借	9 440 000.00
2	500101	直接材料		项目核算	金额式	借	6 780 000.00
2	500102	直接人工		项目核算	金额式	借	500 000.00
2	500103	制造费用		项目核算	金额式	借	1 800 000.00
2	500104	其他直接支出		项目核算	金额式	借	360 000.00
1	5002	辅助生产成本			金额式	借	
2	500201	人工费		部门核算	金额式	借	
2	500202	材料费		部门核算	金额式	借	
2	500203	折旧费		部门核算	金额式	借	
2	500204	办公费		部门核算	金额式	借	
2	500205	其他		部门核算	金额式	借	
1	5101	制造费用			金额式	借	
2	510101	人工费		部门核算	金额式	借	
2	510102	材料费		部门核算	金额式	借	
2	510103	折旧费		部门核算	金额式	借	
2	510104	办公费		部门核算	金额式	借	
2	510105	其他		部门核算	金额式	借	
1	5201	劳务成本			金额式	借	
1	5301	研发支出			金额式	借	
		六、损益类					
1	6001	主营业务收入			金额式	贷	
2	600101	纯生啤酒			数量金额式	贷	
2	600102	普通啤酒			数量金额式	贷	

续表

级次	科目编码	科目名称	数量	辅助账类型	账页格式	方向	余额
1	6051	其他业务收入			金额式	贷	
2	605101	租金收入			金额式	贷	
2	605102	转让无形资产			金额式	贷	
2	605103	其他收入			金额式	贷	
1	6101	公允价值变动损益			金额式	贷	
1	6111	投资收益			金额式	贷	
1	6301	营业外收入			金额式	贷	
2	630101	罚款收入			金额式	贷	
2	630102	固定资产清理收益			金额式	贷	
2	630103	其他收入			金额式	贷	
1	6401	主营业务成本			金额式	借	
2	640101	纯生瓶装啤酒			金额式	借	
2	640102	普通瓶装啤酒			金额式	借	
1	6402	其他业务成本			金额式	借	
1	6403	营业税金及附加			金额式	借	
1	6601	销售费用			金额式	借	
2	660101	差旅费			金额式	借	
2	660102	业务招待费			金额式	借	
2	660103	运费			金额式	借	
2	660104	福利费			金额式	借	
2	660105	工会经费			金额式	借	
2	660106	工资			金额式	借	
2	660107	五险一金			金额式	借	
2	660108	折旧			金额式	借	
2	660109	电话费			金额式	借	
2	660110	其他			金额式	借	
2	660111	广告费			金额式	借	
1	6602	管理费用			金额式	借	
2	660201	交通费		部门核算	金额式	借	
2	660202	差旅费		部门核算	金额式	借	
2	660203	业务招待费		部门核算	金额式	借	
2	660204	电话费		部门核算	金额式	借	
2	660205	办公费		部门核算	金额式	借	
2	660206	折旧		部门核算	金额式	借	
2	660207	其他		部门核算	金额式	借	
2	660208	福利费		部门核算	金额式	借	
2	660209	工资		部门核算	金额式	借	
1	6603	财务费用			金额式	借	
2	660301	手续费			金额式	借	
2	660302	利息费			金额式	借	

续表

级次	科目编码	科目名称	数量	辅助账类型	账页格式	方向	余　额
1	6701	资产减值损失			金额式	借	
1	6711	营业外支出			金额式	借	
2	671101	非常损失			金额式	借	
2	671102	公益性捐赠支出			金额式	借	
2	671103	罚款支出			金额式	借	
2	671104	赞助等支出			金额式	借	
2	671105	其他支出			金额式	借	
1	6801	所得税费用			金额式	借	
1	6901	以前年度损益调整			金额式	借	

表 2.12　生产成本明细科目期初余额

（单位：元/吨）

项　目	直接材料	直接人工	制造费用	其他直接支出	在产品成本
纯生瓶装啤酒	4 300 000.00	300 000.00	1 600 000.00	200 000	6 400 000
普通瓶装啤酒	2 480 000.00	200 000.00	200 000.00	160 000	3 040 000
合　计	6 780 000.00	500 000.00	1 800 000.00	360 000.00	9 440 000

表 2.13　客户往来期初余额

会计科目：应收账款　2014 年 12 月 01 日　第 1 页

分类编码	客户名称	方向	期初余额（元）	备注
402	广州代理商	借	1 000 000.00	销售
301	上海代理商	借	1 000 000.00	销售
202	天津代理商	借	421 200.00	销售
201	北京代理商	借	280 800.00	销售
	合　计		2 702 000.00	

表 2.14　客户往来期初余额

会计科目：应收票据　2014 年 12 月 1 日　第 1 页

分类编码	客户名称	方向	期初余额（元）	备注
302	济南代理商	借	9 828.00	销售

表 2.15　供应商往来期初余额表

会计科目：应付账款　2014 年 12 月 01 日　第 1 页

分类编码	客户名称	方向	期初余额（元）	备注
01	济南广发麦芽厂	贷	3 600 000.00	购进
02	北京利发啤酒物资供应公司	贷	6 400 000.00	购进
03	济南纸箱厂	贷	100 000.00	购进
	合　计		10 100 000.00	

2.16　个人往来期初余额

会计科目：其他应收款 2014 年 12 月 01 日　第 1 页

分类编码	客户名称	方向	期初余额（元）	备注
115	赵建	借	20 000.00	出差借款
116	赵海	借	10 000.00	出差借款
119	李勤	借	10 000.00	出差借款
118	李东	借	5 000.00	出差借款
	合　计		45 000.00	

链接3 企业会计信息化工作规范

企业会计信息化工作规范

财会[2013]20号

第一章 总 则

第一条 为推动企业会计信息化，节约社会资源，提高会计软件和相关服务质量，规范信息化环境下的会计工作，根据《中华人民共和国会计法》《财政部关于全面推进我国会计信息化工作的指导意见》（财会〔2009〕6号），制定本规范。

推荐阅读

《关于印发〈企业会计信息化工作规范〉的通知》	《会计资料无纸化政策破冰—〈企业会计信息化工作规范〉解读之一》	《会计软件的规矩方圆——〈企业会计信息化工作规范〉解读之二》	《二维码：从规范走向引导——〈企业会计信息化工作规范〉解读之三》	《管什么 怎么管——〈企业会计信息化工作规范〉解读之四》
http://kjs.mof.gov.cn/zhengwuxinxi/zhengcefabu/201312/t20131216_1025312.html	http://czzz.mof.gov.cn/caijingziliao/zhengcejiedu/201501/t20150127_1184968.html	http://czzz.mof.gov.cn/caijingziliao/zhengcejiedu/201501/t20150127_1184969.html	http://czzz.mof.gov.cn/caijingziliao/zhengcejiedu/201501/t20150127_1184970.html	http://czzz.mof.gov.cn/caijingziliao/zhengcejiedu/201501/t20150127_1184971.html

第二条 本规范所称会计信息化，是指企业利用计算机、网络通信等现代信息技术手段开展会计核算，以及利用上述技术手段将会计核算与其他经营管理活动有机结合的过程。

本规范所称会计软件，是指企业使用的，专门用于会计核算、财务管理的计算机软件、软件系统或者其功能模块。会计软件具有以下功能：

（一）为会计核算、财务管理直接采集数据；

（二）生成会计凭证、账簿、报表等会计资料；

（三）对会计资料进行转换、输出、分析、利用。

本规范所称会计信息系统，是指由会计软件及其运行所依赖的软硬件环境组成的集合体。

第三条 企业（含代理记账机构，下同）开展会计信息化工作，软件供应商（含相关咨询服务机构，下同）提供会计软件和相关服务，适用本规范。

第四条 财政部主管全国企业会计信息化工作，主要职责包括：

（一）拟订企业会计信息化发展政策；

（二）起草、制定企业会计信息化技术标准；

（三）指导和监督企业开展会计信息化工作；

（四）规范会计软件功能。

第五条　县级以上地方人民政府财政部门管理本地区企业会计信息化工作，指导和监督本地区企业开展会计信息化工作。

第二章　会计软件和服务

第六条　会计软件应当保障企业按照国家统一会计准则制度开展会计核算，不得有违背国家统一会计准则制度的功能设计。

第七条　会计软件的界面应当使用中文并且提供对中文处理的支持，可以同时提供外国或者少数民族文字界面对照和处理支持。

第八条　会计软件应当提供符合国家统一会计准则制度的会计科目分类和编码功能。

第九条　会计软件应当提供符合国家统一会计准则制度的会计凭证、账簿和报表的显示和打印功能。

第十条　会计软件应当提供不可逆的记账功能，确保对同类已记账凭证的连续编号，不得提供对已记账凭证的删除和插入功能，不得提供对已记账凭证日期、金额、科目和操作人的修改功能。

第十一条　鼓励软件供应商在会计软件中集成可扩展商业报告语言（XBRL）功能，便于企业生成符合国家统一标准的 XBRL 财务报告。

第十二条　会计软件应当具有符合国家统一标准的数据接口，满足外部会计监督需要。

第十三条　会计软件应当具有会计资料归档功能，提供导出会计档案的接口，在会计档案存储格式、元数据采集、真实性与完整性保障方面，符合国家有关电子文件归档与电子档案管理的要求。

第十四条　会计软件应当记录生成用户操作日志，确保日志的安全、完整，提供按操作人员、操作时间和操作内容查询日志的功能，并能以简单易懂的形式输出。

第十五条　以远程访问、云计算等方式提供会计软件的供应商，应当在技术上保证客户会计资料的安全、完整。对于因供应商原因造成客户会计资料泄露、毁损的，客户可以要求供应商承担赔偿责任。

第十六条　客户以远程访问、云计算等方式使用会计软件生成的电子会计资料归客户所有。

软件供应商应当提供符合国家统一标准的数据接口供客户导出电子会计资料，不得以任何理由拒绝客户导出电子会计资料的请求。

第十七条　以远程访问、云计算等方式提供会计软件的供应商，应当做好本厂商不能维持服务情况下，保障企业电子会计资料安全以及企业会计工作持续进行的预案，并在相关服务合同中与客户就该预案做出约定。

第十八条　软件供应商应当努力提高会计软件相关服务质量，按照合同约定及时解决用户使用中的故障问题。

会计软件存在影响客户按照国家统一会计准则制度进行会计核算问题的，软件供应商应当为用户免费提供更正程序。

第十九条　鼓励软件供应商采用呼叫中心、在线客服等方式为用户提供实时技术支持。

第二十条　软件供应商应当就如何通过会计软件开展会计监督工作，提供专门教程和相关资料。

第三章　企业会计信息化

第二十一条　企业应当充分重视会计信息化工作，加强组织领导和人才培养，不断推进会计信息化在本企业的应用。

除本条第三款规定外，企业应当指定专门机构或者岗位负责会计信息化工作。

未设置会计机构和配备会计人员的企业，由其委托的代理记账机构开展会计信息化工作。

第二十二条　企业开展会计信息化工作，应当根据发展目标和实际需要，合理确定建设内容，避免投资浪费。

第二十三条　企业开展会计信息化工作，应当注重信息系统与经营环境的契合，通过信息化推动管理模式、组织架构、业务流程的优化与革新，建立健全适应信息化工作环境的制度体系。

第二十四条　大型企业、企业集团开展会计信息化工作，应当注重整体规划，统一技术标准、编码规则和系统参数，实现各系统的有机整合，消除信息孤岛。

第二十五条　企业配备的会计软件应当符合本规范第二章要求。

第二十六条　企业配备会计软件，应当根据自身技术力量以及业务需求，考虑软件功能、安全性、稳定性、响应速度、可扩展性等要求，合理选择购买、定制开发、购买与开发相结合等方式。

定制开发包括企业自行开发、委托外部单位开发、企业与外部单位联合开发。

第二十七条　企业通过委托外部单位开发、购买等方式配备会计软件，应当在有关合同中约定操作培训、软件升级、故障解决等服务事项，以及软件供应商对企业信息安全的责任。

第二十八条　企业应当促进会计信息系统与业务信息系统的一体化，通过业务的处理直接驱动会计记账，减少人工操作，提高业务数据与会计数据的一致性，实现企业内部信息资源共享。

第二十九条　企业应当根据实际情况，开展本企业信息系统与银行、供应商、客户等外部单位信息系统的互联，实现外部交易信息的集中自动处理。

第三十条　企业进行会计信息系统前端系统的建设和改造，应当安排负责会计信息化工作的专门机构或者岗位参与，充分考虑会计信息系统的数据需求。

第三十一条　企业应当遵循企业内部控制规范体系要求，加强对会计信息系统规划、设计、开发、运行、维护全过程的控制，将控制过程和控制规则融入会计信息系统，实现对违反控制规则情况的自动防范和监控，提高内部控制水平。

第三十二条　对于信息系统自动生成、且具有明晰审核规则的会计凭证，可以将审核规则嵌入会计软件，由计算机自动审核。未经自动审核的会计凭证，应当先经人工审核再进行后续处理。

第三十三条　处于会计核算信息化阶段的企业，应当结合自身情况，逐步实现资金管理、资产管理、预算控制、成本管理等财务管理信息化。

处于财务管理信息化阶段的企业，应当结合自身情况，逐步实现财务分析、全面预算管理、风险控制、绩效考核等决策支持信息化。

第三十四条　分公司、子公司数量多、分布广的大型企业、企业集团应当探索利用信息技术促进会计工作的集中，逐步建立财务共享服务中心。

实行会计工作集中的企业以及企业分支机构，应当为外部会计监督机构及时查询和调阅异地储存的会计资料提供必要条件。

第三十五条　外商投资企业使用的境外投资者指定的会计软件或者跨国企业集团统一部署的会计软件，应当符合本规范第二章要求。

第三十六条　企业会计信息系统数据服务器的部署应当符合国家有关规定。数据服务器部署在境外的，应当在境内保存会计资料备份，备份频率不得低于每月一次。境内备份的会计资料应当能够在境外服务器不能正常工作时，独立满足企业开展会计工作的需要以及外部会计监督的需要。

第三十七条　企业会计资料中对经济业务事项的描述应当使用中文，可以同时使用外国或者少数民族文字对照。

第三十八条　企业应当建立电子会计资料备份管理制度，确保会计资料的安全、完整和会计信息系统的持续、稳定运行。

第三十九条　企业不得在非涉密信息系统中存储、处理和传输涉及国家秘密，关系国家经济信息安全的电子会计资料；未经有关主管部门批准，不得将其携带、寄运或者传输至境外。

第四十条　企业内部生成的会计凭证、账簿和辅助性会计资料，同时满足下列条件的，可以不输出纸面资料：

（一）所记载的事项属于本企业重复发生的日常业务；

（二）由企业信息系统自动生成；

（三）可及时在企业信息系统中以人类可读形式查询和输出；

（四）企业信息系统具有防止相关数据被篡改的有效机制；

（五）企业对相关数据建立了电子备份制度，能有效防范自然灾害、意外事故和人为破坏的影响；

（六）企业对电子和纸面会计资料建立了完善的索引体系。

第四十一条　企业获得的需要外部单位或者个人证明的原始凭证和其他会计资料，同时满足下列条件的，可以不输出纸面资料：

（一）会计资料附有外部单位或者个人的、符合《中华人民共和国电子签名法》的可靠的电子签名；

（二）电子签名经符合《中华人民共和国电子签名法》的第三方认证；

（三）满足第四十条第（一）项、第（三）项、第（五）项和第（六）项规定的条件。

第四十二条　企业会计资料的归档管理，遵循国家有关会计档案管理的规定。

第四十三条　实施企业会计准则通用分类标准的企业，应当按照有关要求向财政部报送 XBRL 财务报告。

第四章　监督

第四十四条　企业使用会计软件不符合本规范要求的，由财政部门责令限期改正。限期不改的，财政部门应当予以公示，并将有关情况通报同级相关部门或其派出机构。

第四十五条　财政部采取组织同行评议，向用户企业征求意见等方式对软件供应商提供的会计软件遵循本规范的情况进行检查。

省、自治区、直辖市人民政府财政部门发现会计软件不符合本规范规定的，应当将有关情况报财政部。

任何单位和个人发现会计软件不符合本规范要求的，有权向所在地省、自治区、直辖市人民政府财政部门反映，财政部门应当根据反映开展调查，并按本条第二款规定处理。

第四十六条　软件供应商提供的会计软件不符合本规范要求的，财政部可以约谈该供应商主要负责人，责令限期改正。限期内未改正的，由财政部予以公示，并将有关情况通报相关部门。

第五章　附则

第四十七条　省、自治区、直辖市人民政府财政部门可以根据本规范制定本地区具体实施办法。

第四十八条　自本规范施行之日起，《会计核算软件基本功能规范》（财会字〔1994〕27 号）、《会计电算化工作规范》（财会字〔1996〕17 号）不适用于企业及其会计软件。

第四十九条　本规范自 2014 年 1 月 6 日起施行，1994 年 6 月 30 日财政部发布的《商品化会计核算软件评审规则》（财会字〔1994〕27 号）、《会计电算化管理办法》（财会字〔1994〕27 号）同时废止。

项目三

企业纳税申报综合实训

活动 1　明确纳税申报综合实训目的

本实训为企业纳税申报仿真实训。学生根据项目一提供的会计工作成果资料，按照我国现行税收政策，编制流转税及所得税等纳税申报资料，为学生毕业后能尽快上岗工作做技能准备。通过这套仿真实训的操作，学生能够比较系统地练习并掌握纳税申报资料的正确填制程序和方法，从而对企业重要的会计工作——纳税申报有一个比较清晰的认知，熟练应用税法知识，提高自身纳税申报工作能力。

活动 2　了解纳税申报的实训要求

根据项目一会计工作成果编制 2014 年 12 月流转税纳税申报表、2014 年度企业所得税纳税申报表。

根据项目一会计工作成果，使用纳税申报软件编制 2014 年 12 月流转税纳税申报表、2014 年度企业所得税纳税申报表。

本实训时间建议 15～30 课时之间。

活动 3　确定实训形式

形式一：手工纳税申报实训。实训开始后，组织每个学生独立完成本实训，包括流转税及所得税申报表主表及附表的手工填制。

形式二：电子纳税申报实训。根据项目一会计工作成果，使用纳税申报软件直接编制 2014 年 12 月流转税纳税申报表、2014 年度企业所得税纳税申报表。

形式三：根据手工纸质税务报表资料，直接录入纳税申报系统。

> **实训提示**
>
> 建议读者尽量采用实训形式一、实训形式二，根据会计资料分别手工和使用纳税申报软件两种形式填制税务报表，提高实训结果的准确性和实训速度。不建议用实训形式三。

活动 4　配齐纳税申报综合实训用具

实训用具一：手工实训用具（见附录三）

（1）增值税一般纳税人申报表及附列资料、附表。

（2）酒及酒精消费税纳税申报表及附表。

（3）营业税纳税申报表及附表。

（4）城建税纳税申报表、教育费附加申报表。

（5）企业所得税纳税申报表及附表。

实训用具二：纳税申报软件

在学校实训室的计算机上应当安装国家税务总局或本省国家税务局、地方税务局要求使用的纳税申报系统（或者软件公司开发的纳税申报教学系统）。

> **实训提示**
>
> 在填写纳税申报表时，有附表的，应当先填附表，再填主表。
>
> 注意税务报表的数字之间的逻辑关系。

链接 1　实训指导

一、实训操作注意事项

（1）根据“应交税费——应交增值税”“主营业务收入”明细账，结合“原材料”“周转材料”“固定资产”等明细账簿资料，计算公司 2014 年 12 月份应纳增值税，并填写增值税纳税申报表（适用于增值税一般纳税人）主表及附表。

（2）根据“应交税费——应交消费税”“主营业务收入”等明细账簿资料，计算公司 2014 年 12 月份应纳消费税，并填写酒及酒精消费税纳税申报表。

（3）根据“应交税费——应交营业税”“其他业务收入”等明细账簿资料，计算公司 2014 年 12 月份应纳营业税，并填写营业税纳税申报表。

（4）根据“应交税费——应交增值税”“应交税费——应交消费税”“应交税费——应交营业税”“主营业务收入”等明细账簿资料以及增值税纳税申报表、消费税纳税申报表、营业税纳税申报表，计算公司 2014 年 12 月份应纳城建税、教育费附加，并填写综合纳税申报表。

（5）根据本年经营状况和各相关科目的明细账簿资料，按照会计准则确定 2014 年经营利润，再按照税法政策对会计利润作出相应的纳税调整，确定应纳税所得额。根据应纳税所得额依照税率 25%计算出应纳企业所得税额，并填制年度企业所得税纳税申报表主表及附表。

二、增值税纳税申报表填写注意事项

（一）名词解释

（1）“应税货物”，是指增值税的应税货物。

> **实训提示**
>
> 为正确填制纳税申报表，实训学生应仔细阅读各税种纳税申报表的填表说明。

（2）“应税劳务”，是指增值税的应税加工、修理、修配劳务。

（3）“应税服务”，是指营业税改征增值税的应税服务。

（4）“按适用税率计税”“按适用税率计算”和“一般计税方法”，均指按“应纳税额＝当期销项税额－当期进项税额”公式计算增值税应纳税额的计税方法。

（5）“按简易办法计税”“按简易征收办法计算”和“简易计税方法”，均指按“应纳税额＝销售额×征收率”公式计算增值税应纳税额的计税方法。

推荐阅读

《关于调整增值税纳税申报有关事项的公告（国家税务总局公告 2013 年第 32 号）》:

http://www.chinatax.gov.cn/n810341/n810755/c1145178/content.html

《国家税务总局关于调整增值税纳税申报有关事项的公告（国家税务总局公告 2014 年第 58 号）》:

http://www.chinatax.gov.cn/n810341/n810755/c1151144/content.html

（6）“应税服务扣除项目”，是指纳税人提供应税服务，在确定应税服务销售额时，按照有关规定允许其从取得的全部价款和价外费用中扣除价款的项目。

（7）“税控增值税专用发票”包括以下 3 种：①增值税防伪税控系统开具的防伪税控“增值税专用发票”；②货物运输业增值税专用发票税控系统开具的“货物运输业增值税专用发票”；③机动车销售统一发票税控系统开具的税控“机动车销售统一发票”。

（二）增值税纳税申报表及其附列资料

1. 增值税一般纳税人

增值税一般纳税人（以下简称一般纳税人）纳税申报表及其附列资料包括：

（1）《增值税纳税申报表（一般纳税人适用）》。

（2）《增值税纳税申报表附列资料（一）》（本期销售情况明细）。

（3）《增值税纳税申报表附列资料（二）》（本期进项税额明细）。

（4）《增值税纳税申报表附列资料（三）》（应税服务扣除项目明细）。

一般纳税人提供应税服务，在确定应税服务销售额时，按照有关规定可以从取得的全部价款和价外费用中扣除价款的，需填报《增值税纳税申报表附列资料（三）》。其他情况不填写该附列资料。

（5）《增值税纳税申报表附列资料（四）》（税收抵减情况表）。

（6）《固定资产进项税额抵扣情况表》。

2. 增值税小规模纳税人

增值税小规模纳税人（以下简称小规模纳税人）纳税申报表及其附列资料包括：

（1）《增值税纳税申报表（小规模纳税人适用）》。

（2）《增值税纳税申报表（小规模纳税人适用）附列资料》。

小规模纳税人提供应税服务，在确定应税服务销售额时，按照有关规定可以从取得的全部价款和价外费用中扣除价款的，需填报《增值税纳税申报表（小规模纳税人适用）附列资料》。其他情况不填写该附列资料。

（三）《增值税纳税申报表（一般纳税人适用）》主表填写说明

（1）“税款所属时间”：指纳税人申报的增值税应纳税额的所属时间，应填写具体的起止年、月、日。

（2）“填表日期”：指纳税人填写本表的具体日期。

（3）“纳税人识别号”：填写纳税人的税务登记证号码。

（4）“所属行业”：按照国民经济行业分类与代码中的小类行业填写。

（5）“纳税人名称”：填写纳税人单位名称全称。

（6）“法定代表人姓名”：填写纳税人法定代表人的姓名。

（7）“注册地址”：填写纳税人税务登记证所注明的详细地址。

（8）“生产经营地址”：填写纳税人实际生产经营地的详细地址。

（9）“开户银行及账号”：填写纳税人开户银行的名称和纳税人在该银行的结算账户号码。

（10）“登记注册类型”：按纳税人税务登记证的栏目内容填写。

（11）“电话号码”：填写可联系到纳税人的常用电话号码。

（12）“即征即退货物、劳务和应税服务”列：填写纳税人按规定享受增值税即征即退政策的货物、劳务和应税服务的征（退）税数据。

（13）“一般货物、劳务和应税服务”列：填写除享受增值税即征即退政策以外的货物、劳务和应税服务的征（免）税数据。

（14）“本年累计”列：一般填写本年度内各月“本月数”之和。其中，第 13、20、25、32、36、38 栏及第 18 栏“实际抵扣税额”“一般货物、劳务和应税服务”列的“本年累计”分别按本填写说明第（二十七）（三十四）（三十九）（四十六）（五十）（五十二）（三十二）条要求填写。

（15）第 1 栏“（一）按适用税率计税销售额”：填写纳税人本期按一般计税方法计算缴纳增值税的销售额，包含：在财务上不作销售但按税法规定应缴纳增值税的视同销售和价外费用的销售额；外贸企业作价销售进料加工复出口货物的销售额；税务、财政、审计部门检查后按一般计税方法计算调整的销售额。

1）营业税改征增值税的纳税人，应税服务有扣除项目的，本栏应填写扣除之前的不含税销售额。

2）本栏“一般货物、劳务和应税服务”列“本月数”=《附列资料（一）》第 9 列第 1 至 5 行之和 − 第 9 列第 6、7 行之和；本栏“即征即退货物、劳务和应税服务”列“本月数”=《附列资料（一）》第 9 列第 6、7 行之和。

（16）第 2 栏“其中：应税货物销售额”：填写纳税人木期按适用税率计算增值税的应税货物的销售额。包含在财务上不作销售但按税法规定应缴纳增值税的视同销售货物和价外费用销售额，以及外贸企业作价销售进料加工复出口货物的销售额。

（17）第 3 栏“应税劳务销售额”：填写纳税人本期按适用税率计算增值税的应税劳务的销售额。

（18）第 4 栏“纳税检查调整的销售额”：填写纳税人因税务、财政、审计部门检查，并按一般计税方法在本期计算调整的销售额。但享受增值税即征即退政策的货物、劳务和应税服务，经纳税检查发现偷税的，不填入“即征即退货物、劳务和应税服务”列，而应填入“一般货物、劳务和应税服务”列。

1）营业税改征增值税的纳税人，应税服务有扣除项目的，本栏应填写扣除之前的不含税销售额。

2）本栏“一般货物、劳务和应税服务”列“本月数”=《附列资料（一）》第 7 列第 1 至 5 行之和。

（19）第 5 栏“按简易办法计税销售额”：填写纳税人本期按简易计税方法计算增值税的销售额。包含纳税检查调整按简易计税方法计算增值税的销售额。

1）营业税改征增值税的纳税人，应税服务有扣除项目的，本栏应填写扣除之前的不含税销售额；应税服务按规定汇总计算缴纳增值税的分支机构，其当期按预征率计算缴纳增值税的销售额也填入本栏。

2）本栏“一般货物、劳务和应税服务”列“本月数”≥《附列资料（一）》第 9 列第 8 至 13

行之和－第9列第14、15行之和；本栏“即征即退货物、劳务和应税服务”列“本月数”≥《附列资料（一）》第9列第14、15行之和。

（20）第6栏“其中：纳税检查调整的销售额”：填写纳税人因税务、财政、审计部门检查，并按简易计税方法在本期计算调整的销售额。但享受增值税即征即退政策的货物、劳务和应税服务，经纳税检查发现偷税的，不填入“即征即退货物、劳务和应税服务”列，而应填入“一般货物、劳务和应税服务”列。营业税改征增值税的纳税人，应税服务有扣除项目的，本栏应填写扣除之前的不含税销售额。

（21）第7栏“免、抵、退办法出口销售额”：填写纳税人本期适用免、抵、退税办法的出口货物、劳务和应税服务的销售额。

1）营业税改征增值税的纳税人，应税服务有扣除项目的，本栏应填写扣除之前的销售额。

2）本栏“一般货物、劳务和应税服务”列“本月数”＝《附列资料（一）》第9列第16、17行之和。

（22）第8栏“免税销售额”：填写纳税人本期按照税法规定免征增值税的销售额和适用零税率的销售额，但零税率的销售额中不包括适用免、抵、退税办法的销售额。

1）营业税改征增值税的纳税人，应税服务有扣除项目的，本栏应填写扣除之前的免税销售额。

2）本栏“一般货物、劳务和应税服务”列“本月数”＝《附列资料（一）》第9列第18、19行之和。

（23）第9栏“其中：免税货物销售额”：填写纳税人本期按照税法规定免征增值税的货物销售额及适用零税率的货物销售额，但零税率的销售额中不包括适用免、抵、退税办法出口货物的销售额。

（24）第10栏“免税劳务销售额”：填写纳税人本期按照税法规定免征增值税的劳务销售额及适用零税率的劳务销售额，但零税率的销售额中不包括适用免、抵、退税办法的劳务的销售额。

（25）第11栏“销项税额”：填写纳税人本期按一般计税方法计税的货物、劳务和应税服务的销项税额。

1）营业税改征增值税的纳税人，应税服务有扣除项目的，本栏应填写扣除之后的销项税额。

2）本栏“一般货物、劳务和应税服务”列“本月数”＝《附列资料（一）》（第10列第1、3行之和－10列第6行）＋（第14列第2、4、5行之和－14列第7行）；

3）本栏“即征即退货物、劳务和应税服务”列“本月数”＝《附列资料（一）》第10列第6行＋第14列第7行。

（26）第12栏“进项税额”：填写纳税人本期申报抵扣的进项税额。本栏“一般货物、劳务和应税服务”列“本月数”＋“即征即退货物、劳务和应税服务”列“本月数”＝《附列资料（二）》第12栏“税额”。

（27）第13栏“上期留抵税额”。

实训提示

第13栏“上期留抵税额”

1. 上期留抵税额按规定须挂账的纳税人，按以下要求填写本栏的“本月数”和“本年累计”。

上期留抵税额按规定须挂账的纳税人是指试点实施之日前一个税款所属期的申报表第20栏“期末留抵税额”“一般货物及劳务”列“本月数”大于零，且兼有营业税改征增值税应税服务的纳税人（下同）。其试点实施之日前一个税款所属期的申报表第20栏“期末留抵税额”“一般货物及劳务”列“本月数”，以下称为货物和劳务挂账留抵税额。

（1）本栏“一般货物、劳务和应税服务”列“本月数”：试点实施之日的税款所属期填写“0”；以后各期按上期申报表第20栏“期末留抵税额”“一般货物、劳务和应税服务”列“本月数”填写。

（2）本栏“一般货物、劳务和应税服务”列“本年累计”：反映货物和劳务挂账留抵税额本期期初余额。试点实施之日的税款所属期按试点实施之日前一个税款所属期的申报表第20栏“期末留抵税额”“一般货物及劳务”列“本月数”填写；以后各期按上期申报表第20栏“期末留抵税额”“一般货物、劳务和应税服务”列“本年累计”填写。

（3）本栏“即征即退货物、劳务和应税服务”列“本月数”：按上期申报表第20栏“期末留抵税额”“即征即退货物、劳务和应税服务”列“本月数”填写。

2. 其他纳税人，按以下要求填写本栏“本月数”和“本年累计”。

其他纳税人是指除上期留抵税额按规定须挂账的纳税人之外的纳税人（下同）。

（1）本栏“一般货物、劳务和应税服务”列“本月数”：按上期申报表第20栏“期末留抵税额”“一般货物、劳务和应税服务”列“本月数”填写。

（2）本栏“一般货物、劳务和应税服务”列“本年累计”：填写“0”。

（3）本栏“即征即退货物、劳务和应税服务”列“本月数”：按上期申报表第20栏“期末留抵税额”“即征即退货物、劳务和应税服务”列“本月数”填写。

（28）第14栏“进项税额转出”：填写纳税人已经抵扣，但按税法规定本期应转出的进项税额。本栏“一般货物、劳务和应税服务”列“本月数”＋“即征即退货物、劳务和应税服务”列“本月数”＝《附列资料（二）》第13栏“税额”。

（29）第15栏“免、抵、退应退税额”：反映税务机关退税部门按照出口货物、劳务和应税服务免、抵、退办法审批的增值税应退税额。

（30）第16栏“按适用税率计算的纳税检查应补缴税额”：填写税务、财政、审计部门检查，按一般计税方法计算的纳税检查应补缴的增值税税额。本栏“一般货物、劳务和应税服务”列“本月数”≤《附列资料（一）》第8列第1至5行之和＋《附列资料（二）》第19栏。

（31）第17栏“应抵扣税额合计”：填写纳税人本期应抵扣进项税额的合计数。按表中所列公式计算填写。

（32）第18栏“实际抵扣税额”。

实训提示

第18栏“实际抵扣税额”

1. 上期留抵税额按规定须挂账的纳税人，按以下要求填写本栏的“本月数”和“本年累计”。

（1）本栏“一般货物、劳务和应税服务”列“本月数”：按表中所列公式计算填写。

（2）本栏“一般货物、劳务和应税服务”列“本年累计”：填写货物和劳务挂账留抵税额本期实际抵减一般货物和劳务应纳税额的数额。将“货物和劳务挂账留抵税额本期期初余额”与“一般计税方法的一般货物及劳务应纳税额”两个数据相比较，取二者中小的数据。其中：

货物和劳务挂账留抵税额本期期初余额＝第13栏“上期留抵税额”“一般货物、劳务和应税服务”列“本年累计”

一般计税方法的一般货物及劳务应纳税额＝（第11栏“销项税额”“一般货物、劳务和应税服务”列“本月数”－第18栏“实际抵扣税额”“一般货物、劳务和应税服务”列“本月数”）×一般货物及劳务销项税额比例

一般货物及劳务销项税额比例＝（《附列资料（一）》第10列第1、3行之和－第10列第6行）÷第11栏“销项税额”“一般货物、劳务和应税服务”列“本月数”×100％

（3）本栏“即征即退货物、劳务和应税服务”列“本月数”：按表中所列公式计算填写。

2. 其他纳税人，按以下要求填写本栏的“本月数”和“本年累计”：

（1）本栏“一般货物、劳务和应税服务”列“本月数”：按表中所列公式计算填写。

（2）本栏“一般货物、劳务和应税服务”列“本年累计”：填写“0”。

（3）本栏“即征即退货物、劳务和应税服务”列“本月数”：按表中所列公式计算填写。

（33）第19栏“应纳税额”：反映纳税人本期按一般计税方法计算并应缴纳的增值税额。按以下公式计算填写。

1）本栏“一般货物、劳务和应税服务”列“本月数”＝第11栏“销项税额”“一般货物、劳务和应税服务”列“本月数”－第18栏“实际抵扣税额”“一般货物、劳务和应税服务”列“本月数”－第18栏“实际抵扣税额”“一般货物、劳务和应税服务”列“本年累计”。

2）本栏“即征即退货物、劳务和应税服务”列“本月数”＝第11栏“销项税额”“即征即退货物、劳务和应税服务”列“本月数”－第18栏“实际抵扣税额”“即征即退货物、劳务和应税服务”列“本月数”。

（34）第20栏“期末留抵税额”。

实训提示

第20栏“期末留抵税额”

1. 上期留抵税额按规定须挂账的纳税人，按以下要求填写本栏的“本月数”和“本年累计”：

（1）本栏“一般货物、劳务和应税服务”列“本月数”：反映试点实施以后，一般货物、劳务和应税服务共同形成的留抵税额。按表中所列公式计算填写。

（2）本栏“一般货物、劳务和应税服务”列“本年累计”：反映货物和劳务挂账留抵税额，在试点实施以后抵减一般货物和劳务应纳税额后的余额。按以下公式计算填写：

本栏“一般货物、劳务和应税服务”列“本年累计”＝第13栏“上期留抵税额”“一般货物、劳务和应税服务”列“本年累计”－第18栏“实际抵扣税额”“一般货物、劳务和应税服务”列“本年累计”

（3）本栏“即征即退货物、劳务和应税服务”列“本月数”：按表中所列公式计算填写。

2. 其他纳税人，按以下要求填写本栏“本月数”和“本年累计”：

（1）本栏“一般货物、劳务和应税服务”列“本月数”：按表中所列公式计算填写。

（2）本栏“一般货物、劳务和应税服务”列“本年累计”：填写“0”。

（3）本栏“即征即退货物、劳务和应税服务”列“本月数”：按表中所列公式计算填写。

（35）第21栏“简易计税办法计算的应纳税额”：反映纳税人本期按简易计税方法计算并应缴纳的增值税额，但不包括按简易计税方法计算的纳税检查应补缴税额。按以下公式计算填写：

本栏“一般货物、劳务和应税服务”列“本月数”

＝《附列资料（一）》（第10列第8至11行之和－第10列第14行）

＋（第14列第12行至13行之和－第14列第15行）

本栏“即征即退货物、劳务和应税服务”列“本月数”

＝《附列资料（一）》第10列第14行＋第14列第15行

营业税改征增值税的纳税人，应税服务按规定汇总计算缴纳增值税的分支机构，应将预征增值税额填入本栏：

预征增值税额=应预征增值税的销售额×预征率

（36）第22栏“按简易计税办法计算的纳税检查应补缴税额”：填写纳税人本期因税务、财政、审计部门检查并按简易计税方法计算的纳税检查应补缴税额。

（37）第23栏“应纳税额减征额”：填写纳税人本期按照税法规定减征的增值税应纳税额。包含按照规定可在增值税应纳税额中全额抵减的增值税税控系统专用设备费用以及技术维护费。当本期减征额小于或等于第19栏“应纳税额”与第21栏“简易计税办法计算的应纳税额”之和时，按本期减征额实际填写；当本期减征额大于第19栏“应纳税额”与第21栏“简易计税办法计算的应纳税额”之和时，按本期第19栏与第21栏之和填写。本期减征额不足抵减部分结转下期继续抵减。

（38）第24栏“应纳税额合计”：反映纳税人本期应缴增值税的合计数。按表中所列公式计算填写。

（39）第25栏“期初未缴税额（多缴为负数）”：“本月数”按上一税款所属期申报表第32栏“期末未缴税额（多缴为负数）”“本月数”填写。“本年累计”按上年度最后一个税款所属期申报表第32栏“期末未缴税额（多缴为负数）”“本年累计”填写。

（40）第26栏“实收出口开具专用缴款书退税额”：本栏不填写。

（41）第27栏“本期已缴税额”：反映纳税人本期实际缴纳的增值税额，但不包括本期入库的查补税款。按表中所列公式计算填写。

（42）第28栏“①分次预缴税额”：填写纳税人本期已缴纳的准予在本期增值税应纳税额中抵减的税额。营业税改征增值税的纳税人，应税服务按规定汇总计算缴纳增值税的总机构，其可以从本期增值税应纳税额中抵减的分支机构已缴纳的税款，按当期实际可抵减数填入本栏，不足抵减部分结转下期继续抵减。

（43）第29栏“②出口开具专用缴款书预缴税额”：本栏不填写。

（44）第30栏“③本期缴纳上期应纳税额”：填写纳税人本期缴纳上一税款所属期应缴未缴的增值税额。

（45）第31栏“④本期缴纳欠缴税额”：反映纳税人本期实际缴纳和留抵税额抵减的增值税欠税额，但不包括缴纳入库的查补增值税额。

（46）第32栏“期末未缴税额（多缴为负数）”：“本月数”反映纳税人本期期末应缴未缴的增值税额，但不包括纳税检查应缴未缴的税额。按表中所列公式计算填写。“本年累计”与“本月数”相同。

（47）第33栏“其中：欠缴税额（≥0）”：反映纳税人按照税法规定已形成欠税的增值税额。按表中所列公式计算填写。

（48）第34栏“本期应补（退）税额”：反映纳税人本期应纳税额中应补缴或应退回的数额。按表中所列公式计算填写。

（49）第35栏“即征即退实际退税额”：反映纳税人本期因符合增值税即征即退政策规定，而实际收到的税务机关退回的增值税额。

（50）第36栏“期初未缴查补税额”：“本月数”按上一税款所属期申报表第38栏“期末未缴查补税额”“本月数”填写。“本年累计”按上年度最后一个税款所属期申报表第38栏“期末未缴查补税额”“本年累计”填写。

（51）第37栏“本期入库查补税额”：反映纳税人本期因税务、财政、审计部门检查而实际入库的增值税额，包括按一般计税方法计算并实际缴纳的查补增值税额和按简易计税方法计算并实际缴纳的查补增值税额。

（52）第38栏“期末未缴查补税额”：“本月数”反映纳税人接受纳税检查后应在本期期末缴纳而未缴纳的查补增值税额。按表中所列公式计算填写，“本年累计”与“本月数”相同。

（四）《增值税纳税申报表附列资料（一）》（本期销售情况明细）填写说明

“税款所属时间”“纳税人名称”的填写同主表。

1. 各列说明

（1）第1至2列“开具税控增值税专用发票”：反映本期开具防伪税控“增值税专用发票”“货

物运输业增值税专用发票”和税控“机动车销售统一发票”的情况。

（2）2.第3至4列“开具其他发票”：反映除上述三种发票以外本期开具的其他发票的情况。

（3）第5至6列“未开具发票”：反映本期未开具发票的销售情况。

（4）第7至8列“纳税检查调整”：反映经税务、财政、审计部门检查并在本期调整的销售情况。

（5）第9至11列“合计”：按照表中所列公式填写。营业税改征增值税的纳税人，应税服务有扣除项目的，第1至11列应填写扣除之前的征（免）税销售额、销项（应纳）税额和价税合计额。

（6）第12列“应税服务扣除项目本期实际扣除金额”：营业税改征增值税的纳税人，应税服务有扣除项目的，按《附列资料（三）》第5列对应各行次数据填写；应税服务无扣除项目的，本列填写“0”。其他纳税人不填写。营业税改征增值税的纳税人，应税服务按规定汇总计算缴纳增值税的分支机构，当期应税服务有扣除项目的，填入本列第13行。

（7）第13列“扣除后”“含税（免税）销售额”：营业税改征增值税的纳税人，应税服务有扣除项目的，本列各行次 = 第11列对应各行次 − 第12列对应各行次。其他纳税人不填写。

（8）第14列“扣除后”“销项（应纳）税额”：营业税改征增值税的纳税人，应税服务有扣除项目的，按以下要求填写本列，其他纳税人不填写。

实训提示

第14列填写

（1）应税服务按照一般计税方法计税：

本列各行次 = 第13列 ÷ (100% + 对应行次税率) × 对应行次税率

本列第7行“按一般计税方法计税的即征即退应税服务”不按本列的说明填写。具体填写要求见“各行说明”第2条第（2）项第③点的说明。

（2）应税服务按照简易计税方法计税：

本列各行次 = 第13列 ÷ (100% + 对应行次征收率) × 对应行次征收率

本列第13行“预征率 %”不按本列的说明填写。具体填写要求见“各行说明”第4条第（2）项。

（3）应税服务实行免抵退税或免税的，本列不填写。

2. 各行说明

（1）第1至5行“一、一般计税方法计税”“全部征税项目”各行：按不同税率和项目分别填写按一般计税方法计算增值税的全部征税项目。有即征即退征税项目的纳税人，本部分数据中既包括即征即退征税项目，又包括不享受即征即退政策的一般征税项目。

（2）第6至7行“一、一般计税方法计税”“其中：即征即退项目”各行：只反映按一般计税方法计算增值税的即征即退项目。按照税法规定不享受即征即退政策的纳税人，不填写本行。即征即退项目是全部征税项目的其中数。

1）第6行“即征即退货物及加工修理修配劳务”：反映按一般计税方法计算增值税且享受即征即退政策的货物和加工修理修配劳务。本行不包括应税服务的内容。

实训提示

第6行第9至10列填写

本行第9列“合计”“销售额”栏：反映按一般计税方法计算增值税且享受即征即退政策的货物及加工修理修配劳务的不含税销售额。该栏不按第9列所列公式计算，应按照税法规定据实填写。

本行第10列“合计”“销项（应纳）税额”栏：反映按一般计税方法计算增值税且享受即征即退政策的货物及加工修理修配劳务的销项税额。该栏不按第10列所列公式计算，应按照税法规定据实填写。

2）第 7 行“即征即退应税服务”：反映按一般计税方法计算增值税且享受即征即退政策的应税服务。本行不包括货物及加工修理修配劳务的内容。

实训提示

第 7 行第 9、10、14 列填写

本行第 9 列“合计”“销售额”栏：反映按一般计税方法计算增值税且享受即征即退政策的应税服务的不含税销售额。应税服务有扣除项目的，按扣除之前的不含税销售额填写。该栏不按第 9 列所列公式计算，应按照税法规定据实填写。

本行第 10 列“合计”“销项（应纳）税额”栏：反映按一般计税方法计算增值税且享受即征即退政策的应税服务的销项税额。应税服务有扣除项目的，按扣除之前的销项税额填写。该栏不按第 10 列所列公式计算，应按照税法规定据实填写。

本行第 14 列“扣除后”“销项（应纳）税额”栏：反映按一般计税方法征收增值税且享受即征即退政策的应税服务实际应计提的销项税额。应税服务有扣除项目的，按扣除之后的销项税额填写；应税服务无扣除项目的，按本行第 10 列填写。该栏不按第 14 列所列公式计算，应按照税法规定据实填写。

（3）第 8 至 12 行“二、简易计税方法计税”“全部征税项目”各行：按不同征收率和项目分别填写按简易计税方法计算增值税的全部征税项目。有即征即退征税项目的纳税人，本部分数据中既包括即征即退项目，也包括不享受即征即退政策的一般征税项目。

（4）第 13 行“二、简易计税方法计税”“预征率 %”：反映营业税改征增值税的纳税人，应税服务按规定汇总计算缴纳增值税的分支机构预征增值税销售额、预征增值税应纳税额。①本行第 1 至 6 列按照销售额和销项税额的实际发生数填写。②本行第 14 列，纳税人按“应预征缴纳的增值税=应预征增值税销售额×预征率”公式计算后据实填写。

实训提示

“预征率%”

自 2014 年 10 月 1 日起，附列资料表（一）增加“预征率 %”行次，由原来的 1 行变成 3 行，以满足税收政策调整而产生的新申报需求。其中，第 13a 行“预征率 %”适用于所有实行汇总计算缴纳增值税的分支机构试点纳税人；第 13b、13c 行“预征率 %”适用于部分实行汇总计算缴纳增值税的铁路运输试点纳税人。

（5）第 14 至 15 行“二、简易计税方法计税”“其中：即征即退项目”各行：只反映按简易计税方法计算增值税的即征即退项目。按照税法规定不享受即征即退政策的纳税人，不填写本行。即征即退项目是全部征税项目的其中数。

1）第 14 行“即征即退货物及加工修理修配劳务”：反映按简易计税方法计算增值税且享受即征即退政策的货物及加工修理修配劳务。本行不包括应税服务的内容。

实训提示

第 14 行第 9 至 10 列填写

本行第 9 列“合计”“销售额”栏：反映按简易计税方法计算增值税且享受即征即退政策的货物及加工修理修配劳务的不含税销售额。该栏不按第 9 列所列公式计算，应按照税法规定据实填写。

本行第 10 列“合计”“销项（应纳）税额”栏：反映按简易计税方法计算增值税且享受即征即退政策的货物及加工修理修配劳务的应纳税额。该栏不按第 10 列所列公式计算，应按照税法规定据实填写。

2）第 15 行“即征即退应税服务”：反映按简易计税方法计算增值税且享受即征即退政策的应

税服务。本行不包括货物及加工修理修配劳务的内容。

> **实训提示**
>
> **第15行第9、10、14列填写**
>
> 本行第9列“合计”“销售额”栏：反映按简易计税方法计算增值税且享受即征即退政策的应税服务的不含税销售额。应税服务有扣除项目的，按扣除之前的不含税销售额填写。该栏不按第9列所列公式计算，应按照税法规定据实填写。
>
> 本行第10列“合计”“销项（应纳）税额”栏：反映按简易计税方法计算增值税且享受即征即退政策的应税服务的应纳税额。应税服务有扣除项目的，按扣除之前的应纳税额填写。该栏不按第10列所列公式计算，应按照税法规定据实填写。
>
> 本行第14列“扣除后”“销项（应纳）税额”栏：反映按简易计税方法计算增值税且享受即征即退政策的应税服务实际应计提的应纳税额。应税服务有扣除项目的，按扣除之后的应纳税额填写；应税服务无扣除项目的，按本行第10列填写。

（6）第16行“三、免抵退税”“货物及加工修理修配劳务”：反映适用免、抵、退税政策的出口货物、加工修理修配劳务。

（7）第17行“三、免抵退税”“应税服务”：反映适用免、抵、退税政策的应税服务。

（8）第18行“四、免税”“货物及加工修理修配劳务”：反映按照税法规定免征增值税的货物及劳务和适用零税率的出口货物及劳务，但零税率的销售额中不包括适用免、抵、退税办法的出口货物及劳务。

（9）第19行“四、免税”“应税服务”：反映按照税法规定免征增值税的应税服务和适用零税率的应税服务，但零税率的销售额中不包括适用免、抵、退税办法的应税服务。

（五）《增值税纳税申报表附列资料（二）》（本期进项税额明细）填写说明

“税款所属时间”、纳税人名称”的填写同主表。

1. 第1至12栏

第1至12栏“一、申报抵扣的进项税额”：分别反映纳税人按税法规定符合抵扣条件，在本期申报抵扣的进项税额。

（1）第1栏“（一）认证相符的税控增值税专用发票”：反映纳税人取得的认证相符本期申报抵扣的防伪税控“增值税专用发票”“货物运输业增值税专用发票”和税控“机动车销售统一发票”的情况。该栏应等于第2栏“本期认证相符且本期申报抵扣”与第3栏“前期认证相符且本期申报抵扣”数据之和。

（2）第2栏“其中：本期认证相符且本期申报抵扣”：反映本期认证相符且本期申报抵扣的防伪税控“增值税专用发票”“货物运输业增值税专用发票”和税控“机动车销售统一发票”的情况。本栏是第1栏的其中数，本栏只填写本期认证相符且本期申报抵扣的部分。

（3）第3栏“前期认证相符且本期申报抵扣”：反映前期认证相符且本期申报抵扣的防伪税控“增值税专用发票”“货物运输业增值税专用发票”和税控“机动车销售统一发票”的情况。辅导期纳税人依据税务机关告知的稽核比对结果通知书及明细清单注明的稽核相符的税控增值税专用发票填写本栏。本栏是第1栏的其中数，只填写前期认证相符且本期申报抵扣的部分。

（4）第4栏“（二）其他扣税凭证”：反映本期申报抵扣的除税控增值税专用发票之外的其他扣税凭证的情况。具体包括：海关进口增值税专用缴款书、农产品收购发票或者销售发票（含农产品核定扣除的进项税额）、代扣代缴税收缴款凭证和运输费用结算单据。该栏应等于第5至8栏之和。

（5）第5栏“海关进口增值税专用缴款书”：反映本期申报抵扣的海关进口增值税专用缴款书的情况。按规定执行海关进口增值税专用缴款书先比对后抵扣的，纳税人需依据税务机关告知的稽核比对结果通知书及明细清单注明的稽核相符的海关进口增值税专用缴款书填写本栏。

（6）第6栏“农产品收购发票或者销售发票”：反映本期申报抵扣的农产品收购发票和农产品销售普通发票的情况。执行农产品增值税进项税额核定扣除办法的，填写当期允许抵扣的农产品增值税进项税额，不填写“份数”“金额”。

（7）第7栏“代扣代缴税收缴款凭证”：填写本期按规定准予抵扣的中华人民共和国税收缴款凭证上注明的增值税额。

（8）第8栏“运输费用结算单据”：反映按规定本期可以申报抵扣的交通运输费用结算单据的情况。

（9）第11栏“（三）外贸企业进项税额抵扣证明”：填写本期申报抵扣的税务机关出口退税部门开具的《出口货物转内销证明》列明允许抵扣的进项税额。

（10）第12栏“当期申报抵扣进项税额合计”：反映本期申报抵扣进项税额的合计数。按表中所列公式计算填写。

2. 第13至23栏

第13至23栏“二、进项税额转出额”各栏：分别反映纳税人已经抵扣但按规定应在本期转出的进项税额明细情况。

（1）第13栏“本期进项税额转出额”：反映已经抵扣但按规定应在本期转出的进项税额合计数。按表中所列公式计算填写。

（2）第14栏“免税项目用”：反映用于免征增值税项目，按规定应在本期转出的进项税额。

（3）第15栏“非应税项目、集体福利、个人消费用”：反映用于非增值税应税项目、集体福利或者个人消费，按规定应在本期转出的进项税额。

（4）第16栏“非正常损失”：反映纳税人发生非正常损失，按规定应在本期转出的进项税额。

（5）第17栏“简易计税方法征税项目用”：反映用于按简易计税方法征税项目，按规定应在本期转出的进项税额。营业税改征增值税的纳税人，应税服务按规定汇总计算缴纳增值税的分支机构，当期应由总机构汇总的进项税额也填入本栏。

（6）第18栏“免抵退税办法不得抵扣的进项税额”：反映按照免、抵、退税办法的规定，由于征税税率与退税税率存在税率差，在本期应转出的进项税额。

（7）第19栏“纳税检查调减进项税额”：反映税务、财政、审计部门检查后而调减的进项税额。

（8）第20栏“红字专用发票通知单注明的进项税额”：填写主管税务机关开具的《开具红字增值税专用发票通知单》《开具红字货物运输业增值税专用发票通知单》等注明的在本期应转出的进项税额。

（9）第21栏“上期留抵税额抵减欠税”：填写本期经税务机关同意，使用上期留抵税额抵减欠税的数额。

（10）第22栏“上期留抵税额退税”：填写本期经税务机关批准的上期留抵税额退税额。

（11）第23栏“其他应作进项税额转出的情形”：反映除上述进项税额转出情形外，其他应在本期转出的进项税额。

3. 第24至34栏

第24至34栏“三、待抵扣进项税额”各栏：分别反映纳税人已经取得，但按税法规定不符合抵扣条件，暂不予在本期申报抵扣的进项税额情况及按税法规定不允许抵扣的进项税额情况。

（1）第24至28栏均包括防伪税控“增值税专用发票”“货物运输业增值税专用发票”和税控

“机动车销售统一发票”的情况。

（2）第 25 栏“期初已认证相符但未申报抵扣”：反映前期认证相符，但按照税法规定暂不予抵扣及不允许抵扣，结存至本期的税控增值税专用发票情况。辅导期纳税人填写认证相符但未收到稽核比对结果的税控增值税专用发票期初情况。

（3）第 26 栏“本期认证相符且本期未申报抵扣”：反映本期认证相符，但按税法规定暂不予抵扣及不允许抵扣，而未申报抵扣的税控增值税专用发票情况。辅导期纳税人填写本期认证相符但未收到稽核比对结果的税控增值税专用发票情况。

（4）第 27 栏“期末已认证相符但未申报抵扣”：反映截至本期期末，按照税法规定仍暂不予抵扣及不允许抵扣且已认证相符的税控增值税专用发票情况。辅导期纳税人填写截至本期期末已认证相符但未收到稽核比对结果的税控增值税专用发票期末情况。

（5）第 28 栏“其中：按照税法规定不允许抵扣”：反映截至本期期末已认证相符但未申报抵扣的税控增值税专用发票中，按照税法规定不允许抵扣的税控增值税专用发票情况。

（6）第29栏“（二）其他扣税凭证”：反映截至本期期末仍未申报抵扣的除税控增值税专用发票之外的其他扣税凭证情况。具体包括：海关进口增值税专用缴款书、农产品收购发票或者销售发票、代扣代缴税收缴款凭证和运输费用结算单据。该栏应等于第 30 至 33 栏之和。

（7）第 30 栏“海关进口增值税专用缴款书”：反映已取得但截至本期期末仍未申报抵扣的海关进口增值税专用缴款书情况，包括纳税人未收到稽核比对结果的海关进口增值税专用缴款书情况。

（8）第 31 栏“农产品收购发票或者销售发票”：反映已取得但截至本期期末仍未申报抵扣的农产品收购发票和农产品销售普通发票情况。

（9）第 32 栏“代扣代缴税收缴款凭证”：反映已取得但截至本期期末仍未申报抵扣的代扣代缴税收缴款凭证情况。

（10）第 33 栏“运输费用结算单据”：反映已取得但截至本期期末仍未申报抵扣的运输费用结算单据情况。

4. 第 35 至 36 栏

第 35 至 36 栏“四、其他”各栏。

（1）第 35 栏“本期认证相符的税控增值税专用发票”：反映本期认证相符的防伪税控“增值税专用发票”“货物运输业增值税专用发票”和税控“机动车销售统一发票”的情况。

（2）第36栏“代扣代缴税额”：填写纳税人根据《中华人民共和国增值税暂行条例》第十八条扣缴的应税劳务增值税额与根据营业税改征增值税有关政策规定扣缴的应税服务增值税额之和。

（六）《增值税纳税申报表附列资料（三）》（应税服务扣除项目明细）填写说明

（1）本表由营业税改征增值税应税服务有扣除项目的纳税人填写。其他纳税人不填写。

（2）“税款所属时间”“纳税人名称”的填写同主表。

（3）第 1 列“本期应税服务价税合计额（免税销售额）”：营业税改征增值税的应税服务属于征税项目的，填写扣除之前的本期应税服务价税合计额；营业税改征增值税的应税服务属于免抵退税或免税项目的，填写扣除之前的本期应税服务免税销售额。本列各行次等于《附列资料（一）》第 11 列对应行次。营业税改征增值税的纳税人，应税服务按规定汇总计算缴纳增值税的分支机构，本列各行次之和等于《附列资料（一）》第 11 列第 13 行。

（4）第 2 列“应税服务扣除项目”“期初余额”：填写应税服务扣除项目上期期末结存的金额，试点实施之日的税款所属期填写“0”。本列各行次等于上期《附列资料（三）》第 6 列对应行次。

（5）第 3 列“应税服务扣除项目”“本期发生额”：填写本期取得的按税法规定准予扣除的应

税服务扣除项目金额。

（6）第 4 列“应税服务扣除项目”“本期应扣除金额”：填写应税服务扣除项目本期应扣除的金额。

本列各行次 = 第 2 列对应各行次 + 第 3 列对应各行次

（7）第 5 列“应税服务扣除项目”“本期实际扣除金额”：填写应税服务扣除项目本期实际扣除的金额。

本列各行次≤第 4 列对应各行次且本列各行次≤第 1 列对应各行次

（8）第 6 列“应税服务扣除项目”“期末余额”：填写应税服务扣除项目本期期末结存的金额。

本列各行次 = 第 4 列对应各行次 − 第 5 列对应各行次

（七）《增值税纳税申报表附列资料（四）》（税额抵减情况表）填写说明

本表第 1 行由发生增值税税控系统专用设备费用和技术维护费的纳税人填写，反映纳税人增值税税控系统专用设备费用和技术维护费按规定抵减增值税应纳税额的情况。本表第 2 行由营业税改征增值税纳税人，应税服务按规定汇总计算缴纳增值税的总机构填写，反映其分支机构预征缴纳税款抵减总机构应纳增值税税额的情况。其他纳税人不填写本表。

（八）《固定资产进项税额抵扣情况表》填写说明

本表反映纳税人在《附列资料（二）》“一、申报抵扣的进项税额”中固定资产的进项税额。本表按增值税专用发票、海关进口增值税专用缴款书分别填写。税控“机动车销售统一发票”填入增值税专用发票栏内。

推荐阅读

《国家税务总局关于调整消费税纳税申报表有关问题的公告（国家税务总局公告 2014 年第 72 号）》：

http://www.chinatax.gov.cn/n810341/n810755/c1437988/content.html

三、消费税纳税申报表填写注意事项

1. 酒类应税消费品消费税纳税申报表主表

（1）本表仅限酒类应税消费品消费税纳税人使用。

（2）本表“税款所属期”是指纳税人申报的消费税应纳税额的所属时间，应填写具体的起止年、月、日。

（3）本表“纳税人识别号”栏，填写纳税人的税务登记证号码。

（4）本表“纳税人名称”栏，填写纳税人单位名称全称。

（5）本表“销售数量”为《中华人民共和国消费税暂行条例》《中华人民共和国消费税暂行条例实施细则》及其他法规、规章规定的当期应申报缴纳消费税的酒类应税消费品销售（不含出口免税）数量。计量单位：粮食白酒和薯类白酒为斤（如果实际销售商品按照体积标注计量单位，应按 500 毫升为 1 斤换算），啤酒、黄酒和其他酒为吨。

（6）本表“销售额”为《中华人民共和国消费税暂行条例》《中华人民共和国消费税暂行条例实施细则》及其他法规、规章规定的当期应申报缴纳消费税的酒类应税消费品销售（不含出口免税）收入。

（7）根据《中华人民共和国消费税暂行条例》和《财政部 国家税务总局关于调整酒类产品消费税政策的通知》（财税〔2001〕84 号）的规定，本表“应纳税额”计算公式如下：

粮食白酒、薯类白酒应纳税额 = 销售数量 × 定额税率 + 销售额 × 比例税率

啤酒、黄酒应纳税额 = 销售数量 × 定额税率

其他酒应纳税额 = 销售额 × 比例税率

（8）本表“本期准予抵减税额”填写按税收法规规定的本期准予抵减的消费税应纳税额。其准予抵减的消费税应纳税额情况，需填报本表附表一《本期准予抵减税额计算表》予以反映。“本期准予抵减税额”栏数值与本表附表一《本期准予抵减税额计算表》“本期准予抵减税款合计”栏数值一致。

（9）本表“本期减（免）税额”不含出口退（免）税额。

（10）本表“期初未缴税额”栏，填写本期期初累计应缴未缴的消费税额，多缴为负数。其数值等于上期申报表“期末未缴税额”栏数值。

（11）本表“本期缴纳前期应纳税额”填写本期实际缴纳入库的前期应缴未缴消费税额。

（12）本表“本期预缴税额”填写纳税申报前纳税人已预先缴纳入库的本期消费税额。

（13）本表“本期应补（退）税额”填写纳税人本期应纳税额中应补缴或应退回的数额，计算公式如下，多缴为负数：

本期应补（退）税额＝应纳税额（合计栏金额）－本期准予抵减税额

－本期减（免）税额－本期预缴税额

（14）本表“期末未缴税额”填写纳税人本期期末应缴未缴的消费税额，计算公式如下，多缴为负数：

期末未缴税额＝期初未缴税额＋本期应补（退）税额－本期缴纳前期应纳税额

（15）本表为A4竖式，所有数字小数点后保留两位。一式二份，一份纳税人留存，一份税务机关留存。

期末未缴税额＝期初未缴税额＋本期应补（退）税额－本期缴纳前期应纳税额

2. 附表一本期准予抵减税额计算表填表说明

（1）本表作为“酒类应税消费品消费税纳税申报表”的附列资料，由以外购啤酒液为原料连续生产啤酒的纳税人或以进口葡萄酒为原料连续生产葡萄酒的纳税人填报。未发生以外购啤酒液为原料连续生产啤酒或以进口葡萄酒为原料连续生产葡萄酒业务的纳税人不填报本表。

（2）本表“税款所属期”“纳税人名称”“纳税人识别号”的填写同主表。

（3）根据《国家税务总局关于用外购和委托加工收回的应税消费品连续生产应税消费品征收消费税问题的通知》（国税发〔1995〕94号）和《国家税务总局关于啤酒集团内部企业间销售（调拨）啤酒液征收消费税问题的批复》（国税函〔2003〕382号）的规定，本表“当期准予抵减的外购啤酒液已纳税款”计算公式如下：

当期准予抵减的外购啤酒液已纳税款＝（期初库存外购啤酒液数量＋当期购进啤酒液数量

－期末库存外购啤酒液数量）×外购啤酒液适用定额税率

其中，外购啤酒液适用定额税率由购入方取得的销售方销售啤酒液所开具的增值税专用发票上记载的单价确定。适用定额税率不同的，应分别核算外购啤酒液数量和当期准予抵减的外购啤酒液已纳税款，并在表中填写合计数。

（4）根据《国家税务总局关于印发〈葡萄酒消费税管理办法（试行）〉的通知》（国税发〔2006〕66号）的规定，本表“当期准予抵减的进口葡萄酒已纳税款”为纳税人进口葡萄酒取得的《海关进口消费税专用缴款书》注明的消费税款。

（5）本表“本期准予抵减税款合计”栏数值应与“酒类应税消费品消费税纳税申报表”“本期准予抵减税额”栏数值一致。

（6）以外购啤酒液为原料连续生产啤酒的纳税人应在“附：准予抵减消费税凭证明细”栏据实填写购入啤酒液取得的增值税专用发票上载明的“号码”“开票日期”“数量”“单价”等项目内容。

（7）以进口葡萄酒为原料连续生产葡萄酒的纳税人应在“附：准予抵减消费税凭证明细”栏

据实填写进口消费税专用缴款书上载明的“号码”“开票日期”“数量”“完税价格”“税款金额”等项目内容。

（8）本表为A4竖式，所有数字小数点后保留两位。一式二份，一份纳税人留存，一份税务机关留存。

3. 附表二本期代收代缴税额计算表填表说明

（1）本表作为《酒类应税消费品消费税纳税申报表》的附列资料，由酒类应税消费品受托加工方纳税人填报。委托方和未发生受托加工业务的纳税人不填报本表。

（2）本表“税款所属期”“纳税人名称”“纳税人识别号”的填写同主表。

（3）本表“受托加工数量”的计量单位是：粮食白酒和薯类白酒为斤（如果实际销售商品按照体积标注计量单位，应按500毫升为1斤换算），啤酒、黄酒、其他酒为吨。

（4）本表“同类产品销售价格”为受托方同类产品销售价格。

（5）根据《中华人民共和国消费税暂行条例》的规定，本表“组成计税价格”的计算公式如下：

组成计税价格=（材料成本+加工费）÷（1-消费税税率）

（6）根据《中华人民共和国消费税暂行条例》的规定，本表“本期代收代缴税款”的计算公式如下：

①当受托方有同类产品销售价格时：

本期代收代缴税款=同类产品销售价格×受托加工数量×适用税率
+受托加工数量×适用税率

②当受托方没有同类产品销售价格时：

本期代收代缴税款=组成计税价格×适用税率+受托加工数量×适用税率

“本期代收代缴税款合计”为粮食白酒、薯类白酒、啤酒、黄酒、其他酒的“本期代收代缴税款”合计数。

（7）本表为A4竖式，所有数字小数点后保留两位。一式二份，一份纳税人留存，一份税务机关留存。

四、企业所得税年度纳税申报表（A类，2014年版）填报说明

实行查账征收的企业所得税纳税人，从2014年度企业所得税汇算清缴开始，适用企业所得税纳税申报表（A类，2014年版）。

企业所得税纳税申报表（A类，2014年版）共41张，1张基础信息表，1张主表，6张收入费用明细表，15张纳税调整表，1张亏损弥补表，11张税收优惠表，4张境外所得抵免表，2张汇总纳税表。纳税人可以根据自身的业务情况，凡涉及的，选择填报，不涉及的，就无需填报，充分考虑不同纳税人规模、业务情况，对于占企业所得税纳税户80%以上的小微企业而言，可能仅填报4～5张就可以。

推荐阅读

国家税务总局《关于发布〈中华人民共和国企业所得税年度纳税申报表（A类，2014年版）〉的公告》：http://www.chinatax.gov.cn/n810341/n810755/c1311541/content.html

1. 企业所得年度税纳税申报表（A类，2014年版）主要内容

（1）基础信息表。此表反映纳税人的基本信息，包括名称、注册地、行业、注册资本、从业人数、股东结构、会计政策、存货办法、对外投资情况等，这些信息，既可以替代企业备案资料（如资产情况及变化、从业人数，可以判断纳税人是否属于小微

企业，小微企业享受优惠政策后，就无需再报送其他资料）；也是税务机关进行管理所需要的信息。

（2）主表。主表结构与现行报表没有变化，体现企业所得税纳税流程，即在会计利润的基础上，按照税法进行纳税调整，计算应纳税所得额，扣除税收优惠数额，进行境外税收抵免，最后计算应补（退）税款。

（3）收入费用明细表。收入费用明细表主要反映企业按照会计政策所发生的成本、费用情况。这些表格，也是企业进行纳税调整的主要数据来源。

（4）纳税调整表。纳税调整是所得税管理的重点和难点，现行申报表中仅 1 张纳税调整表，该表功能就是将纳税人进行纳税调整后结果进行统计、汇总，没有体现政策和过程，也不反映税收与会计的差异，税务机关很难判断出其合理性及准确性。因此，本次修改后的申报表，将所有的税会差异需要调整的事项，按照收入、成本和资产三大类，设计了 15 张表格，通过表格的方式进行计算反映，既方便纳税人填报；又便于税务机关纳税评估、分析。

（5）亏损弥补表。本表反映企业发生亏损如何结转问题，既准确计算亏损结转年度和限额，又便于税务机关进行管理。

（6）税收优惠表。现行申报表仅设 1 张优惠表，该表仅把企业所享受的优惠数额进行汇总，没有体现各项优惠条件及计算口径，不利于税务机关审核其合理性和合规性。本次修改后的申报表，将目前我国企业所得税税收优惠项目共有 39 项，按照税基、应纳税所得额、税额扣除等进行分类，设计了 11 张表格，通过表格的方式计算税收优惠享受情况、过程。既方便纳税人填报；又便于税务机关掌握税收减免税信息，核实优惠的合理性，进行优惠效益分析。

（7）境外所得抵免表。本表反映企业发生境外所得税如何抵免以及抵免具体计算问题。

（8）汇总纳税表。本表反映汇总纳税企业的总分机构如何分配税额问题。

2．企业所得税年度纳税申报表（A 类，2014 年版）主表表体项目内容

本表是在纳税人会计利润总额的基础上，加减纳税调整等金额后计算出“纳税调整后所得”（应纳税所得额）。会计与税法的差异（包括收入类、扣除类、资产类等差异）通过《纳税调整项目明细表》（A105000）集中填报。

本表包括利润总额计算、应纳税所得额计算、应纳税额计算、附列资料四个部分。

（1）“利润总额计算”中的项目，按照国家统一会计制度口径计算填报。实行企业会计准则、小企业会计准则、企业会计制度、分行业会计制度的纳税人，其数据直接取自利润表；实行事业单位会计准则的纳税人，其数据取自收入支出表；实行民间非营利组织会计制度的纳税人，其数据取自业务活动表；实行其他国家统一会计制度的纳税人，根据本表项目进行分析填报。

（2）“应纳税所得额计算”和“应纳税额计算”中的项目，除根据主表逻辑关系计算的外，通过附表相应栏次填报。

3．企业所得税年度纳税申报表（A 类，2014 年版）主表行次说明

第 1～13 行参照企业会计准则利润表的说明编写。

（1）第 1 行“营业收入”：填报纳税人主要经营业务和其他经营业务取得的收入总额。本行根据“主营业务收入”和“其他业务收入”的数额填报。一般企业纳税人通过“一般企业收入明细表”（A101010）填报；金融企业纳税人通过“金融企业收入明细表”（A101020）填报；事业单位、社会团体、民办非企业单位、非营利组织等纳税人通过“事业单位、民间非营利组织收入、支出明细表”（A103000）填报。

（2）第 2 行“营业成本”项目：填报纳税人主要经营业务和其他经营业务发生的成本总额。本行根据“主营业务成本”和“其他业务成本”的数额填报。一般企业纳税人通过“一般企业成

本支出明细表”（A102010）填报；金融企业纳税人通过“金融企业支出明细表”（A102020）填报；事业单位、社会团体、民办非企业单位、非营利组织等纳税人，通过“事业单位、民间非营利组织收入、支出明细表”（A103000）填报。

（3）第3行“营业税金及附加”：填报纳税人经营活动发生的营业税、消费税、城市维护建设税、资源税、土地增值税和教育费附加等相关税费。本行根据纳税人相关会计科目填报。纳税人在其他会计科目核算的本行不得重复填报。

（4）第4行“销售费用”：填报纳税人在销售商品和材料、提供劳务的过程中发生的各种费用。本行通过“期间费用明细表”（A104000）中对应的“销售费用”填报。

（5）第5行“管理费用”：填报纳税人为组织和管理企业生产经营发生的管理费用。本行通过“期间费用明细表”（A104000）中对应的“管理费用”填报。

（6）第6行“财务费用”：填报纳税人为筹集生产经营所需资金等发生的筹资费用。本行通过“期间费用明细表”（A104000）中对应的“财务费用”填报。

（7）第7行“资产减值损失”：填报纳税人计提各项资产准备发生的减值损失。本行根据企业“资产减值损失”科目上的数额填报。实行其他会计准则等的比照填报。

（8）第8行“公允价值变动收益”：填报纳税人在初始确认时划分为以公允价值计量且其变动计入当期损益的金融资产或金融负债（包括交易性金融资产或负债，直接指定为以公允价值计量且其变动计入当期损益的金融资产或金融负债），以及采用公允价值模式计量的投资性房地产、衍生工具和套期业务中公允价值变动形成的应计入当期损益的利得或损失。本行根据企业“公允价值变动损益”科目的数额填报（损失以“－”号填列）。

（9）第9行“投资收益”：填报纳税人以各种方式对外投资确认所取得的收益或发生的损失。根据企业“投资收益”科目的数额计算填报；实行事业单位会计准则的纳税人根据“其他收入”科目中的投资收益金额分析填报（损失以“－”号填列）。实行其他会计准则等的比照填报。

（10）第10行“营业利润”：填报纳税人当期的营业利润。根据上述项目计算填列。

（11）第11行“营业外收入”：填报纳税人取得的与其经营活动无直接关系的各项收入的金额。一般企业纳税人通过“一般企业收入明细表”（A101010）填报；金融企业纳税人通过“金融企业收入明细表”（A101020）填报；实行事业单位会计准则或民间非营利组织会计制度的纳税人通过“事业单位、民间非营利组织收入、支出明细表”（A103000）填报。

（12）第12行“营业外支出”：填报纳税人发生的与其经营活动无直接关系的各项支出的金额。一般企业纳税人通过“一般企业成本支出明细表”（A102010）填报；金融企业纳税人通过“金融企业支出明细表”（A102020）填报；实行事业单位会计准则或民间非营利组织会计制度的纳税人通过“事业单位、民间非营利组织收入、支出明细表”（A103000）填报。

（13）第13行“利润总额”：填报纳税人当期的利润总额。根据上述项目计算填列。

（14）第14行“境外所得”：填报纳税人发生的分国（地区）别取得的境外税后所得计入利润总额的金额。填报“境外所得纳税调整后所得明细表”（A108010）第14列减去第11列的差额。

（15）第15行“纳税调整增加额”：填报纳税人会计处理与税收规定不一致，进行纳税调整增加的金额。本行通过“纳税调整项目明细表”（A105000）“调增金额”列填报。

（16）第16行“纳税调整减少额”：填报纳税人会计处理与税收规定不一致，进行纳税调整减少的金额。本行通过“纳税调整项目明细表”（A105000）“调减金额”列填报。

（17）第17行“免税、减计收入及加计扣除”：填报属于税法规定免税收入、减计收入、加计扣除金额。本行通过“免税、减计收入及加计扣除优惠明细表”（A107010）填报。

（18）第18行“境外应税所得抵减境内亏损”：填报纳税人根据税法规定，选择用境外所得抵减境内亏损的数额。本行通过“境外所得税收抵免明细表”（A108000）填报。

（19）第19行“纳税调整后所得”：填报纳税人经过纳税调整、税收优惠、境外所得计算后的所得额。

（20）第20行“所得减免”：填报属于税法规定所得减免金额。本行通过“所得减免优惠明细表”（A107020）填报，本行<0时，填写负数。

（21）第21行“抵扣应纳税所得额”：填报根据税法规定应抵扣的应纳税所得额。本行通过“抵扣应纳税所得额明细表”（A107030）填报。

（22）第22行“弥补以前年度亏损”：填报纳税人按照税法规定可在税前弥补的以前年度亏损的数额，本行根据“企业所得税弥补亏损明细表”（A106000）填报。

（23）第23行“应纳税所得额”：金额等于本表第19－20－21－22行计算结果。本行不得为负数。本表第19行或者按照上述行次顺序计算结果本行为负数，本行金额填零。

（24）第24行“税率”：填报税法规定的税率25%。

（25）第25行“应纳所得税额”：金额等于本表第23×24行。

（26）第26行“减免所得税额”：填报纳税人按税法规定实际减免的企业所得税额。本行通过“减免所得税优惠明细表”（A107040）填报。

（27）第27行“抵免所得税额”：填报企业当年的应纳所得税额中抵免的金额。本行通过“税额抵免优惠明细表”（A107050）填报。

（28）第28行“应纳税额”：金额等于本表第25－26－27行。

（29）第29行“境外所得应纳所得税额”：填报纳税人来源于中国境外的所得，按照我国税法规定计算的应纳所得税额。本行通过“境外所得税收抵免明细表”（A108000）填报。

（30）第30行“境外所得抵免所得税额”：填报纳税人来源于中国境外所得依照中国境外税收法律以及相关规定应缴纳并实际缴纳（包括视同已实际缴纳）的企业所得税性质的税款（准予抵免税款）。本行通过“境外所得税收抵免明细表”（A108000）填报。

（31）第31行“实际应纳所得税额”：填报纳税人当期的实际应纳所得税额。金额等于本表第28＋29－30行。

（32）第32行“本年累计实际已预缴的所得税额”：填报纳税人按照税法规定本纳税年度已在月（季）度累计预缴的所得税额，包括按照税法规定的特定业务已预缴（征）的所得税额，建筑企业总机构直接管理的跨地区设立的项目部按规定向项目所在地主管税务机关预缴的所得税额。

（33）第33行“本年应补（退）的所得税额”：填报纳税人当期应补（退）的所得税额。金额等于本表第31－32行。

（34）第34行“总机构分摊本年应补（退）所得税额”：填报汇总纳税的总机构按照税收规定在总机构所在地分摊本年应补（退）所得税款。本行根据“跨地区经营汇总纳税企业年度分摊企业所得税明细表”（A109000）填报。

（35）第35行“财政集中分配本年应补（退）所得税额”：填报汇总纳税的总机构按照税收规定财政集中分配本年应补（退）所得税款。本行根据“跨地区经营汇总纳税企业年度分摊企业所得税明细表”（A109000）填报。

（36）第36行“总机构主体生产经营部门分摊本年应补（退）所得税额”：填报汇总纳税的总机构所属的具有主体生产经营职能的部门按照税收规定应分摊的本年应补（退）所得税额。本行根据“跨地区经营汇总纳税企业年度分摊企业所得税明细表”（A109000）填报。

（37）第37行“以前年度多缴的所得税额在本年抵减额”：填报纳税人以前纳税年度汇算清缴多缴的税款尚未办理退税、并在本纳税年度抵缴的所得税额。

（38）第 38 行“以前年度应缴未缴在本年入库所得额”：填报纳税人以前纳税年度应缴未缴在本纳税年度入库所得税额。

4. 表内关系

第 10 行 = 第 1 − 2 − 3 − 4 − 5 − 6 − 7 + 8 + 9 行；

第 13 行 = 第 10 + 11 − 12 行；

第 19 行 = 第 13 − 14 + 15 − 16 − 17 + 18 行；

第 23 行 = 第 19 − 20 − 21 − 22 行；

第 25 行 = 第 23 × 24 行；

第 28 行 = 第 25 − 26 − 27 行；

第 31 行 = 第 28 + 29 − 30 行；

第 33 行 = 第 31 − 32 行。

链接 2 实训所需资料

项目一的实训结果是编制 2014 年 12 月流转税纳税申报表和 2014 年度企业所得税申报表的基础材料。

此次实训所需纳税申报表见附录三。

（1）增值税纳税申报表包括以下 6 张表格：①“增值税纳税申报表（一般纳税人适用）”；②“增值税纳税申报表附列资料（一）”（本期销售情况明细）；③“增值税纳税申报表附列资料（二）”（本期进项税额明细）；④“增值税纳税申报表附列资料（三）”（应税服务扣除项目明细）；⑤“增值税纳税申报表附列资料（四）”（税收抵减情况表）；⑥“固定资产进项税额抵扣情况表”。

（2）消费税纳税申报表包括以下 3 张表格：①酒及酒精消费税纳税申报表主表；②附表一本期准予抵减税额计算表；③附表二本期代收代缴税额计算表。

（3）营业税纳税申报表。

（4）城建税纳税申报表、教育费附加申报表。

（5）企业所得税年度纳税申报表（2014 年版）包括以下 10 张表格：①“中华人民共和国企业所得税年度纳税申报表（A 类）”（A100000）；②“一般企业收入明细表”（A101010）；③“一般企业成本支出明细表”（A102010）；④“期间费用明细表”（A104000）；⑤“纳税调整项目明细表”（A105000）；⑥“投资收益纳税调整明细表”（A105030）；⑦“捐赠支出纳税调整明细表”（A105070）；⑧“符合条件的居民企业之间的股息、红利等权益性投资收益优惠明细表”（A107011）；⑨“研发费用加计扣除优惠明细表”（A107014）；⑩“未按权责发生制确认收入纳税调整明细表”（A105020）。

> **实训提示**
>
> 根据实训资料，增值税纳税申报表附列资料（三）（应税服务扣除项目明细）、（四）（税收抵减情况表）不需填写。

附录一

实训用账表

附表 1.1　库存现金日记账

币种：________　　　　　　　　　　　　　　　　　　　　　　　　　　第 1 页

年		凭证		摘　要	借　方										贷　方										余　额									
月	日	字	号		亿	千	百	十	万	千	百	十	元	角	分	亿	千	百	十	万	千	百	十	元	角	分	亿	千	百	十	万	千	百	十	元	角	分

附表 1.1 库存现金日记账

币种：______ 第 2 页

年		凭证		摘要	借方										贷方										余额									
月	日	字	号		亿	千	百	十	万	千	百	十	元	角分	亿	千	百	十	万	千	百	十	元	角分	亿	千	百	十	万	千	百	十	元	角分

附表 1.2 银行存款日记账

币种：______ 第 1 页

年		凭证		摘要	借方										贷方										余额									
月	日	字	号		亿	千	百	十	万	千	百	十	元	角分	亿	千	百	十	万	千	百	十	元	角分	亿	千	百	十	万	千	百	十	元	角分

附表 1.2 银行存款日记账

币种：________ 第 2 页

年		凭证		摘 要	借 方										贷 方										余 额									
月	日	字	号		亿	千	百	十	万	千	百	十	元	角分	亿	千	百	十	万	千	百	十	元	角分	亿	千	百	十	万	千	百	十	元	角分

附表 1.2 银行存款日记账

币种：________ 第 3 页

年		凭证		摘要	借方											贷方											余额										
月	日	字	号		亿	千	百	十	万	千	百	十	元	角	分	亿	千	百	十	万	千	百	十	元	角	分	亿	千	百	十	万	千	百	十	元	角	分

附表 1.2 银行存款日记账

币种：________ 第 4 页

年		凭证		摘要	借方										贷方										余额									
月	日	字	号		亿	千	百	十	万	千	百	十	元	角	分	亿	千	百	十	万	千	百	十	元	角	分	亿	千	百	十	万	千	百	十	元	角	分

附表1.2 银行存款日记账

币种：________ 第 5 页

年		凭证		摘要	借方										贷方										余额									
月	日	字	号		亿	千	百	十	万	千	百	十	元	角	分	亿	千	百	十	万	千	百	十	元	角	分	亿	千	百	十	万	千	百	十	元	角	分

附表 1.2 银行存款日记账

币种：________ 第 6 页

年		凭证		摘要	借方											贷方											余额										
月	日	字	号		亿	千	百	十	万	千	百	十	元	角	分	亿	千	百	十	万	千	百	十	元	角	分	亿	千	百	十	万	千	百	十	元	角	分

附表 1.3　总 分 类 账

会计科目及编号：________

年		凭证		摘要	借方											贷方											借或贷	余额										
月	日	字	号		亿	千	百	十	万	千	百	十	元	角	分	亿	千	百	十	万	千	百	十	元	角	分		亿	千	百	十	万	千	百	十	元	角	分

附表 1.4　总 分 类 账

会计科目及编号：________

年		凭证		摘要	借方											贷方											借或贷	余额										
月	日	字	号		亿	千	百	十	万	千	百	十	元	角	分	亿	千	百	十	万	千	百	十	元	角	分		亿	千	百	十	万	千	百	十	元	角	分

附表 1.5　总 分 类 账

会计科目及编号：________

年		凭证		摘要	借方											贷方											借或贷	余额										
月	日	字	号		亿	千	百	十	万	千	百	十	元	角	分	亿	千	百	十	万	千	百	十	元	角	分		亿	千	百	十	万	千	百	十	元	角	分

附表 1.6　总 分 类 账

会计科目及编号：________

年		凭证		摘要	借方											贷方											借或贷	余额										
月	日	字	号		亿	千	百	十	万	千	百	十	元	角	分	亿	千	百	十	万	千	百	十	元	角	分		亿	千	百	十	万	千	百	十	元	角	分

附表 1.7 总 分 类 账

会计科目及编号：__________

年		凭证		摘要	借方											贷方											借或贷	余额										
月	日	字	号		亿	千	百	十	万	千	百	十	元	角	分	亿	千	百	十	万	千	百	十	元	角	分		亿	千	百	十	万	千	百	十	元	角	分

附表 1.8 总 分 类 账

会计科目及编号：__________

年		凭证		摘要	借方											贷方											借或贷	余额										
月	日	字	号		亿	千	百	十	万	千	百	十	元	角	分	亿	千	百	十	万	千	百	十	元	角	分		亿	千	百	十	万	千	百	十	元	角	分

附表 1.9 总 分 类 账

会计科目及编号：__________

年		凭证		摘要	借方											贷方											借或贷	余额										
月	日	字	号		亿	千	百	十	万	千	百	十	元	角	分	亿	千	百	十	万	千	百	十	元	角	分		亿	千	百	十	万	千	百	十	元	角	分

附表 1.10 总 分 类 账

会计科目及编号：__________

年		凭证		摘要	借方											贷方											借或贷	余额										
月	日	字	号		亿	千	百	十	万	千	百	十	元	角	分	亿	千	百	十	万	千	百	十	元	角	分		亿	千	百	十	万	千	百	十	元	角	分

附表 1.11 总 分 类 账

会计科目及编号：________

年		凭证		摘要	借方										贷方										借或贷	余额									
月	日	字	号		亿	千	百	十	万	千	百	十	元	角分	亿	千	百	十	万	千	百	十	元	角分		亿	千	百	十	万	千	百	十	元	角分

附表 1.12 总 分 类 账

会计科目及编号：________

年		凭证		摘要	借方										贷方										借或贷	余额									
月	日	字	号		亿	千	百	十	万	千	百	十	元	角分	亿	千	百	十	万	千	百	十	元	角分		亿	千	百	十	万	千	百	十	元	角分

附表 1.13 总 分 类 账

会计科目及编号：________

年		凭证		摘要	借方										贷方										借或贷	余额									
月	日	字	号		亿	千	百	十	万	千	百	十	元	角分	亿	千	百	十	万	千	百	十	元	角分		亿	千	百	十	万	千	百	十	元	角分

附表 1.14 总 分 类 账

会计科目及编号：________

年		凭证		摘要	借方										贷方										借或贷	余额									
月	日	字	号		亿	千	百	十	万	千	百	十	元	角分	亿	千	百	十	万	千	百	十	元	角分		亿	千	百	十	万	千	百	十	元	角分

附表 1.15 总 分 类 账

会计科目及编号：__________

年		凭证		摘要	借方											贷方											借或贷	余额										
月	日	字	号		亿	千	百	十	万	千	百	十	元	角	分	亿	千	百	十	万	千	百	十	元	角	分		亿	千	百	十	万	千	百	十	元	角	分

附表 1.16 总 分 类 账

会计科目及编号：__________

年		凭证		摘要	借方											贷方											借或贷	余额										
月	日	字	号		亿	千	百	十	万	千	百	十	元	角	分	亿	千	百	十	万	千	百	十	元	角	分		亿	千	百	十	万	千	百	十	元	角	分

附表 1.17 总 分 类 账

会计科目及编号：__________

年		凭证		摘要	借方											贷方											借或贷	余额										
月	日	字	号		亿	千	百	十	万	千	百	十	元	角	分	亿	千	百	十	万	千	百	十	元	角	分		亿	千	百	十	万	千	百	十	元	角	分

附表 1.18 总 分 类 账

会计科目及编号：__________

年		凭证		摘要	借方											贷方											借或贷	余额										
月	日	字	号		亿	千	百	十	万	千	百	十	元	角	分	亿	千	百	十	万	千	百	十	元	角	分		亿	千	百	十	万	千	百	十	元	角	分

附表 1.19 总 分 类 账

会计科目及编号：__________

年		凭证		摘要	借方											贷方											借或贷	余额										
月	日	字	号		亿	千	百	十	万	千	百	十	元	角	分	亿	千	百	十	万	千	百	十	元	角	分		亿	千	百	十	万	千	百	十	元	角	分

附表 1.20 总 分 类 账

会计科目及编号：__________

年		凭证		摘要	借方											贷方											借或贷	余额										
月	日	字	号		亿	千	百	十	万	千	百	十	元	角	分	亿	千	百	十	万	千	百	十	元	角	分		亿	千	百	十	万	千	百	十	元	角	分

附表 1.21 总 分 类 账

会计科目及编号：__________

年		凭证		摘要	借方											贷方											借或贷	余额										
月	日	字	号		亿	千	百	十	万	千	百	十	元	角	分	亿	千	百	十	万	千	百	十	元	角	分		亿	千	百	十	万	千	百	十	元	角	分

附表 1.22 总 分 类 账

会计科目及编号：__________

年		凭证		摘要	借方											贷方											借或贷	余额										
月	日	字	号		亿	千	百	十	万	千	百	十	元	角	分	亿	千	百	十	万	千	百	十	元	角	分		亿	千	百	十	万	千	百	十	元	角	分

附表 1.23 总 分 类 账

会计科目及编号：__________

年		凭证		摘要	借方											贷方											借或贷	余额										
月	日	字	号		亿	千	百	十	万	千	百	十	元	角	分	亿	千	百	十	万	千	百	十	元	角	分		亿	千	百	十	万	千	百	十	元	角	分

附表 1.24 总 分 类 账

会计科目及编号：__________

年		凭证		摘要	借方											贷方											借或贷	余额										
月	日	字	号		亿	千	百	十	万	千	百	十	元	角	分	亿	千	百	十	万	千	百	十	元	角	分		亿	千	百	十	万	千	百	十	元	角	分

附表 1.25 总 分 类 账

会计科目及编号：__________

年		凭证		摘要	借方											贷方											借或贷	余额										
月	日	字	号		亿	千	百	十	万	千	百	十	元	角	分	亿	千	百	十	万	千	百	十	元	角	分		亿	千	百	十	万	千	百	十	元	角	分

附表 1.26 总 分 类 账

会计科目及编号：__________

年		凭证		摘要	借方											贷方											借或贷	余额										
月	日	字	号		亿	千	百	十	万	千	百	十	元	角	分	亿	千	百	十	万	千	百	十	元	角	分		亿	千	百	十	万	千	百	十	元	角	分

附表 1.27 总 分 类 账

会计科目及编号：________

年		凭证		摘要	借方											贷方											借或贷	余额										
月	日	字	号		亿	千	百	十	万	千	百	十	元	角	分	亿	千	百	十	万	千	百	十	元	角	分		亿	千	百	十	万	千	百	十	元	角	分

附表 1.28 总 分 类 账

会计科目及编号：________

年		凭证		摘要	借方											贷方											借或贷	余额										
月	日	字	号		亿	千	百	十	万	千	百	十	元	角	分	亿	千	百	十	万	千	百	十	元	角	分		亿	千	百	十	万	千	百	十	元	角	分

附表 1.29 总 分 类 账

会计科目及编号：________

年		凭证		摘要	借方											贷方											借或贷	余额										
月	日	字	号		亿	千	百	十	万	千	百	十	元	角	分	亿	千	百	十	万	千	百	十	元	角	分		亿	千	百	十	万	千	百	十	元	角	分

附表 1.30 总 分 类 账

会计科目及编号：________

年		凭证		摘要	借方											贷方											借或贷	余额										
月	日	字	号		亿	千	百	十	万	千	百	十	元	角	分	亿	千	百	十	万	千	百	十	元	角	分		亿	千	百	十	万	千	百	十	元	角	分

附表1.31 总 分 类 账

会计科目及编号：__________

年		凭证		摘要	借方											贷方											借或贷	余额										
月	日	字	号		亿	千	百	十	万	千	百	十	元	角	分	亿	千	百	十	万	千	百	十	元	角	分		亿	千	百	十	万	千	百	十	元	角	分

附表1.32 总 分 类 账

会计科目及编号：__________

年		凭证		摘要	借方											贷方											借或贷	余额										
月	日	字	号		亿	千	百	十	万	千	百	十	元	角	分	亿	千	百	十	万	千	百	十	元	角	分		亿	千	百	十	万	千	百	十	元	角	分

附表1.33 总 分 类 账

会计科目及编号：__________

年		凭证		摘要	借方											贷方											借或贷	余额										
月	日	字	号		亿	千	百	十	万	千	百	十	元	角	分	亿	千	百	十	万	千	百	十	元	角	分		亿	千	百	十	万	千	百	十	元	角	分

附表1.34 总 分 类 账

会计科目及编号：__________

年		凭证		摘要	借方											贷方											借或贷	余额										
月	日	字	号		亿	千	百	十	万	千	百	十	元	角	分	亿	千	百	十	万	千	百	十	元	角	分		亿	千	百	十	万	千	百	十	元	角	分

附表1.35 总分类账

会计科目及编号：__________

年		凭证		摘要	借方											贷方											借或贷	余额										
月	日	字	号		亿	千	百	十	万	千	百	十	元	角	分	亿	千	百	十	万	千	百	十	元	角	分		亿	千	百	十	万	千	百	十	元	角	分

附表1.36 总分类账

会计科目及编号：__________

年		凭证		摘要	借方											贷方											借或贷	余额										
月	日	字	号		亿	千	百	十	万	千	百	十	元	角	分	亿	千	百	十	万	千	百	十	元	角	分		亿	千	百	十	万	千	百	十	元	角	分

附表1.37 总分类账

会计科目及编号：__________

年		凭证		摘要	借方											贷方											借或贷	余额										
月	日	字	号		亿	千	百	十	万	千	百	十	元	角	分	亿	千	百	十	万	千	百	十	元	角	分		亿	千	百	十	万	千	百	十	元	角	分

附表1.38 总分类账

会计科目及编号：__________

年		凭证		摘要	借方											贷方											借或贷	余额										
月	日	字	号		亿	千	百	十	万	千	百	十	元	角	分	亿	千	百	十	万	千	百	十	元	角	分		亿	千	百	十	万	千	百	十	元	角	分

附表 1.39 总 分 类 账

会计科目及编号：__________

年		凭证		摘要	借方											贷方											借或贷	余额										
月	日	字	号		亿	千	百	十	万	千	百	十	元	角	分	亿	千	百	十	万	千	百	十	元	角	分		亿	千	百	十	万	千	百	十	元	角	分

附表 1.40 总 分 类 账

会计科目及编号：__________

年		凭证		摘要	借方											贷方											借或贷	余额										
月	日	字	号		亿	千	百	十	万	千	百	十	元	角	分	亿	千	百	十	万	千	百	十	元	角	分		亿	千	百	十	万	千	百	十	元	角	分

附表 1.41 总 分 类 账

会计科目及编号：__________

年		凭证		摘要	借方											贷方											借或贷	余额										
月	日	字	号		亿	千	百	十	万	千	百	十	元	角	分	亿	千	百	十	万	千	百	十	元	角	分		亿	千	百	十	万	千	百	十	元	角	分

附表 1.42 总 分 类 账

会计科目及编号：__________

年		凭证		摘要	借方											贷方											借或贷	余额										
月	日	字	号		亿	千	百	十	万	千	百	十	元	角	分	亿	千	百	十	万	千	百	十	元	角	分		亿	千	百	十	万	千	百	十	元	角	分

附表 1.43 总 分 类 账

会计科目及编号：__________

年		凭证		摘要	借方											贷方											借或贷	余额										
月	日	字	号		亿	千	百	十	万	千	百	十	元	角	分	亿	千	百	十	万	千	百	十	元	角	分		亿	千	百	十	万	千	百	十	元	角	分

附表 1.44 总 分 类 账

会计科目及编号：__________

年		凭证		摘要	借方											贷方											借或贷	余额										
月	日	字	号		亿	千	百	十	万	千	百	十	元	角	分	亿	千	百	十	万	千	百	十	元	角	分		亿	千	百	十	万	千	百	十	元	角	分

附表 1.45 总 分 类 账

会计科目及编号：__________

年		凭证		摘要	借方											贷方											借或贷	余额										
月	日	字	号		亿	千	百	十	万	千	百	十	元	角	分	亿	千	百	十	万	千	百	十	元	角	分		亿	千	百	十	万	千	百	十	元	角	分

附表 1.46 总 分 类 账

会计科目及编号：__________

年		凭证		摘要	借方											贷方											借或贷	余额										
月	日	字	号		亿	千	百	十	万	千	百	十	元	角	分	亿	千	百	十	万	千	百	十	元	角	分		亿	千	百	十	万	千	百	十	元	角	分

附表1.47 总分类账

会计科目及编号：__________

年		凭证		摘要	借方											贷方											借或贷	余额										
月	日	字	号		亿	千	百	十	万	千	百	十	元	角	分	亿	千	百	十	万	千	百	十	元	角	分		亿	千	百	十	万	千	百	十	元	角	分

附表1.48 总分类账

会计科目及编号：__________

年		凭证		摘要	借方											贷方											借或贷	余额										
月	日	字	号		亿	千	百	十	万	千	百	十	元	角	分	亿	千	百	十	万	千	百	十	元	角	分		亿	千	百	十	万	千	百	十	元	角	分

附表1.49 总分类账

会计科目及编号：__________

年		凭证		摘要	借方											贷方											借或贷	余额										
月	日	字	号		亿	千	百	十	万	千	百	十	元	角	分	亿	千	百	十	万	千	百	十	元	角	分		亿	千	百	十	万	千	百	十	元	角	分

附表1.50 总分类账

会计科目及编号：__________

年		凭证		摘要	借方											贷方											借或贷	余额										
月	日	字	号		亿	千	百	十	万	千	百	十	元	角	分	亿	千	百	十	万	千	百	十	元	角	分		亿	千	百	十	万	千	百	十	元	角	分

附表1.51 总分类账

会计科目及编号：__________

年		凭证		摘要	借方											贷方											借或贷	余额										
月	日	字	号		亿	千	百	十	万	千	百	十	元	角	分	亿	千	百	十	万	千	百	十	元	角	分		亿	千	百	十	万	千	百	十	元	角	分

附表1.52 总分类账

会计科目及编号：__________

年		凭证		摘要	借方											贷方											借或贷	余额										
月	日	字	号		亿	千	百	十	万	千	百	十	元	角	分	亿	千	百	十	万	千	百	十	元	角	分		亿	千	百	十	万	千	百	十	元	角	分

附表1.53 总分类账

会计科目及编号：__________

年		凭证		摘要	借方											贷方											借或贷	余额										
月	日	字	号		亿	千	百	十	万	千	百	十	元	角	分	亿	千	百	十	万	千	百	十	元	角	分		亿	千	百	十	万	千	百	十	元	角	分

附表1.54 总分类账

会计科目及编号：__________

年		凭证		摘要	借方											贷方											借或贷	余额										
月	日	字	号		亿	千	百	十	万	千	百	十	元	角	分	亿	千	百	十	万	千	百	十	元	角	分		亿	千	百	十	万	千	百	十	元	角	分

附表 1.55 总分类账

会计科目及编号：__________

年		凭证		摘要	借方											贷方											借或贷	余额										
月	日	字	号		亿	千	百	十	万	千	百	十	元	角	分	亿	千	百	十	万	千	百	十	元	角	分		亿	千	百	十	万	千	百	十	元	角	分

附表 1.56 总分类账

会计科目及编号：__________

年		凭证		摘要	借方											贷方											借或贷	余额										
月	日	字	号		亿	千	百	十	万	千	百	十	元	角	分	亿	千	百	十	万	千	百	十	元	角	分		亿	千	百	十	万	千	百	十	元	角	分

附表 1.57 总分类账

会计科目及编号：__________

年		凭证		摘要	借方											贷方											借或贷	余额										
月	日	字	号		亿	千	百	十	万	千	百	十	元	角	分	亿	千	百	十	万	千	百	十	元	角	分		亿	千	百	十	万	千	百	十	元	角	分

附表 1.58 总分类账

会计科目及编号：__________

年		凭证		摘要	借方											贷方											借或贷	余额										
月	日	字	号		亿	千	百	十	万	千	百	十	元	角	分	亿	千	百	十	万	千	百	十	元	角	分		亿	千	百	十	万	千	百	十	元	角	分

附表1.59 总分类账

会计科目及编号：__________

年		凭证		摘要	借方											贷方											借或贷	余额										
月	日	字	号		亿	千	百	十	万	千	百	十	元	角	分	亿	千	百	十	万	千	百	十	元	角	分		亿	千	百	十	万	千	百	十	元	角	分

附表1.60 总分类账

会计科目及编号：__________

年		凭证		摘要	借方											贷方											借或贷	余额										
月	日	字	号		亿	千	百	十	万	千	百	十	元	角	分	亿	千	百	十	万	千	百	十	元	角	分		亿	千	百	十	万	千	百	十	元	角	分

附表1.61 总分类账

会计科目及编号：__________

年		凭证		摘要	借方											贷方											借或贷	余额										
月	日	字	号		亿	千	百	十	万	千	百	十	元	角	分	亿	千	百	十	万	千	百	十	元	角	分		亿	千	百	十	万	千	百	十	元	角	分

附表1.62 总分类账

会计科目及编号：__________

年		凭证		摘要	借方											贷方											借或贷	余额										
月	日	字	号		亿	千	百	十	万	千	百	十	元	角	分	亿	千	百	十	万	千	百	十	元	角	分		亿	千	百	十	万	千	百	十	元	角	分

附表 1.63　总 分 类 账

会计科目及编号：__________

年		凭证		摘要	借方											贷方											借或贷	余额										
月	日	字	号		亿	千	百	十	万	千	百	十	元	角	分	亿	千	百	十	万	千	百	十	元	角	分		亿	千	百	十	万	千	百	十	元	角	分

附表 1.64　总 分 类 账

会计科目及编号：__________

年		凭证		摘要	借方											贷方											借或贷	余额										
月	日	字	号		亿	千	百	十	万	千	百	十	元	角	分	亿	千	百	十	万	千	百	十	元	角	分		亿	千	百	十	万	千	百	十	元	角	分

附表 1.65　总 分 类 账

会计科目及编号：__________

年		凭证		摘要	借方											贷方											借或贷	余额										
月	日	字	号		亿	千	百	十	万	千	百	十	元	角	分	亿	千	百	十	万	千	百	十	元	角	分		亿	千	百	十	万	千	百	十	元	角	分

附表 1.66　总 分 类 账

会计科目及编号：__________

年		凭证		摘要	借方											贷方											借或贷	余额										
月	日	字	号		亿	千	百	十	万	千	百	十	元	角	分	亿	千	百	十	万	千	百	十	元	角	分		亿	千	百	十	万	千	百	十	元	角	分

附表 1.67　科目汇总表　　　　科汇字第　　号

编制单位：　　　　　　　　　年　　月　　日　　　　汇总第　　号至　　号记账凭证

序号	科目名称	借方发生额	贷方发生额	总账页数

附表 1.68 科目汇总表 科汇字第 号

编制单位： 年 月 日 汇总第 号至 号记账凭证

序号	科 目 名 称	借方发生额	贷方发生额	总账页数

附表1.69 科目汇总表　　　　科汇字第　　号

编制单位：　　　　年　月　日　　汇总第　　号至　　号记账凭证

序号	科目名称	借方发生额	贷方发生额	总账页数

附表 1.70　科目汇总表　　　　科汇字第　　号

编制单位：　　　　　　年　　月　　日　　　汇总第　　号至　　号记账凭证

序号	科 目 名 称	借方发生额	贷方发生额	总账页数

附录二

实训用会计报表

附表 2.1　利润表

会企 02 表

编制单位：　　　　　　　　　　年度　　　　　　　　　　单位：元

项　　目	本期金额	上期金额
一、营业收入		
减：营业成本		
营业税金及附加		
销售费用		
管理费用		
财务费用		
资产减值损失		
加：公允价值变动收益（损失以“-”号填列）		
投资收益（损失以“-”号填列）		
其中：对联营企业和合营企业的投资收益		
二、营业利润（亏损以“-”号填列）		
加：营业外收入		
减：营业外支出		
其中：非流动资产处置损失		
三、利润总额（亏损总额以“-”号填列）		
减：所得税费用		
四、净利润（净亏损以“-”号填列）		
五、每股收益		
（一）基本每股收益		
（二）稀释每股收益		
六、其他综合收益		
七、综合收益总额		

附表 2.2 资产负债表

会企 01 表

编制单位： 年 月 日 单位：元

资 产	年初余额	期末余额	负债及所有者权益（或股东权益）	年初余额	期末余额
流动资产：			流动负债：		
货币资金			短期借款		
交易性金融资产			交易性金融负债		
应收票据			应付票据		
应收账款			应付账款		
预付款项			预收款项		
应收利息			应付职工薪酬		
应收股利			应交税费		
其他应收款			应付利息		
存货			应付股利		
一年内到期的非流动资产			其他应付款		
其他流动资产			一年内到期的非流动负债		
流动资产合计			其他流动负债		
非流动资产：			流动负债合计		
可供出售金融资产			非流动负债：		
持有至到期投资			长期借款		
长期应收款			应付债券		
长期股权投资			长期应付款		
投资性房地产			专项应付款		
固定资产			预计负债		
在建工程			递延所得税负债		
工程物资			其他非流动负债		
固定资产清理			非流动负债合计		
生产性生物资产			负债合计		
油气资产			所有者权益（或股东权益）：		
无形资产			实收资本（或股本）		
开发支出			资本公积		
商誉			减：库存股		
长期待摊费用			盈余公积		
递延所得税资产			未分配利润		
其他非流动资产			所有者权益（或股东权益）合计		
非流动资产合计					
资产总计			负债及所有者权益（或股东权益）合计		

附表 2.3　所有者权益变动表

会企 04 表

编制单位:　　　　　　　　　　　　年度　　　　　　　　　　　　单位：元

项　目	本年金额						上年金额					
	实收资本（或股本）	资本公积	减：库存股	盈余公积	未分配利润	所有者权益合计	实收资本（或股本）	资本公积	减：库存股	盈余公积	未分配利润	所有者权益合计
一、上年年末余额												
加：会计政策变更												
前期差错更正												
二、本年年初余额												
三、本年增减变动金额（减少以“－”号填列）												
（一）净利润												
（二）直接计入所有者权益的利得和损失												
1. 可供出售金融资产公允价值变动净额												
2. 权益法下被投资单位其他所有者权益变动的影响												
3. 与计入所有者权益项目相关的所得税影响												
4. 其他												
上述（一）和（二）小计												
（三）所有者投入和减少资本												
1. 所有者投入资本												
2. 股份支付计入所有者权益的金额												
3. 其他												
（四）利润分配												
1. 提取盈余公积												
2. 对所有者（或股东）的分配												
3. 其他												
（五）所有者权益内部结转												
1. 资本公积转增资本（或股本）												
2. 盈余公积转增资本（或股本）												
3. 盈余公积弥补亏损												
4. 其他												
四、本年年末余额												

附表 2.4 现金流量表

会企 03 表

编制单位： 年 月 单位：元

项 目	本期金额	上期金额
一、经营活动产生的现金流量：		
销售商品、提供劳务收到的现金		
收到的税费返还		
收到其他与经营活动有关的现金		
经营活动现金流入小计		
购买商品、接受劳务支付的现金		
支付给职工以及为职工支付的现金		
支付的各项税费		
支付其他与经营活动有关的现金		
经营活动现金流出小计		
经营活动产生的现金流量净额		
二、投资活动产生的现金流量：		
收回投资收到的现金		
取得投资收益收到的现金		
处置固定资产、无形资产和其他长期资产收回的现金净额		
处置子公司及其他营业单位收到的现金净额		
收到其他与投资活动有关的现金		
投资活动现金流入小计		
购建固定资产、无形资产和其他长期资产支付的现金		
投资支付的现金		
取得子公司及其他营业单位支付的现金净额		
支付其他与投资活动有关的现金		
投资活动现金流出小计		
投资活动产生的现金流量净额		
三、筹资活动产生的现金流量：		
吸收投资收到的现金		
取得借款收到的现金		
收到其他与筹资活动有关的现金		
筹资活动现金流入小计		
偿还债务支付的现金		
分配股利、利润或偿付利息支付的现金		
支付其他与筹资活动有关的现金		
筹资活动现金流出小计		
筹资活动产生的现金流量净额		
四、汇率变动对现金及现金等价物的影响		
五、现金及现金等价物净增加额		
加：期初现金及现金等价物余额		
六、期末现金及现金等价物余额		

附录三

实训用纳税申报表

附表 3.1　增值税纳税申报表

（增值税一般纳税人适用）

根据国家税收法律法规及增值税相关规定制定本表。纳税人不论有无销售额，均应按税务机关核定的纳税期限填写本表，并向当地税务机关申报。

税款所属时间：自　年　月　日至自　年　月　日　　填表日期：　年　月　日　　金额单位：元至角分

纳税人识别号				所属行业：		
纳税人名称	（公章）	法定代表人姓名		注册地址		生产经营地址
开户银行及账号		登记注册类型				电话号码
项　目		栏次	一般货物、劳务和应税服务		即征即退货物、劳务和应税服务	
			本月数	本年累计	本月数	本年累计
销售额	（一）按适用税率计税销售额	1				
	其中：应税货物销售额	2				
	应税劳务销售额	3				
	纳税检查调整的销售额	4				
	（二）按简易办法计税销售额	5				
	其中：纳税检查调整的销售额	6				
	（三）免、抵、退办法出口销售额	7			—	—
	（四）免税销售额	8			—	—
	其中：免税货物销售额	9			—	—
	免税劳务销售额	10			—	—
税款计算	销项税额	11				
	进项税额	12				
	上期留抵税额	13				—
	进项税额转出	14				
	免、抵、退应退税额	15			—	—
	按适用税率计算的纳税检查应补缴税额	16			—	—
	应抵扣税额合计	17=12+13-14-15+16		—		—
	实际抵扣税额	18（如 17<11，则为 17，否则为 11）				
	应纳税额	19=11-18				
	期末留抵税额	20=17-18				—
	简易计税办法计算的应纳税额	21				
	按简易计税办法计算的纳税检查应补缴税额	22			—	—
	应纳税额减征额	23				
	应纳税额合计	24=19+21-23				

续表

纳税人识别号		所属行业：			
纳税人名称	（公章） 法定代表人姓名	注册地址		生产经营地址	
开户银行及账号	登记注册类型			电话号码	

项　　目		栏次	一般货物、劳务和应税服务		即征即退货物、劳务和应税服务	
			本月数	本年累计	本月数	本年累计
税款缴纳	期初未缴税额（多缴为负数）	25				
	实收出口开具专用缴款书退税额	26			—	—
	本期已缴税额	27=28+29+30+31				
	①分次预缴税额	28		—		—
	②出口开具专用缴款书预缴税额	29		—	—	—
	③本期缴纳上期应纳税额	30				
	④本期缴纳欠缴税额	31				
	期末未缴税额（多缴为负数）	32=24+25+26−27				
	其中：欠缴税额（≥0）	33=25+26−27		—		—
	本期应补(退)税额	34 = 24−28−29		—		—
	即征即退实际退税额	35	—	—		
	期初未缴查补税额	36			—	—
	本期入库查补税额	37			—	—
	期末未缴查补税额	38=16+22+36−37			—	—

授权声明	如果你已委托代理人申报，请填写下列资料： 为代理一切税务事宜，现授权 （地址）　　　　　　为本纳税人的代理申报人，任何与本申报表有关的往来文件，都可寄予此人。 授权人签字：	申报人声明	本纳税申报表是根据国家税收法律法规及相关规定填报的，我确定它是真实的、可靠的、完整的。 声明人签字：

主管税务机关：　　　　　　　　接收人：　　　　　　　　接收日期：

表 3.2　增值税纳税申报表附列资料（表一）

（本期销售情况明细）

税款所属时间：　　年　　月　　日至　　年　　月　　日

纳税人名称：（公章）　　　　　　　　　　　　　　　　　　　　　　　　　　金额单位：元至角分

项目及栏次				开具税控增值税专用发票		开具其他发票		未开具发票		纳税检查调整		合计			应税服务扣除项目本期实际扣除金额	扣除后	
				销售额	销项（应纳）税额	销售额	销项（应纳）税额	销售额	销项（应纳）税额	销售额	销项（应纳）税额	销售额	销项（应纳）税额	价税合计		含税（免税）销售额	销项(应纳)税额
				1	2	3	4	5	6	7	8	9=1+3+5+7	10=2+4+6+8	11=9+10	12	13=11-12	14=13÷(100%+税率或征收率)×税率或征收率
一、一般计税方法计税	全部征税项目	17%税率的货物及加工修理修配劳务	1											—	—	—	—
		17%税率的有形动产租赁服务	2														
		13%税率	3											—	—	—	—
		11%税率	4														
		6%税率	5														
	其中：即征即退项目	即征即退货物及加工修理修配劳务	6	—	—	—	—	—	—	—	—			—	—	—	—
		即征即退应税服务	7	—	—	—	—	—	—	—	—						
二、简易计税方法计税	全部征税项目	6%征收率	8							—	—			—	—	—	—
		5%征收率	9							—	—			—	—	—	—
		4%征收率	10							—	—			—	—	—	—
		3%征收率的货物及加工修理修配劳务	11							—	—			—	—	—	—
		3%征收率的应税服务	12							—	—						
		预征率　%	13a														
		预征率　%	13b														
		预征率　%	13c							—	—						

续表

项目及栏次				开具税控增值税专用发票		开具其他发票		未开具发票		纳税检查调整		合计			应税服务扣除项目本期实际扣除金额	扣除后	
				销售额	销项（应纳）税额	销售额	销项（应纳）税额	销售额	销项（应纳）税额	销售额	销项（应纳）税额	销售额	销项（应纳）税额	价税合计		含税(免税)销售额	销项(应纳)税额
				1	2	3	4	5	6	7	8	9=1+3+5+7	10=2+4+6+8	11=9+10	12	13=11-12	14=13÷(100%+税率或征收率)×税率或征收率
二、简易计税方法计税	其中：即征即退项目	即征即退货物及加工修理修配劳务	14	—	—	—	—	—	—	—	—			—	—	—	—
		即征即退应税服务	15	—	—	—	—	—	—	—	—						
三、免抵退税	货物及加工修理修配劳务		16		—	—		—		—	—	—		—	—	—	—
	应税服务		17		—	—		—		—	—	—		—			
四、免税	货物及加工修理修配劳务		18					—		—	—	—		—	—	—	—
	应税服务		19		—	—		—		—	—	—		—			

表3.3　增值税纳税申报表附列资料（表二）

（本期进项税额明细）

税款所属时间：　　年　月　日至　年　月　日

纳税人名称：（公章）　　　　　　　　　　　　　　　　　　　　　　金额单位：元至角分

一、申报抵扣的进项税额				
项目	栏次	份数	金额	税额
（一）认证相符的税控增值税专用发票	1=2+3			
其中：本期认证相符且本期申报抵扣	2			
前期认证相符且本期申报抵扣	3			
（二）其他扣税凭证	4=5+6+7+8			
其中：海关进口增值税专用缴款书	5			
农产品收购发票或者销售发票	6			
代扣代缴税收缴款凭证	7		——	
运输费用结算单据	8			
	9	——	——	——
	10	——	——	——
（三）外贸企业进项税额抵扣证明	11	——	——	
当期申报抵扣进项税额合计	12=1+4+11			

二、进项税额转出额		
项目	栏次	税额
本期进项税转出额	13=14至23之和	
其中：免税项目用	14	
非应税项目用、集体福利、个人消费	15	
非正常损失	16	
简易计税方法征税项目用	17	
免抵退税办法不得抵扣的进项税额	18	
纳税检查调减进项税额	19	
红字专用发票通知单注明的进项税额	20	
上期留抵税额抵减欠税	21	
上期留抵税额退税	22	
其他应作进项税额转出的情形	23	

三、待抵扣进项税额				
项目	栏次	份数	金额	税额
（一）认证相符的税控增值税专用发票	24	—	—	—
期初已认证相符但未申报抵扣	25			
本期认证相符且本期未申报抵扣	26			
期末已认证相符但未申报抵扣	27			
其中：按照税法规定不允许抵扣	28			
（二）其他扣税凭证	29			
其中：海关进口增值税专用缴款书	30			
农产品收购发票或者销售发票	31			
代扣代缴税收缴款凭证	32			
运输费用结算单据	33			
	34			

续表

四、其他				
项目	栏次	份数	金额	税额
本期认证相符税控增值税专用发票	35			
代扣代缴税额	36	—	—	

表 3.4 增值税纳税申报表附列资料（三）

（应税服务扣除项目明细）

税款所属时间：　年　月　日至　年　月　日

纳税人名称：(公章)　　　　金额单位：元至角分

项目及栏次	本期应税服务价税合计额（免税销售额）	应税服务扣除项目				
		期初余额	本期发生额	本期应扣除金额	本期实际扣除金额	期末余额
	1	2	3	4=2+3	5(5≤1 且 5≤4)	6=4-5
17%税率的有形动产租赁服务						
11%税率的应税服务						
6%税率的应税服务						
3%征收率的应税服务						
免抵退税的应税服务						
免税的应税服务						

表 3.5 增值税纳税申报表附列资料（四）

（税额抵减情况表）

税款所属时间：　年　月 日至　年 月 日

纳税人名称：(公章)　　　　金额单位：元至角分

序号	抵减项目	期初余额	本期发生额	本期应抵减税额	本期实际抵减税额	期末余额
		1	2	3=1+2	4≤3	5=3-4
1	增值税税控系统专用设备费及技术维护费					
2	分支机构预征缴纳税款					
3						
4						
5						
6						

表 3.6 固定资产进项税额抵扣情况表

纳税人名称：(公章)　　　　填表日期　　　　金额单位：元至角分

项　目	当期申报抵扣的固定资产进项税额	申报抵扣的固定资产进项税额累计
增值税专用发票		
海关进口增值税专用缴款书		
合　计		

附表 3.7 酒类应税消费品消费税纳税申报表

税款所属期： 年 月 日至 年 月 日

纳税人名称（公章）： 纳税人识别号：

填表日期： 年 月 日 金额单位：元（列至角分）

项目 应税消费品名称	适用税率 定额税率	适用税率 比例税率	销售数量	销售额	应纳税额
粮食白酒	0.5 元/斤	20%			
薯类白酒	0.5 元/斤	20%			
啤酒	250 元/吨	—			
啤酒	220 元/吨	—			
黄酒	240 元/吨	—			
其他酒	—	10%			
合计	—	—	—	—	

本期准予抵减税额：	**声明** 本纳税申报表是根据国家税收法律的规定填报的，我确定它是真实的、可靠的、完整的。 经办人（签章）： 财务负责人（签章）： 联系电话：
本期减（免）税额：	
期初未缴税额：	
本期缴纳前期应纳税额：	（如果你已委托代理人申报，请填写） **授权声明** 为代理一切税务事宜，现授权____________（地址）____________为本纳税人的代理申报人，任何与本申报表有关的往来文件，都可寄予此人。 授权人签章：
本期预缴税额：	
本期应补（退）税额：	
期末未缴税额：	

以下由税务机关填写

受理人（签章）： 受理日期： 年 月 日 受理税务机关（章）：

附表 3.8 附表一本期准予抵减税额计算表

税款所属期： 年 月 日至 年 月 日

纳税人名称（公章）： 纳税人识别号：

填表日期： 年 月 日 金额单位：元（列至角分）

项目	
一、当期准予抵减的外购啤酒液已纳税款计算	
1. 期初库存外购啤酒液数量（吨）	
2. 当期购进啤酒液数量（吨）	
3. 期末库存外购啤酒液数量（吨）	
4. 当期准予抵减的外购啤酒液已纳税款（元）	
二、当期准予抵减的进口葡萄酒已纳税款（元）	
三、本期准予抵减税款合计（元）	

附：准予抵减消费税凭证明细

	号码	开票日期	数量	单价	定额税率（元/吨）
啤酒（增值税专用发票）					
	合计	—		—	—
葡萄酒（海关进口消费税专用缴款书）	号码	开票日期	数量	完税价格	税款金额
	合计	—			

附表 3.9　附表二本期代收代缴税额计算表

税款所属期：　　年　月　日至　　年　月　日

纳税人名称（公章）：　纳税人识别号：

填表日期：　年　月　日　　　　金额单位：元（列至角分）

项目＼应税消费品名称		粮食白酒	薯类白酒	啤酒	啤酒	黄酒	其他酒	合计
适用税率	定额税率	0.5元/斤	0.5元/斤	250元/吨	220元/吨	240元/吨	—	—
	比例税率	20%	20%	—	—	—	10%	—
受托加工数量								—
同类产品销售价格						—		
材料成本						—		—
加工费						—		—
组成计税价格						—		—
本期代收代缴税款								

附表 3.10　营业税纳税申报表

填表日期：　年　月　日

纳税人识别号：　　　　　　　金额单位：元（列至角分）

纳税人名称								税款所属时期			
税目	经营项目	营业额					税率	本期			
		全部收入	不征税项目	减除项目	减免税项目	应税营业额		应纳税额	减免税额	已纳税额	应补（退）税额
1	2	3	4	5	6	7=3−4−5−6	8	9＝7×8	10=6×8	11	12
合计											

如纳税人填报 由纳税人填写以下各栏		如委托代理人填报 由代理人填写以下各栏			备注
会计主管	纳税人	代理人名称		代理人	
		地址			
（签章）	（公章）	经办人	电话	（公章）	
以下由税务机关填写					
收到申报表日期		接收人			

附表 3.11 省地方税务局综合纳税申报表

税款所属期： 年 月 日至 年 月 日

纳税人名称（公章）： 纳税人识别号：

填表日期： 年 月 日 金额单位：元（列至角分）

纳税人识别码					联系电话					
序号	1	2	3	4	5	6	7	8	9	10
	税（费）种名称	适用税目或范围、项目	税款所属日期（ 年 月 日 至 年 月 日）	计税金额或课税数额	税率或单位税额	应纳税额	减免税额	已纳税额	本期应缴税额	备注
1										
2										
3										
4										
5										
6										
7										
8	合计									

注：本表一式三联。第一联纳税人留存；第二联基层主管税务机关留存；第三联主管税务机关会计核算留存。

办税人员（签章）： 财务负责人（签章）： 税务人员签收： 签收日期：

附表 3.12 企业所得税年度纳税申报表填报表单

表单编号	表单名称	选择填报情况	
		填报	不填报
A000000	企业基础信息表	√	×
A100000	中华人民共和国企业所得税年度纳税申报表（A 类）	√	×
A101010	一般企业收入明细表	□	□
A101020	金融企业收入明细表	□	□
A102010	一般企业成本支出明细表	□	□
A102020	金融企业支出明细表	□	□
A103000	事业单位、民间非营利组织收入、支出明细表	□	□
A104000	期间费用明细表	□	□
A105000	纳税调整项目明细表	□	□
A105010	视同销售和房地产开发企业特定业务纳税调整明细表	□	□
A105020	未按权责发生制确认收入纳税调整明细表	□	□
A105030	投资收益纳税调整明细表	□	□
A105040	专项用途财政性资金纳税调整明细表	□	□
A105050	职工薪酬纳税调整明细表	□	□
A105060	广告费和业务宣传费跨年度纳税调整明细表	□	□
A105070	捐赠支出纳税调整明细表	□	□
A105080	资产折旧、摊销情况及纳税调整明细表	□	□
A105081	固定资产加速折旧、扣除明细表	□	□
A105090	资产损失税前扣除及纳税调整明细表	□	□
A105091	资产损失（专项申报）税前扣除及纳税调整明细表	□	□
A105100	企业重组纳税调整明细表	□	□

续表

表单编号	表单名称	选择填报情况	
		填报	不填报
A105110	政策性搬迁纳税调整明细表	□	□
A105120	特殊行业准备金纳税调整明细表	□	□
A106000	企业所得税弥补亏损明细表	□	□
A107010	免税、减计收入及加计扣除优惠明细表	□	□
A107011	符合条件的居民企业之间的股息、红利等权益性投资收益优惠明细表	□	□
A107012	综合利用资源生产产品取得的收入优惠明细表	□	□
A107013	金融、保险等机构取得的涉农利息、保费收入优惠明细表	□	□
A107014	研发费用加计扣除优惠明细表	□	□
A107020	所得减免优惠明细表	□	□
A107030	抵扣应纳税所得额明细表	□	□
A107040	减免所得税优惠明细表	□	□
A107041	高新技术企业优惠情况及明细表	□	□
A107042	软件、集成电路企业优惠情况及明细表	□	□
A107050	税额抵免优惠明细表	□	□
A108000	境外所得税收抵免明细表	□	□
A108010	境外所得纳税调整后所得明细表	□	□
A108020	境外分支机构弥补亏损明细表	□	□
A108030	跨年度结转抵免境外所得税明细表	□	□
A109000	跨地区经营汇总纳税企业年度分摊企业所得税明细表	□	□
A109010	企业所得税汇总纳税分支机构所得税分配表	□	□
说明：企业应当根据实际情况选择需要填表的表单。			

附表 3.13　A000000　企业基础信息表

正常申报□	更正申报□		补充申报□	
100 基本信息				
101 汇总纳税企业	是（总机构□　按比例缴纳总机构□ ）　否□			
102 注册资本（万元）		106 境外中资控股居民企业	是□	否□
103 所属行业明细代码		107 从事国家非限制和禁止行业	是□	否□
104 从业人数		108 存在境外关联交易	是□	否□
105 资产总额（万元）		109 上市公司	是（境内□境外□）　否□	
200 主要会计政策和估计				
201 适用的会计准则或会计制度	企业会计准则(一般企业□　银行□　证券□　保险□　担保□) 小企业会计准则□ 企业会计制度□ 事业单位会计准则(事业单位会计制度□　科学事业单位会计制度□ 医院会计制度□　高等学校会计制度□　中小学校会计制度□ 彩票机构会计制度□) 民间非营利组织会计制度□ 村集体经济组织会计制度□ 农民专业合作社财务会计制度（试行）□ 其他□			

续表

202 会计档案的存放地		203 会计核算软件	
204 记账本位币	人民币□ 其他□	205 会计政策和估计是否发生变化	是□ 否□
206 固定资产折旧方法	年限平均法□ 工作量法□ 双倍余额递减法□ 年数总和法□ 其他□		
207 存货成本计价方法	先进先出法□ 移动加权平均法□ 月末一次加权平均法□ 个别计价法□ 毛利率法□ 零售价法□ 计划成本法□ 其他□		
208 坏账损失核算方法	备抵法□ 直接核销法□		
209 所得税计算方法	应付税款法□ 资产负债表债务法□ 其他□		

300 企业主要股东及对外投资情况

301 企业主要股东（前5位）

股东名称	证件种类	证件号码	经济性质	投资比例	国籍（注册地址）

302 对外投资（前5位）

被投资者名称	纳税人识别号	经济性质	投资比例	投资金额	注册地址

附表 3.14 A100000

中华人民共和国企业所得税年度纳税申报表（A类）

行次	类别	项 目	金 额
1	利润总额计算	一、营业收入(填写 A101010\101020\103000)	
2		减：营业成本(填写 A102010\102020\103000)	
3		营业税金及附加	
4		销售费用(填写 A104000)	
5		管理费用(填写 A104000)	
6		财务费用(填写 A104000)	
7		资产减值损失	
8		加：公允价值变动收益	
9		投资收益	
10		二、营业利润(1-2-3-4-5-6-7+8+9)	
11		加：营业外收入(填写 A101010\101020\103000)	
12		减：营业外支出(填写 A102010\102020\103000)	
13		三、利润总额（10+11-12）	
14	应纳税所得额计算	减：境外所得（填写 A108010）	
15		加：纳税调整增加额（填写 A105000）	
16		减：纳税调整减少额（填写 A105000）	
17		减：免税、减计收入及加计扣除（填写 A107010）	

续表

行次	类别	项　　目	金　额
18	应纳税所得额计算	加：境外应税所得抵减境内亏损（填写 A108000）	
19		四、纳税调整后所得（13-14+15-16-17+18）	
20		减：所得减免（填写 A107020）	
21		减：抵扣应纳税所得额（填写 A107030）	
22		减：弥补以前年度亏损（填写 A106000）	
23		五、应纳税所得额（19-20-21-22）	
24	应纳税额计算	税率（25%）	
25		六、应纳所得税额（23×24）	
26		减：减免所得税额（填写 A107040）	
27		减：抵免所得税额（填写 A107050）	
28		七、应纳税额（25-26-27）	
29		加：境外所得应纳所得税额（填写 A108000）	
30		减：境外所得抵免所得税额（填写 A108000）	
31		八、实际应纳所得税额（28+29-30）	
32		减：本年累计实际已预缴的所得税额	
33		九、本年应补（退）所得税额（31-32）	
34		其中：总机构分摊本年应补（退）所得税额(填写 A109000)	
35		财政集中分配本年应补（退）所得税额（填写 A109000）	
36		总机构主体生产经营部门分摊本年应补（退）所得税额(填写 A109000)	
37	附列资料	以前年度多缴的所得税额在本年抵减额	
38		以前年度应缴未缴在本年入库所得税额	

附表 3.15　A101010

一般企业收入明细表

行次	项　　目	金　额
1	一、营业收入（2+9）	
2	（一）主营业务收入（3+5+6+7+8）	
3	1.销售商品收入	
4	其中：非货币性资产交换收入	
5	2.提供劳务收入	
6	3.建造合同收入	
7	4.让渡资产使用权收入	
8	5.其他	
9	（二）其他业务收入（10+12+13+14+15）	
10	1.销售材料收入	
11	其中：非货币性资产交换收入	
12	2.出租固定资产收入	
13	3.出租无形资产收入	
14	4.出租包装物和商品收入	
15	5.其他	

续表

行次	项　目	金　额
16	二、营业外收入（17+18+19+20+21+22+23+24+25+26）	
17	（一）非流动资产处置利得	
18	（二）非货币性资产交换利得	
19	（三）债务重组利得	
20	（四）政府补助利得	
21	（五）盘盈利得	
22	（六）捐赠利得	
23	（七）罚没利得	
24	（八）确实无法偿付的应付款项	
25	（九）汇兑收益	
26	（十）其他	

附表 3.16　A102010

一般企业成本支出明细表

行次	项　目	金　额
1	一、营业成本（2+9）	
2	（一）主营业务成本（3+5+6+7+8）	
3	1.销售商品成本	
4	其中:非货币性资产交换成本	
5	2.提供劳务成本	
6	3.建造合同成本	
7	4.让渡资产使用权成本	
8	5.其他	
9	（二）其他业务成本（10+12+13+14+15）	
10	1.材料销售成本	
11	其中:非货币性资产交换成本	
12	2.出租固定资产成本	
13	3.出租无形资产成本	
14	4.包装物出租成本	
15	5.其他	
16	二、营业外支出（17+18+19+20+21+22+23+24+25+26）	
17	（一）非流动资产处置损失	
18	（二）非货币性资产交换损失	
19	（三）债务重组损失	
20	（四）非常损失	
21	（五）捐赠支出	
22	（六）赞助支出	
23	（七）罚没支出	
24	（八）坏账损失	
25	（九）无法收回的债券股权投资损失	
26	（十）其他	

附表 3.17 A104000

期间费用明细表

行次	项 目	销售费用	其中：境外支付	管理费用	其中：境外支付	财务费用	其中：境外支付
		1	2	3	4	5	6
1	一、职工薪酬		*		*	*	*
2	二、劳务费					*	*
3	三、咨询顾问费					*	*
4	四、业务招待费		*		*	*	*
5	五、广告费和业务宣传费		*		*	*	*
6	六、佣金和手续费					*	*
7	七、资产折旧摊销费		*		*	*	*
8	八、财产损耗、盘亏及毁损损失		*		*	*	*
9	九、办公费		*		*	*	*
10	十、董事会费		*		*	*	*
11	十一、租赁费					*	*
12	十二、诉讼费		*		*	*	*
13	十三、差旅费		*		*	*	*
14	十四、保险费		*		*	*	*
15	十五、运输、仓储费					*	*
16	十六、修理费					*	*
17	十七、包装费		*		*	*	*
18	十八、技术转让费					*	*
19	十九、研究费用					*	*
20	二十、各项税费		*		*	*	*
21	二十一、利息收支	*	*	*	*		
22	二十二、汇兑差额	*	*	*	*		
23	二十三、现金折扣	*	*	*	*		*
24	二十四、其他						
25	合计(1+2+3+…24)						

附表 3.18 A105000

纳税调整项目明细表

行次	项 目	账载金额	税收金额	调增金额	调减金额
		1	2	3	4
1	一、收入类调整项目（2+3+4+5+6+7+8+10+11）	*	*		
2	（一）视同销售收入（填写 A105010）	*			*
3	（二）未按权责发生制原则确认的收入（填写 A105020）				
4	（三）投资收益（填写 A105030）				
5	（四）按权益法核算长期股权投资对初始投资成本调整确认收益	*	*	*	
6	（五）交易性金融资产初始投资调整	*	*		*
7	（六）公允价值变动净损益		*		
8	（七）不征税收入	*	*		

续表

行次	项　目	账载金额	税收金额	调增金额	调减金额
		1	2	3	4
9	其中：专项用途财政性资金（填写 A105040）	*	*		
10	（八）销售折扣、折让和退回				
11	（九）其他				
12	二、扣除类调整项目（13+14+15+16+17+18+19+20+21+22+23+24+26+27+28+29）	*	*		
13	（一）视同销售成本（填写 A105010）	*		*	
14	（二）职工薪酬（填写 A105050）				
15	（三）业务招待费支出				*
16	（四）广告费和业务宣传费支出（填写 A105060）	*	*		
17	（五）捐赠支出（填写 A105070）				*
18	（六）利息支出				
19	（七）罚金、罚款和被没收财物的损失		*		*
20	（八）税收滞纳金、加收利息		*		*
21	（九）赞助支出		*		*
22	（十）与未实现融资收益相关在当期确认的财务费用				
23	（十一）佣金和手续费支出				*
24	（十二）不征税收入用于支出所形成的费用	*	*		*
25	其中：专项用途财政性资金用于支出所形成的费用（填写 A105040）	*	*		*
26	（十三）跨期扣除项目				
27	（十四）与取得收入无关的支出		*		*
28	（十五）境外所得分摊的共同支出	*	*		*
29	（十六）其他				
30	三、资产类调整项目（31+32+33+34）	*	*		
31	（一）资产折旧、摊销 （填写 A105080）				
32	（二）资产减值准备金		*		
33	（三）资产损失（填写 A105090）				
34	（四）其他				
35	四、特殊事项调整项目（36+37+38+39+40）	*	*		
36	（一）企业重组（填写 A105100）				
37	（二）政策性搬迁（填写 A105110）	*	*		
38	（三）特殊行业准备金（填写 A105120）				
39	（四）房地产开发企业特定业务计算的纳税调整额(填写 A105010)	*			
40	（五）其他	*	*		
41	五、特别纳税调整应税所得	*	*		
42	六、其他	*	*		
43	合计（1+12+30+35+41+42）	*	*		

附表 3.19　A105020

未按权责发生制确认收入纳税调整明细表

行次	项　目	合同金额（交易金额）	账载金额		税收金额		纳税调整金额
			本年	累计	本年	累计	
		1	2	3	4	5	6(4−2)
1	一、跨期收取的租金、利息、特许权使用费收入（2+3+4）						
2	（一）租金						
3	（二）利息						
4	（三）特许权使用费						
5	二、分期确认收入（6+7+8）						
6	（一）分期收款方式销售货物收入						
7	（二）持续时间超过 12 个月的建造合同收入						
8	（三）其他分期确认收入						
9	三、政府补助递延收入（10+11+12）						
10	（一）与收益相关的政府补助						
11	（二）与资产相关的政府补助						
12	（三）其他						
13	四、其他未按权责发生制确认收入						
14	合计（1+5+9+13）						

附表 3.20　A105030

投资收益纳税调整明细表

行次	项　目	持有收益			处置收益							纳税调整金额
		账载金额	税收金额	纳税调整金额	会计确认的处置收入	税收计算的处置收入	处置投资的账面价值	处置投资的计税基础	会计确认的处置所得或损失	税收计算的处置所得	纳税调整金额	
		1	2	3(2−1)	4	5	6	7	8(4−6)	9(5−7)	10(9−8)	11(3+10)
1	一、交易性金融资产											
2	二、可供出售金融资产											
3	三、持有至到期投资											
4	四、衍生工具											
5	五、交易性金融负债											
6	六、长期股权投资											
7	七、短期投资											
8	八、长期债券投资											
9	九、其他											
10	合计(1+2+3+4+5+6+7+8+9)											

附表 3.21　A105050

职工薪酬纳税调整明细表

行次	项　　目	账载金额	税收规定扣除率	以前年度累计结转扣除额	税收金额	纳税调整金额	累计结转以后年度扣除额
		1	2	3	4	5(1−4)	6(1+3−4)
1	一、工资薪金支出		*	*			*
2	其中：股权激励		*	*			*
3	二、职工福利费支出			*			*
4	三、职工教育经费支出		*				
5	其中：按税收规定比例扣除的职工教育经费						
6	按税收规定全额扣除的职工培训费用			*			*
7	四、工会经费支出			*			*
8	五、各类基本社会保障性缴款		*	*			*
9	六、住房公积金		*	*			*
10	七、补充养老保险			*			*
11	八、补充医疗保险			*			*
12	九、其他		*				
13	合计（1+3+4+7+8+9+10+11+12）		*				

附表 3.22　A105060

广告费和业务宣传费跨年度纳税调整明细表

行次	项　　目	金　　额
1	一、本年广告费和业务宣传费支出	
2	减：不允许扣除的广告费和业务宣传费支出	
3	二、本年符合条件的广告费和业务宣传费支出（1−2）	
4	三、本年计算广告费和业务宣传费扣除限额的销售（营业）收入	
5	税收规定扣除率	
6	四、本企业计算的广告费和业务宣传费扣除限额（4×5）	
7	五、本年结转以后年度扣除额（3＞6，本行=3−6；3≤6，本行=0）	
8	加：以前年度累计结转扣除额	
9	减：本年扣除的以前年度结转额[3＞6，本行=0；3≤6，本行=8或（6−3）孰小值]	
10	六、按照分摊协议归集至其他关联方的广告费和业务宣传费（10≤3或6孰小值）	
11	按照分摊协议从其他关联方归集至本企业的广告费和业务宣传费	
12	七、本年广告费和业务宣传费支出纳税调整金额（3＞6，本行=2+3−6+10−11；3≤6，本行=2+10−11−9）	
13	八、累计结转以后年度扣除额（7+8−9）	

附表 3.23 A105070

捐赠支出纳税调整明细表

行次	受赠单位名称	公益性捐赠				非公益性捐赠	纳税调整金额
		账载金额	按税收规定计算的扣除限额	税收金额	纳税调整金额	账载金额	
	1	2	3	4	5(2−4)	6	7(5+6)
1			*	*	*		*
2			*	*	*		*
3			*	*	*		*
4			*	*	*		*
5			*	*	*		*
6			*	*	*		*
7			*	*	*		*
8			*	*	*		*
9			*	*	*		*
10			*	*	*		*
11			*	*	*		*
12			*	*	*		*
13			*	*	*		*
14	合 计						

附表 3.24　A105080 资产折旧、摊销情况及纳税调整明细表

行次	项　目	账载金额			税收金额					纳税调整	
		资产账载金额	本年折旧、摊销额	累计折旧、摊销额	资产计税基础	按税收一般规定计算的本年折旧、摊销额	本年加速折旧额	其中：2014 年及以后年度新增固定资产加速折旧额（填写 A105081）	累计折旧、摊销额	金额	调整原因
		1	2	3	4	5	6	7	8	9(2-5-6)	10
1	一、固定资产（2+3+4+5+6+7）										
2	（一）房屋、建筑物										
3	（二）飞机、火车、轮船、机器、机械和其他生产设备										
4	（三）与生产经营活动有关的器具、工具、家具等										
5	（四）飞机、火车、轮船以外的运输工具										
6	（五）电子设备										
7	（六）其他										
8	二、生产性生物资产（9+10）							*			
9	（一）林木类							*			
10	（二）畜类							*			
11	三、无形资产（12+13+14+15+16+17+18）						*	*			
12	（一）专利权						*	*			
13	（二）商标权						*	*			
14	（三）著作权						*	*			
15	（四）土地使用权						*	*			
16	（五）非专利技术						*	*			
17	（六）特许权使用费						*	*			
18	（七）其他						*	*			
19	四、长期待摊费用（20+21+22+23+24）						*	*			
20	（一）已足额提取折旧的固定资产的改建支出						*	*			
21	（二）租入固定资产的改建支出						*	*			
22	（三）固定资产的大修理支出						*	*			
23	（四）开办费						*	*			
24	（五）其他						*	*			
25	五、油气勘探投资						*	*			
26	六、油气开发投资						*	*			
27	合计（1+8+11+19+25+26）										*

附表 3.25 A105081

固定资产加速折旧、扣除明细表

行次	项目	房屋、建筑物			飞机、火车、轮船、机器、机械和其他生产设备			与生产经营活动有关的器具、工具、家具			飞机、火车、轮船以外的运输工具			电子设备			合计				
		原值	本期折旧（扣除）额	累计折旧（扣除）额	原值	本期折旧（扣除）额	累计折旧（扣除）额	原值	本期折旧（扣除）额	累计折旧（扣除）额	原值	本期折旧（扣除）额	累计折旧（扣除）额	原值	本期折旧（扣除）额	累计折旧（扣除）额	原值	本期折旧（扣除）额		累计折旧（扣除）额	
																		正常折旧额	加速折旧额	正常折旧额	加速折旧额
		1	2	3	4	5	6	7	8	9	10	11	12	13	14	15	16	17	18	19	20
1	一、六大行业固定资产																				
2	（一）生物药品制造业																				
3	（二）专用设备制造业																				
4	（三）铁路、船舶、航空航天和其他运输设备制造业																				
5	（四）计算机、通信和其他电子设备制造业																				
6	（五）仪器仪表制造业																				
7	（六）信息传输、软件和信息技术服务业																				
8	（七）其他行业																				
9	二、允许一次性扣除的固定资产																				
10	（一）单位价值不超过 100 万元的研发仪器、设备																				
11	其中：六大行业小型微利企业研发和生产经营共用的仪器、设备																				
12	（二）单位价值不超过 5000 元的固定资产																				
13	总　计																				

附表 3.26　A107010

免税、减计收入及加计扣除优惠明细表

行次	项　目	金额
1	一、免税收入（2+3+4+5）	
2	（一）国债利息收入	
3	（二）符合条件的居民企业之间的股息、红利等权益性投资收益（填写 A107011）	
4	（三）符合条件的非营利组织的收入	
5	（四）其他专项优惠（6+7+8+9+10+11+12+13+14）	
6	1.中国清洁发展机制基金取得的收入	
7	2.证券投资基金从证券市场取得的收入	
8	3.证券投资基金投资者获得的分配收入	
9	4.证券投资基金管理人运用基金买卖股票、债券的差价收入	
10	5.取得的地方政府债券利息所得或收入	
11	6.受灾地区企业取得的救灾和灾后恢复重建款项等收入	
12	7.中国期货保证金监控中心有限责任公司取得的银行存款利息等收入	
13	8.中国保险保障基金有限责任公司取得的保险保障基金等收入	
14	9.其他	
15	二、减计收入（16+17）	
16	（一）综合利用资源生产产品取得的收入（填写 A107012）	
17	（二）其他专项优惠（18+19+20）	
18	1.金融、保险等机构取得的涉农利息、保费收入（填写 A107013）	
19	2.取得的中国铁路建设债券利息收入	
20	3.其他	
21	三、加计扣除（22+23+26）	
22	（一）开发新技术、新产品、新工艺发生的研究开发费用加计扣除（填写 A107014）	
23	（二）安置残疾人员及国家鼓励安置的其他就业人员所支付的工资加计扣除（24+25）	
24	1.支付残疾人员工资加计扣除	
25	2.国家鼓励的其他就业人员工资加计扣除	
26	（三）其他专项优惠	
27	合计（1+15+21）	

附表 3.27 A107011

符合条件的居民企业之间的股息、红利等权益性投资收益优惠明细表

行次	被投资企业	投资性质	投资成本	投资比例	被投资企业利润分配确认金额		被投资企业清算确认金额			撤回或减少投资确认金额						合计
					被投资企业做出利润分配或转股决定时间	依决定归属于本公司的股息、红利等权益性投资收益金额	分得的被投资企业清算剩余资产	被清算企业累计未分配利润和累计盈余公积应享有部分	应确认的股息所得	从被投资企业撤回或减少投资取得的资产	减少投资比例	收回初始投资成本	取得资产中超过收回初始投资成本部分	撤回或减少投资应享有被投资企业累计未分配利润和累计盈余公积	应确认的股息所得	
	1	2	3	4	5	6	7	8	9(7与8孰小)	10	11	12(3×11)	13(10−12)	14	15(13与14孰小)	16(6+9+15)
1																
2																
3																
4																
5																
6	合计	*	*	*	*		*	*		*	*	*	*	*		

附表 3.28　A107014

研发费用加计扣除优惠明细表

行次	研发项目	本年研发费用明细									减：作为不征税收入处理的财政性资金用于研发的部分	可加计扣除的研发费用合计	费用化部分		资本化部分				本年研发费用加计扣除额合计
		研发活动直接消耗的材料、燃料和动力费用	直接从事研发活动的本企业在职人员费用	专门用于研发活动的有关折旧费、租赁费、运行维护费	专门用于研发活动的有关无形资产摊销费	中间试验和产品试制的有关费用，样品、样机及一般测试手段购置费	研发成果论证、评审、验收、鉴定费用	勘探开发技术的现场试验费，新药研制的临床试验费	设计、制定、资料和翻译费用	年度研发费用合计			计入本年损益的金额	计入本年研发费用加计扣除额	本年形成无形资产的金额	本年形成无形资产加计摊销额	以前年度形成无形资产本年加计摊销额	无形资产本年加计摊销额	
	1	2	3	4	5	6	7	8	9	10(2+3+4+5+6+7+8+9)	11	12(10−11)	13	14(13×50%)	15	16	17	18(16+17)	19(14+18)
1																			
2																			
3																			
4																			
5																			
6	合计																		

配套资料索取说明

购买本书的读者可在 www.ptpedu.com.cn 注册后下载配套学习资料。

采用本书授课的老师可发邮件至 13051901888@163.com 或 education_book@163.com 索取配套教学资料。

扫一扫，发邮件

13051901888@163.com

姓　　名：______ 性别：____ 职称：______ 职务：________

办公电话：______ 手机：________ 电子邮箱：__________

学　　校：__________________ 院　　系：________

通信地址：__________________ 邮　　编：________

本课程开设于____学年____学期，原采用______出版社出版______主编的《______》为本课程教材，______专业____个班共____人使用该教材。

证 明 人：______ 办公电话：______ 手机：______ 电子邮箱：______

21 世纪高职高专财经类规划教材目录

书名（作者）	书　号	特 点 简 介
管理学基础（第 2 版）（季辉）	978-7-115-38656-4	正文内有丰富的课堂互动栏目；二维码链接网络学习资源；提供课件、视频教学案例、习题答案、试卷、阅读资料等
管理学基础（李海峰）	978-7-115-39378-4	提供课件、教案、教学体会、实训说明、教学案例（文本、视频）、参考答案、习题集、试卷、阅读资料等，作者开通有教学博客
人力资源管理（吴少华）	978-7-115-31251-8	部分案例采自真实企业实践，正文内安排课堂实训等栏目；提供课件、教案、实训资料、习题答案、教学案例和试卷
电子商务基础（白东蕊）	978-7-115-40043-7	涉及物联网、互联网+等新内容；二维码链接网络学习资源；提供课件、实训指导、视频、试卷等
公共关系理论与实务（吴少华）	978-7-115-38147-7	大量采用 2013、2014 年案例；二维码链接案例、视频等网络资源；提供课件、教案、答案、案例和试卷等
采购管理（张晓芹）	978-7-115-38155-2	提供实训软件、实训指导、实训资料；二维码链接网络学习资源；提供课件、大纲、参考答案、试卷等
经济学基础（邓先娥）	978-7-115-30775-0	内容以微观为主、宏观为辅，素材以国内新近现实经济现象为主，提供课件、教案、习题答案、教学案例和试卷
经济学基础（第 2 版）（杨洁）	978-7-115-39770-6	二维码链接丰富网络资源；提供课件、教案、习题答案、模拟试卷、经济数据和经济新闻
会计基础与实务(第 2 版)（杨桂洁）	978-7-115-30254-0	山东省潍坊市第二十次社会科学优秀成果二等奖；畅销教材再版，校企合作开发，基于会计工作过程；提供教案、课件、习题答案等资料；原始凭证单独成册，方便使用
基础会计——理论与模拟训练（贺宁）	978-7-115-32913-4	考虑资格考试要求，理论与实训结合，实训用原始凭证单独成册；提供课件、教案、答案、模拟试卷等
财务会计（第 2 版）（贾永海）	978-7-115-39292-3	提供课件、教案、教学做一体化训练参考答案；学练结合，重点突出课堂练习及课后实训环节，配有“教学做一体化训练”
财务会计——含会计准则与小企业会计准则（贾永海）	978-7-115-34493-9	同步介绍《企业会计准则》与《小企业会计准则》核算规范的不同；集教、学、做于一体，突出仿真性和互动性；提供课件、教案、答案、试卷等配套资料
成本会计（上、下册）（第 2 版）（徐晓敏）	978-7-115-39201-5	提供课件、教案、习题及实训答案、模拟试卷；实训部分单独成册，方便使用

续表

书名（作者）	书　号	特 点 简 介
会计综合实训（第2版）（甄立敏）	978-7-115-30148-2	校企合作开发，根据企业会计的实际情况布置教材内容；凭证单独成册；提供课件、教案、答案、电子备份文件等
财务报告编制与分析（第2版）（赵威）	978-7-115-37583-4	二维码打造立体化阅读环境，校企合作开发，部分资料来自企业；提供课件、教案、教学案例集、习题答案、试卷样本
会计电算化（财务链·供应链）（沈清文）	978-7-115-36450-0	实训操作选用制造企业案例，拓展训练选用流通企业案例案例；提供课件、大纲、教案、习题答案、备份账套、试卷
统计实用技术与实训（胡宝珅）	978-7-115-29831-7	黑龙江省级精品课程配套教材；简明实用，提供授课计划、教学大纲、试卷样本、实训资料、电子教案
国际贸易实务（第2版）（张燕芳）	978-7-115-32376-7	提供课件、教案、答案、补充习题集、教学案例、试卷、真实单据样本、行业规范与法规（基于《2010 通则》
国际贸易实务（张燕芳）	978-7-115-24747-6	提供课件、教案、答案、补充习题集、教学案例、试卷、真实单据样本、行业规范与法规（基于《2000 通则》）
国际贸易单证实务与操作（徐薇）	978-7-115-25009-4	提供课件、教案、习题答案、仿真单据、行业规范文档；与全国国际商务单证员考试内容相衔接
报检与报关实务（熊正平）	978-7-115-30917-4	内容安排与通关实际操作过程相吻合，单据进行仿真处理；提供课件、教案、习题答案和试卷等
商务英语函电（龙朝晖）	978-7-115-28817-2	取材于真实商务信函，学习形式多样；提供课件、大纲、答案、试卷等
经济法实务（第2版）（王琳雯）	978-7-115-35654-3	根据 2014 年实施公司法、消法等修订；结合会计、银行、证券等从业资格的考试要求；提供课件、教案、答案和试卷等
经济法概论（刘磊）	978-7-115-31183-2	内容图表化、案例故事化，实践与实训源于工作实际；提供课件、教案、答案和试卷等
金融法理论与实务（第2版）（罗艾筠）	978-7-115-35124-1	“十二五”职业教育国家规划教材；省级精品资源共享课程配套教材；增加预付卡、票据防伪等实用知识；提供课件、教案、答案、教学案例、习题集、实训指导、试卷等
商务谈判（田玉来）	978-7-115-24962-3	提供课件、教案、补充教学案例、习题答案、模拟试卷等
金融学概论（郭晖）	978-7-115-28574-4	提供课件、教案、答案、案例、试卷等；注重教与学互动，提供扩展学习指导
金融基础知识（第2版）（韩宗英）	978-7-115-35666-6	“十二五”职业教育国家规划教材；以故事提升学习兴趣，以通俗降低学习难度；提供课件、教案、答案、试卷、视频等
证券投资理论与实务（吴作斌）	978-7-115-25960-8	提供课件、教案、习题答案、模拟试卷等
保险基础与实务（第2版）（徐昆）	978-7-115-35125-8	“十二五”职业教育国家规划教材；校企合作开发，与职业资格证书考核内容和专业岗位要求相衔接；提供课件、案例分析、答案、模拟试卷和实训资料等

附录四

经济业务原始凭证

业务 1

单据 1.1.1

职工补助申请审批表

申请人姓名	申请原因	申请补助金额	审批补助金额	申请人签收
孙梅	爱人生病	3 000.00	3 000.00	孙梅
孙亮	老人去世	3 000.00	3 000.00	孙亮
李芳芳	孩子上大学	3 000.00	3 000.00	李芳芳
合计金额人民币（大写）玖仟元整		小写：¥9 000.00		
审查意见：　同意				
	现金付讫			单位负责人 钱二国 日期：2014 年 12 月 1 日

注：本业务是发放福利，计提福利费在月末。

业务 2

单据 2.3.1

差旅费报销单

报销日期 2014 年 12 月 1 日　　注：省略车票 10 张

出差地点	广州		出差人	赵建	部门	销售部
出差原因	市场调查					
交通费	出发地		目的地	单价	张数	小计
	万春		广州	445	1	445
	广州		万春	445	1	445
	广州		增城	50	4	200
	增城		广州	50	4	200
	小计		1 290			
住宿费	张数		金额	小计	报销金额合计人民币（大写） 贰万零玖佰玖拾元整 小写：¥20 990	
	1		1 700	1 700		
包干补助	天数	人数	标准	小计		
	20	1	100	2 000	预借差旅费	20 000
其他	张数		单张金额	小计	应补款	990
招待费	8			16 000.00	应退款	
部门负责人签批：钱二国			单位负责人签批：钱二国		财务审核签字：周宏伟	

单据 2.3.2

广东省地方税务局通用机打发票

发票联

发票代码：244021470020
发票号码：02001001

开票日期：2014-11-24　　　　　行业分类：餐饮业

付款方名称：河北阳光啤酒集团有限公司	纳税识别号：130620041011029	机打代码：244021470020
收款方名称：广州红树林大酒店	纳税识别号：440011001222209	机打号码：02001001
税务机关：广州地税一局	机关代码：44020123	
项目	金额	备注
餐费	¥2 000.00	
开票人：李海燕		
合计（大写）	人民币贰仟元整	

第一联发票联　付款方式记账凭证

注：12 月 1 日，销售部的赵建报销的餐费发票共 8 张，每张金额不等，金额合计为 16 000.00 元。

单据 2.3.3

广东省地方税务局通用机打发票

发票联

发票代码：244021470020
发票号码：02002001

开票日期：2014-11-24　　　　　行业分类：住宿业

付款方名称：河北阳光啤酒集团有限公司	纳税识别号：130620041011029	机打代码：2440214710020
收款方名称：广州住得好宾馆	纳税识别号：440011001222208	机打号码：02002001
税务机关：广州地税一局	机关代码：44020123	
项目	金额	备注
住宿费	¥1 700.00	
开票人：李红燕		
合计（大写）	人民币壹仟柒佰元整	

第一联发票联　付款方式记账凭证

业务 3

单据 3.3.1

河北增值税专用发票

No 01010001

1306144130

抵扣联

开票日期：2014 年 11 月 30 日

<table>
<tr><td>购买方</td><td colspan="5">名　　称：河北阳光啤酒集团有限公司
纳税人识别号：130620041011029
地址、电 话：河北省万春市春江路 8008 号 89798969
开户行及账号：建设银行万春第一支行 1300160000 1111222201</td><td>密码区</td><td colspan="2">本书略</td></tr>
<tr><td colspan="2">货物或应税劳务、服务名称</td><td>规格型号</td><td>单位</td><td>数 量</td><td>单价</td><td>金 额</td><td>税率</td><td>税 额</td></tr>
<tr><td colspan="2">打印纸

合计</td><td></td><td>箱</td><td>10</td><td>300</td><td>3 000.00

¥3 000.00</td><td>17%</td><td>510.00

¥510.00</td></tr>
<tr><td colspan="2">价税合计（大写）</td><td colspan="7">⊗叁仟伍佰壹拾元整　　　　（小写）¥3 510.00</td></tr>
<tr><td>销售方</td><td colspan="5">名　　称：万春百货大楼
纳税人识别号：130620725890911
地址、电 话：河北省万春市春江路 6001 号 60060010
开户行及账号：建设银行万春支行 1300160000 1111222202</td><td>备注</td><td colspan="2"></td></tr>
</table>

收款人：李子　　复核：李木　　开票人：李江　　销售方：（章）

第二联　抵扣联　购买方扣税凭证

单据 3.3.2

河北增值税专用发票

No 01010001

1306144130

发票联

开票日期：2014 年 11 月 30 日

<table>
<tr><td>购买方</td><td colspan="5">名　　称：河北阳光啤酒集团有限公司
纳税人识别号：130620041011029
地址、电 话：河北省万春市春江路 8008 号 89798969
开户行及账号：建设银行万春第一支行 1300160000 1111222201</td><td>密码区</td><td colspan="2">本书略</td></tr>
<tr><td colspan="2">货物或应税劳务、服务名称</td><td>规格型号</td><td>单位</td><td>数 量</td><td>单价</td><td>金 额</td><td>税率</td><td>税 额</td></tr>
<tr><td colspan="2">打印纸</td><td></td><td>箱</td><td>10</td><td>300</td><td>3 000</td><td>17%</td><td>510</td></tr>
<tr><td colspan="2">价税合计（大写）</td><td colspan="7">⊗叁仟伍佰壹拾元整　　　　（小写）¥3 510.00</td></tr>
<tr><td>销售方</td><td colspan="5">名　　称：万春百货大楼
纳税人识别号：130620041011028
地址、电 话：河北省万春市春江路 6001 号 60060010
开户行及账号：建设银行万春支行 1300160000 1111222202</td><td>备注</td><td colspan="2"></td></tr>
</table>

收款人：李子　　复核：李木　　开票人：李江　　销售方：（章）

第三联　发票联　购买方记账凭证

单据 3.3.3

中国建设银行实时通付款凭证
存根/回单联
130000306691

附加信息

签发日期 2014 年 12 月 01 日

单位主管：孙丽丽　　会计：周宏伟

收款人：万春百货大楼
金　额：3 510.00
用　途：购买办公用品等

☐ 现金支票功能
☑ 转账支票功能
☐ 汇兑功能
☐ 银行汇票申请功能
☐ 银行本票申请功能

银行办讫签章：中国建设银行股份有限公司 万春第一支行 2014.12.01 办讫章

业务 4

单据 4.2.1

河北阳光啤酒集团有限公司会议通知

为充分利用闲置房屋，完成公司年度经营目标，实现企业可持续发展，公司特召开会议。

一、会议时间：2014 年 12 月 1 日。

二、会议地点：办公楼第 1 会议室。

三、会议主要内容：会议决定将部分闲置房屋转作出租，即办公楼的二层 9 个房间对外出租。原值 1 500 000 元，已提折旧 395 675 元。

四、参加会议人员：董事长、总经理、副总经理、财务经理。

五、有关要求：要求财务部根据会计准则规定进行相应会计处理。

河北阳光啤酒集团有限公司
二〇一四年十二月一日

单据 4.2.2

固定资产折旧计算表

2014 年 12 月 01 日　　　　（单位：元）

大　类	管理部门	工程部	酿造部	包装部	销售	合　计
房屋、建筑物	4 165					4 165
合　计	4 165					4 165

财务主管：孙丽丽　　复核：周宏伟　　制单：郑祥林

业务 5

单据 5.1.1

固定资产转移单

变动日期：2014-12-1

固定资产名称	单位	数量	原值	已提折旧	原用途	转移后用途	会计处理
办公楼	间	9	1 500 000	399 840	办公	出租	对出租的房屋采用成本法进行后续计量。
法人代表 赵立强				财务主管 孙丽丽			

业务 6

单据 6.2.1

房屋租赁合同

本合同当事人

出租方（以下简称甲方）：河北阳光啤酒集团有限公司

承租方（以下简称乙方）：河北宝华饭店

根据《中华人民共和国合同法》及相关法律法规的规定，甲、乙双方在平等、自愿的基础上，甲方将房屋出租给乙方使用，乙方承租甲方房屋事宜，为明确双方权利义务，经协商一致，订立本合同。

第一条　甲方保证所出租的房屋符合国家对租赁房屋的有关规定。

第二条　房屋的坐落、面积、装修、设施情况

1. 甲方出租给乙方的房屋位于河北阳光啤酒集团有限公司。

2. 出租房屋面积共 600 平方米。

3. 该房屋现有装修及设施、设备情况详见合同附件。合同附件作为甲方按照本合同约定交付乙方使用和乙方在本合同租赁期满交还该房屋时的验收依据。

第三条　甲方应提供房产证（或具有出租权的有效证明）、身份证明（营业执照）等文件，乙方应提供身份证明文件。双方验证后可复印对方文件备存。所有复印件仅供本次租赁使用。

第四条　租赁期限、用途

1. 该房屋租赁期共 5 年。自 2014 年 12 月 1 日起至 2019 年 11 月 30 日止。

2. 乙方向甲方承诺，租赁该房屋仅作为办公使用。

3. 租赁期满，甲方有权收回出租房屋，乙方应如期交还。乙方如要求续租，则必须在租赁期满 1 个月之前书面通知甲方，经甲方同意后，重新签订租赁合同。

第五条　租金及支付方式

1. 该房屋每月租金为 25000 元（人民币大写贰万伍仟元整）。

2. 房屋租金支付方式如下：乙方应于每季度末月 1 日转账支付租金；甲方收款后应提供给乙方有效的收款凭证。

第六条　本合同自双方签（章）后生效。

第七条　本合同及附件一式两份，由甲、乙双方各执一份，具有同等法律效力。

甲方：河北阳光啤酒集团有限公司　　　　乙方：河北宝华饭店

法人代表：赵立强　　　　法人代表：武文斌

合同专用章　　　　合同专用章

签约日期：2014 年 11 月 21 日　　　　签约日期：2014 年 11 月 21 日

签约地点：河北阳光啤酒集团有限公司　　　　签约地点：河北阳光啤酒集团有限公司

单据 6.2.2

中国建设银行进账单（收账通知）3

2014 年 12 月 01 日　　　　第　　号

<table>
<tr><td rowspan="3">出票人</td><td>全　　称</td><td>宝华饭店</td><td rowspan="3">收款人</td><td>全　　称</td><td colspan="11">河北阳光啤酒集团有限公司</td></tr>
<tr><td>账　　号</td><td>1300160000111122203</td><td>账　　号</td><td colspan="11">1300160000111122201</td></tr>
<tr><td>开户银行</td><td>建设银行万春城北支行</td><td>开户银行</td><td colspan="11">建设银行万春第一支行</td></tr>
<tr><td rowspan="2">金额</td><td colspan="4" rowspan="2">人民币（大写）柒万伍仟元整</td><td>万</td><td>千</td><td>百</td><td>十</td><td>万</td><td>千</td><td>百</td><td>十</td><td>元</td><td>角</td><td>分</td></tr>
<tr><td></td><td></td><td></td><td>¥</td><td>7</td><td>5</td><td>0</td><td>0</td><td>0</td><td>0</td><td>0</td></tr>
<tr><td colspan="2">票据种类</td><td>转账支票</td><td>票据张数</td><td>1</td><td colspan="11" rowspan="3">中国建设银行股份有限公司
万春第一支行
2014.12.01
转讫
收款人开户银行盖章
2014 年 12 月 01 日</td></tr>
<tr><td colspan="2">票据号码</td><td colspan="3">5334856</td></tr>
<tr><td colspan="5">单位主管　　会计　　复核　　记账</td></tr>
</table>

此联是收款人的开户银行交给收款人的收账通知

业务 7

单据 7.6.1

北京增值税专用发票

1100144130　　　　抵扣联　　　　No 02010001

（全国统一发票监制章　北京　国家税务总局监制）

开票日期：2014 年 11 月 24 日

<table>
<tr><td>购买方</td><td colspan="4">名　　称：河北阳光啤酒集团有限公司
纳税人识别号：130620041011029
地址、电 话：河北省万春市春江路 8008 号 89798969
开户行及账号：建设银行万春第一支行 1300160000111122201</td><td>密码区</td><td colspan="3">本书略</td></tr>
<tr><td colspan="2">货物或应税劳务、服务名称</td><td>规格型号</td><td>单位</td><td>数 量</td><td>单价</td><td>金 额</td><td>税率</td><td>税　额</td></tr>
<tr><td colspan="2">啤酒花</td><td></td><td>吨</td><td>100</td><td>50 000.00</td><td>5 000 000.00</td><td>17%</td><td>850 000.00</td></tr>
<tr><td colspan="2">合计</td><td></td><td></td><td></td><td></td><td>¥5 000 000.00</td><td></td><td>¥850 000.00</td></tr>
<tr><td colspan="2">价税合计（大写）</td><td colspan="5">⊗伍佰捌拾伍万元整</td><td colspan="2">（小写）¥5 850 000.00</td></tr>
<tr><td>销售方</td><td colspan="4">名　　称：北京利发啤酒物资供应公司
纳税人识别号：11010777165566
地址、电 话：北京市鲁谷大街 16 号 35862886
开户行及账号：建设银行鲁谷支行 1100020011122220001</td><td>备注</td><td colspan="3">北京利发啤酒物资供应公司
11010777165566
发票专用章</td></tr>
</table>

收款人：刘贺　　复核：路遥　　开票人：冯玉平　　销售方：（章）

第二联　抵扣联　购买方扣税凭证

单据 7.6.2

北京增值税专用发票

1100144130　　　　　发票联　　　　　№ 02010001

开票日期：2014 年 11 月 24 日

购买方	名　　称：河北阳光啤酒集团有限公司 纳税人识别号：130620041011029 地址、电 话：河北省万春市春江路8008 号 89798969 开户行及账号：建设银行万春第一支行1300160000111222201				密码区	本书略		
货物或应税劳务、服务名称	规格型号	单位	数 量	单价	金 额	税率	税 额	
啤酒花		吨	100	50 000.00	5 000 000.00	17%	850 000.00	
合计					¥5 000 000.00		¥850 000.00	
价税合计（大写）	⊗伍佰捌拾伍万元整					（小写）¥5 850 000.00		
销售方	名　　称：北京利发啤酒物资供应公司 纳税人识别号：11010777165566 地址、电 话：北京市鲁谷大街 16 号 35862886 开户行及账号：建设银行鲁谷支行1100020011122220001				备注			

收款人：刘 贺　　复核：路 遥　　开票人：冯玉平　　销售方：（章）

（印章：北京利发啤酒物资供应公司 11010777165566 发票专用章）

第三联 发票联 购买方记账凭证

单据 7.6.3

货物运输业增值税专用发票

1102144230　　　　　抵扣联　　　　　№ 00000001

开票日期：2014 年 12 月 1 日

承运人及纳税人识别号	北京第一运输公司 110101000100001			密码区	本书略	
实际受票方及纳税人识别号	河北阳光啤酒集团有限公司 130620041011029					
收货人及纳税人识别号	河北阳光啤酒集团有限公司 130620041011029			发货人及纳税人识别号	北京利发啤酒物资供应公司 11010777165566	
起运地、经由、到达地	北京至万春					
费用项目及金额	运费 11 300 元			运输货物信息		
合计金额	11 300	税率	11%	税额	1 243.00	机器编号 01
价税合计（大写）	⊗壹万贰仟伍佰肆拾叁元整				（小写）¥12 543.00	
车种车号		车船吨位		备注		
主管税务机关及代码	国家税务局北京五环分局 12312345					

收款人：刘 龙　　复核：李 遥　　开票人：冯玉雨　　承运人：（章）

（印章：北京第一运输公司 110101000100001 发票专用章）

第二联 抵扣联 受票方扣税凭证

单据 7.6.4

货物运输业增值税专用发票

发票联

No 00000001

1102144230

开票日期：2014 年 12 月 1 日

承运人及纳税人识别号	北京第一运输公司 110101000100001			密码区	本书略		
实际受票方及纳税人识别号	河北阳光啤酒集团有限公司 130620041011029						
收货人及纳税人识别号	河北阳光啤酒集团有限公司 130620041011029			发货人及纳税人识别号	北京利发啤酒物资供应公司 11010777165566		
起运地、经由、到达地	北京至万春						
费用项目及金额	运费 11 300 元			运输货物信息			
合计金额	11300	税率	11%	税额	1243.00	机器编号	01
价税合计（大写）	⊗壹万贰仟伍佰肆拾叁元整				（小写）¥12 543.00		
车种车号		车船吨位		备注	北京第一运输公司 110101000100001 发票专用章		
主管税务机关及代码	国家税务局北京五环分局 12312345						

收款人：刘龙　　复核：李遥　　开票人：冯玉雨　　承运人：

第三联 发票联 受票方记账凭证

单据 7.6.5

入 库 单

材料科目：原材料　　收料单编号：1201

供应单位：北京利发啤酒物资供应公司

发票号码：02010001　　2014 年 12 月 3 日　　收料仓库：1 号材料仓库

材料编号	材料名称	规格	单位	数量		买价		运费	实际成本	
				应收	实收	单价	金额		总成本	单位成本
001	啤酒花		吨	100	100	5 000.00	5 000 000	11 300	5 011 300	50 113
检验结果：合格				合计						

检验员 石晓光　　收料员 周丽影　　记账员：郑祥林

第二联 记账联

单据 7.6.6

中国建设银行实时通付款凭证

存根/回单联

130000306692

附加信息

签发日期 2014 年 12 月 01 日

单位主管：孙丽丽　　会计：周宏伟

收款人：北京利发啤酒物资供应公司
金　额：5 862 543
用　途：货款及代垫运费

☐ 现金支票功能

☐ 转账支票功能

☑ 汇兑功能

☐ 银行汇票申请功能

☐ 银行本票申请功能

银行办讫签章：中国建设银行股份有限公司 万春第一支行 2014.12.01 办讫章

业务 8

单据 8.1.1

航空证券公司营业部买入交割凭证

成交日期	2014.12.2	证券名称	009003 银河科技
资金账号	675840051679213	成交数量	50 000
股东代码	18727	成交净价	4.00
股东姓名	河北阳光啤酒集团有限公司	成交金额	200 000
席位代码	66053	实收佣金	400.00
申请编号	71254	印花税	200.00
申报时间	14：21：36	过户费	50.00
成交时间	14：32：50	附加费	4.00
单位利息		结算价格	200 654.00
成交编号	50178	实付金额	200 654.00
上次资金		本次资金	200 654.00
上次余股		本次余股	50000
委托来源		打印日期	2014.12.2

航空证券公司 业务专用章

注：与业务 69 衔接。

业务 9

单据 9.2.1

中国建设银行信汇凭证（收账通知）4

委托日期 2014 年 11 月 27 日

汇款人	全称	北京代理商	收款人	全称	河北阳光啤酒集团有限公司
	账号	1101020450018703		账号	1300160000111222201
	汇出地点	北京市		汇入地点	河北省万春市
汇出行名称		建设银行城北支行	汇入行名称		建设银行万春第一支行
金额	人民币（大写）	壹仟零柒拾陆万肆仟元整	万千百十万千百十万千百十元角分		¥ 1 0 7 6 4 0 0 0 0 0
款项已收入收款人账户。 中国建设银行股份有限公司 万春第一支行 2014.12.02 办讫章 汇入行签章			支付密码		
			附加信息及用途：货款		
			复核　　记账		

此联给收款人的收账通知

单据 9.2.2

全国统一发票监制章 国家税务总局监制

河北增值税专用发票

1306144130　　　　No 75700033

此联不作报销、扣税凭证使用　　开票日期：2014 年 12 月 2 日

购买方	名称：北京代理商 纳税人识别号：110105321987692 地址、电话：北京市万寿路 865 号 3855668 开户行及账号：建设银行城北支行 1101020450018703					密码区	本书略
货物或应税劳务、服务名称	规格型号	单位	数量	单价	金额	税率	税额
纯生瓶装啤酒		吨	600	6 000	3 600 000.00	17%	612 000.00
普通瓶装啤酒		吨	2 000	2 800	5 600 000.00	17%	952 000.00
合计					¥9 200 000.00		¥1 564 000.00
价税合计（大写）	⊗壹仟零柒拾陆万肆仟元整						（小写）¥10 764 000.00
销售方	名称：河北阳光啤酒集团有限公司 纳税人识别号：130620041011029 地址、电话：河北省万春市春江路8008 号 89798969 开户行及账号：建设银行万春第一支行1300160000111222201					备注	河北阳光啤酒集团有限公司 130620041011029 发票专用章

收款人：王明强　　复核：周宏伟　　开票人：郑祥林　　销售方：（章）

第一联 记账联 销售方记账凭证

业务 10

单据 10.1.1

中国建设银行实时通付款凭证

存根/回单联

130000306693

附加信息

签发日期 2014 年 12 月 02 日

单位主管：孙丽丽　　会计：周宏伟

收款人：济南广发麦芽厂
金　额：3 600 000.00
用　途：支付货款

□ 现金支票功能
□ 转账支票功能
☑ 汇兑功能
□ 银行汇票申请功能
□ 银行本票申请功能

银行办讫签章：

（印章：中国建设银行股份有限公司 万春第一支行 2014.12.02 办讫章）

业务 11

单据 11.1.1

中国建设银行实时通付款凭证

存根/回单联

130000306694

附加信息

签发日期 2014 年 12 月 02 日

单位主管：孙丽丽　　会计：周宏伟

收款人：济南广发麦芽厂
金　额：3 600 000.00
用　途：申请签发银行汇票

□ 现金支票功能
□ 转账支票功能
□ 汇兑功能
☑ 银行汇票申请功能
□ 银行本票申请功能

银行办讫签章：

（印章：中国建设银行股份有限公司 万春第一支行 2014.12.02 办讫章）

业务 12

单据 12.4.1

河北增值税专用发票

抵扣联

1306144130　　　　No 03010001

开票日期：2014 年 11 月 30 日

购买方	名　　称：河北阳光啤酒集团有限公司 纳税人识别号：130620041011029 地址、电 话：河北省万春市春江路8008 号 89798969 开户行及账号：建设银行万春第一支行1300160000111122201			密码区	本书略		
货物或应税劳务、服务名称	规格型号	单位	数 量	单价	金 额	税率	税 额
纸质包装箱		吨	1 000 000	2.00	2 000 000.00	17%	340 000.00
合计					¥2 000 000.00		¥340 000.00
价税合计（大写）	⊗贰佰叁拾肆万元整				（小写）¥2 340 000.00		
销售方	名　　称：万春市宏大纸箱厂 纳税人识别号：130620041523029 地址、电 话：河北省万春市万源路 52 号 89798546 开户行及账号：建设银行万春支行1300160000111122220			备注			

收款人：李晓敏　复核：赵伟　开票人：王 浩　销售方：（章）

（印章：万春市宏大纸箱厂 130620041523029 发票专用章）

第二联　抵扣联　购买方扣税凭证

单据 12.4.2

河北增值税专用发票

1306144130　　　　　　　　　　　　　　　　No 03010001

发票联　　　　　　开票日期：2014 年 11 月 30 日

购买方	名　　称：河北阳光啤酒集团有限公司 纳税人识别号：130620041011029 地址、电 话：河北省万春市春江路 8008 号 89798969 开户行及账号：建设银行万春第一支行 13001600001111222201				密码区	本书略	
货物或应税劳务、服务名称	规格型号	单位	数量	单价	金额	税率	税额
纸质包装箱		吨	1 000 000	2.00	2 000 000.00	17%	340 000.00
合计					¥2 000 000.00		¥340 000.00
价税合计（大写）	⊗贰佰叁拾肆万元整				（小写）¥2 340 000.00		
销售方	名　　称：万春市宏大纸箱厂 纳税人识别号：130620041523029 地址、电 话：河北省万春市万源路 52 号 89798546 开户行及账号：建设银行万春支行 13001600001111222204				备注		

收款人：李晓敏　　复核：赵伟　　开票人：王 浩　　销售方：（章）

第三联　发票联　购买方记账凭证

单据 12.4.3

商业承兑汇票（存根）　3

汇票号码 6854187

出票日期（大写）贰零壹肆年壹拾贰月零叁日

付款人	全　称	河北阳光啤酒集团有限公司	收款人	全　称	万春市宏大纸箱厂
	账　号	13001600001111222201		账　号	13001600001111222204
	开户银行	中国建设银行万春第一支行		开户银行	建设银行万春支行
出票金额	人民币（大写）	贰佰叁拾肆万元整		千百十万千百十元角分	¥ 2 3 4 0 0 0 0 0 0
汇票到期日（大写）	贰零壹伍年零叁月零陆日		付款人开户银行	行号	0001
交易合同号码				地址	万春市幸福路 1 号
备注					

此联由出票人存查

单据 12.4.4

入库单

材料科目：周转材料　　收料单编号：字第 1202

供应单位：万春市宏大纸箱厂

发票号码：03010001　　2014 年 12 月 3 日　　收料仓库：2 号材料仓库

材料编号	材料名称	规格	单位	数量		买价		其他	实际成本	
				应收	实收	单价	金额		总成本	单位成本
	纸质包装箱		个	1 000 000	1 000 000	2.00	2 000 000		2 000 000	2.00
检验结果：合格				合计			2 000 000		2 000 000	2.00
备注										

第二联 记账联

检验员 石晓光　　收料员 周丽影　　记账员：郑祥林

业务 13

单据 13.4.1

1306144130　　**河北增值税专用发票**　　No 04010001

抵扣联　　开票日期：2014 年 12 月 2 日

购买方	名称：河北阳光啤酒集团有限公司 纳税人识别号：130620041011029 地址、电话：河北省万春市春江路 8008 号 89798969 开户行及账号：建设银行万春第一支行 1300160000111122220 1				密码区	本书略	
货物或应税劳务、服务名称	规格型号	单位	数量	单价	金额	税率	税额
纯生啤酒瓶		个	6 000 000	0.90	5 400 000.00	17%	918 000.00
普通啤酒瓶		个	12 000 000	0.70	8 400 000.00	17%	1 428 000.00
合计					¥13 800 000.00		¥2 346 000.00
价税合计（大写）	⊗壹仟陆佰壹拾肆万陆仟元整				（小写）¥16 146 000.00		
销售方	名称：万春市光大制瓶厂 纳税人识别号：130620041011028 地址、电话：河北省万春市长城路 8 号 89797466 开户行及账号：建设银行万春支行 1300160000111122220 5				备注	万春市光大制瓶厂 130620041011028 发票专用章	

第二联 抵扣联 购买方扣税凭证

收款人：赵宁　　复核：梁美佳　　开票人：杨旭航　　销售方：（章）

单据 13.4.2

1306144130　　　　**河北增值税专用发票**　　　　№ 04010001

发票联

开票日期：2014 年 12 月 2 日

购买方	名　　称：河北阳光啤酒集团有限公司 纳税人识别号：130620041011029 地址、电话：河北省万春市春江路 8008 号 89798969 开户行及账号：建设银行万春第一支行 13001600001111222201	密码区	本书略

货物或应税劳务、服务名称	规格型号	单位	数量	单价	金额	税率	税额
纯生啤酒瓶		个	6 000 000	0.90	5 400 000.00	17%	918 000.00
普通啤酒瓶		个	12 000 000	0.70	8 400 000.00	17%	1 428 000.00
合计					¥13 800 000.00		¥2 346 000.00
价税合计（大写）	⊗壹仟陆佰壹拾肆万陆仟元整				（小写）¥16 146 000.00		

销售方	名　　称：万春市光大制瓶厂 纳税人识别号：130620041011028 地址、电话：河北省万春市长城路 8 号 89797466 开户行及账号：建设银行万春支行 13001600001111222205	备注	

收款人：赵宁　　复核：梁美佳　　开票人：杨旭航　　销售方：（章）

第三联　发票联　购货方记账凭证

单据 13.4.3

入 库 单

材料科目：原材料　　　　收料单编号：字第 1203

供应单位：万春市光大制瓶厂

发票号码：04010001　　2014 年 12 月 3 日　　收料仓库：2 号材料仓库

材料编号	材料名称	规格	单位	数量		买价		其他	实际成本	
				应收	实收	单价	金额		总成本	单位成本
	纯生啤酒瓶		个	6 000 000	6 000 000	0.90	5 400 000		5 400 000	0.90
	普通啤酒瓶		个	12 000 000	12 000 000	0.70	8 400 000		8 400 000	0.70
检验结果：合格				合计			13 800 000		13 800 000	
备注										

检验员 石晓光　　收料员 周丽影　　记账员：郑祥林

第二联　记账联

单据 13.4.4

中国建设银行实时通付款凭证

存根/回单联

130000306695

附加信息

签发日期 2014 年 12 月 03 日

单位主管：孙丽丽 会计：周宏伟

收款人：河北省万春市光大制瓶厂
金 额：6 000 000.00
用 途：购买啤酒瓶

☐ 现金支票功能
☑ 转账支票功能
☐ 汇兑功能
☐ 银行汇票申请功能
☐ 银行本票申请功能

银行办讫签章（中国建设银行股份有限公司 万春第一支行 2014.12.03 转讫）

业务 14

单据 14.3.1

1100144130 北京增值税专用发票 No 05010001

抵扣联

开票日期：2014 年 12 月 4 日

购买方	名 称：河北阳光啤酒集团有限公司 纳税人识别号：130620041011029 地址、电 话：河北省万春市春江路 8008 号 89798969 开户行及账号：建设银行万春第一支行 1300160000111222201				密码区	本书略	
货物或应税名称	规格型号	单位	数 量	单价	金 额	税率	税 额
纯生啤酒商标		个	6 000 000	0.05	300 000.00	17%	51 000.00
普通啤酒商标		个	12 000 000	0.05	600 000.00	17%	102 000.00
合计					¥900 000.00		¥153 000.00
价税合计（大写）	⊗壹佰零伍万叁仟元整				（小写）¥1 053 000.00		
销售方	名 称：北京市光明商标厂 纳税人识别号：110107710615063 地址、电 话：北京市灵雨寺街 16 号 35862665 开户行及账号：工行灵雨寺街支行 040968453200267				备注	（北京市光明商标厂 110107710615063 发票专用章）	

第二联 抵扣联 购买方扣税凭证

收款人：刘盼盼 复核：路晓月 开票人：冯金定 销售方：（章）

单据 14.3.2

1100144130　　　　**北京增值税专用发票**　　　　№ 05010001

发票联　　　　开票日期：2014 年 12 月 4 日

购买方	名　　称：河北阳光啤酒集团有限公司 纳税人识别号：130620041011029 地址、电 话：河北省万春市春江路 8008 号 89798969 开户行及账号：建设银行万春第一支行 1300160000111222201				密码区	本书略	
货物或应税名称	规格型号	单位	数 量	单价	金 额	税率	税 额
纯生啤酒商标		个	6 000 000	0.05	300 000.00	17%	51 000.00
普通啤酒商标		个	12 000 000	0.05	600 000.00	17%	102 000.00
合计					¥900 000.00		¥153 000.00
价税合计（大写）	⊗壹佰零伍万叁仟元整				（小写）¥1 053 000.00		
销售方	名　　称：北京市光明商标厂 纳税人识别号：110107710615063 地址、电 话：北京市灵雨寺街 16 号 35862665 开户行及账号：工行灵雨寺街支行 040968453200267				备注		

收款人：刘盼盼　　复核：路晓月　　开票人：冯金定　　销售方：（章）

第三联　发票联　购买方记账凭证

单据 14.3.3

中国建设银行 电汇凭证（回单）1

☐普通　　☐加急　　委托日期 2014 年 12 月 4 日

汇款人	全　称	河北阳光啤酒集团有限公司	收款人	全　称	北京市光明商标厂
	账　号	1300160000111222201		账　号	040968453200267
	汇出地点	河北省万春市		汇入地点	北京市
汇出行名称		农业银行万春支行	汇入行名称		工行灵雨寺街支行

金额	人民币（大写）陆拾万元整	万	千	百	十	万	千	百	十	万	千	百	十	元	角	分
								¥	6	0	0	0	0	0	0	0

中国建设银行股份有限公司 万春第一支行 2014.12.04 转讫 汇出行签章	支付密码 附加信息及用途：货款 复核　　记账

此联汇出行给汇款人的回单

业务 15

单据 15.4.1

河北增值税专用发票

1306144130　　　　抵扣联　　　　No 07010001

开票日期：2014 年 11 月 30 日

<table>
<tr><td>购买方</td><td colspan="5">名　　称：河北阳光啤酒集团有限公司
纳税人识别号：130620041011029
地址、电 话：河北省万春市春江路 8008 号 89798969
开户行及账号：建设银行万春第一支行 13001600001111222201</td><td>密码区</td><td colspan="2">本书略</td></tr>
<tr><td colspan="2">货物或应税劳务、服务名称</td><td>规格型号</td><td>单位</td><td>数 量</td><td>单价</td><td>金 额</td><td>税率</td><td>税 额</td></tr>
<tr><td colspan="2">胶带</td><td></td><td>卷</td><td>48 000</td><td>2.00</td><td>96 000.00</td><td>17%</td><td>16 320.00</td></tr>
<tr><td colspan="2">合　计</td><td></td><td></td><td></td><td></td><td>¥96 000.00</td><td></td><td>¥16 320.00</td></tr>
<tr><td colspan="2">价税合计（大写）</td><td colspan="7">⊗壹拾壹万贰仟叁佰贰拾元整　　　　（小写）¥112 320.00</td></tr>
<tr><td>销售方</td><td colspan="5">名　　称：万春市凯华胶带厂
纳税人识别号：130620041017654
地址、电 话：河北省万春市东风路 35 号 89786456
开户行及账号：建设银行万春二支行 13001600001111222301</td><td>备注</td><td colspan="2"></td></tr>
</table>

收款人：赵敏华　　复核：刘旭佳　　开票人：李永辉　　销售方：（章）

第二联　抵扣联　购买方扣税凭证

单据 15.4.2

河北增值税专用发票

1306144130　　　　发票联　　　　No 07010001

开票日期：2014 年 11 月 30 日

<table>
<tr><td>购买方</td><td colspan="5">名　　称：河北阳光啤酒集团有限公司
纳税人识别号：130620041011029
地址、电 话：河北省万春市春江路 8008 号 89798969
开户行及账号：建设银行万春第一支行 13001600001111222201</td><td>密码区</td><td colspan="2">本书略</td></tr>
<tr><td colspan="2">货物或应税劳务、服务名称</td><td>规格型号</td><td>单位</td><td>数 量</td><td>单价</td><td>金 额</td><td>税率</td><td>税 额</td></tr>
<tr><td colspan="2">胶带</td><td></td><td>卷</td><td>48 000</td><td>2.00</td><td>96 000.00</td><td>17%</td><td>16 320.00</td></tr>
<tr><td colspan="2">合　计</td><td></td><td></td><td></td><td></td><td>¥96 000.00</td><td></td><td>¥16 320.00</td></tr>
<tr><td colspan="2">价税合计（大写）</td><td colspan="7">⊗壹拾壹万贰仟叁佰贰拾元整　　　　（小写）¥112 320.00</td></tr>
<tr><td>销售方</td><td colspan="5">名　　称：万春市凯华胶带厂
纳税人识别号：130620041017654
地址、电 话：河北省万春市东风路 35 号 89786456
开户行及账号：建设银行万春二支行 13001600001111222301</td><td>备注</td><td colspan="2"></td></tr>
</table>

收款人：赵敏华　　复核：刘旭佳　　开票人：李永辉　　销售方：（章）

第三联　发票联　购买方记账凭证

单据 15.4.3

入 库 单

材料科目：周转材料　　　　　　　　　　　　收料单编号：字第 1204

供应单位：万春市凯华胶带厂

发票号码：07010001　　　　2014 年 12 月 4 日　　　　收料仓库：2 号材料仓库

材料编号	材料名称	规格	单位	数量		买价		其他	实际成本	
				应收	实收	单价	金额		总成本	单位成本
	胶带		卷	48 000	48 000	2.00	96 000		96 000	2.00
检验结果：				合计			96 000		96 000	
备注										

第二联　记账联

检验员　　　　　收料员 周丽影　　　　记账员：郑祥林

单据 15.4.4

中国建设银行实时通付款凭证

存根/回单联

130000306696

附加信息

签发日期 2014 年 12 月 04 日

单位主管：孙丽丽　　会计：周宏伟

收款人：万春市凯华胶带厂
金　额：112 320.00
用　途：购买胶带

☐ 现金支票功能

☑ 转账支票功能

☐ 汇兑功能

☐ 银行汇票申请功能

中国建设银行股份有限公司 万春第一支行 2014.12.04 转讫

业务 16

单据 16.1.1

河北省地方税务局通用机打发票

发票联

发票代码：213011470020

发票号码：01502536

开票日期：2014-12-4　　　　行业分类：餐饮业

付款方名称：河北阳光啤酒集团有限公司　　纳税识别号：130620041011029　　机打代码：213011470020

收款方名称：365 驿家大酒楼　　纳税识别号：130016001222209　　机打号码：01502536

税务机关：万春地税一局　　机关代码：01230123

项目	单价	数量	金额
餐费	1 000	1	¥1 000.00

开票人：王海燕

合计（大写）　人民币壹仟元整

第一联　发票联　付款方式记账凭证

注：12 月 4 日，行政部现金报销招待费，发票共 15 张，每张金额不等，金额合计为 15 000.00 元。

业务 17

单据 17.1.1

中国建设银行实时通付款凭证

存根/回单联

130000306697

附加信息

签发日期 2014 年 12 月 04 日

单位主管：孙丽丽　　会计：周宏伟

收款人：河北阳光啤酒集团有限公司

金　额：10 000.00

用　途：提取现金备用

☑ 现金支票功能

☐ 转账支票功能

☐ 汇兑功能

☐ 银行汇票申请功能

☐ 银行本票申请功能

银行办讫签章：中国建设银行股份有限公司万春第一支行 2014.12.04 转讫

业务 18

单据 18.2.1

差旅费报销单

报销日期 2014 年 12 月 4 日　　　　注：省略车票 4 张

出差地点	上海		出差人	李勤 李东	部门	物流部
出差原因	原材料市场调查					
交通费	出发地		目的地	单价	张数	小计
	万春		上海	450	2	900
	上海		万春	450	2	900
	小计					1800
住宿费	张数		金额	小计	报销金额合计人民币（大写）肆仟陆佰元整 小写：¥4 600	
	1		1 600	1 600		
包干补助	天数	人数	标准	小计		
	6	2	100	1 200	预借差旅费	10 000
其他	张数		金额	小计	应补款	
					应退款	5 400

部门负责人签批：钱二国　　单位负责人签批：钱二国　　财务审核签字：周宏伟

单据 18.2.2

上海市地方税务局通用机打发票

发票代码：231021470021

发票号码：03002001

开票日期：2014-11-24　　行业分类：住宿业

付款方名称：河北阳光啤酒集团有限公司　　纳税识别号：130620041011029　　机打代码：231021470021

收款方名称：上海好再来宾馆　　纳税识别号：310211001222218　　机打号码：03002001

税务机关：上海地税一局　　机关代码：31020123

项目	金额	备注
住宿费	¥1 600.00	

开票人：李红红

合计（大写）　人民币壹仟陆佰元整

第一联发票联　付款方式记账凭证

业务 19

单据 19.3.1

北京增值税专用发票

1100144130　　No 08010001

抵扣联

开票日期：2014 年 12 月 04 日

购买方
名　　称：河北阳光啤酒集团有限公司
纳税人识别号：130620041011029
地址、电 话：河北省万春市春江路 8008 号 89798969
开户行及账号：建设银行万春第一支行 13001600001111222201

密码区：本书略

货物或应税劳务、服务名称	规格型号	单位	数 量	单价	金 额	税率	税 额
啤酒瓶盖		个	18 000 000	0.03	540 000.00	17%	91 800.00
合　计					¥540 000.00		¥91 800.00
价税合计（大写）	⊗陆拾叁万壹仟捌佰元整				（小写）¥631 800.00		

销售方
名　　称：北京市光华制盖厂
纳税人识别号：11010179861565
地址、电 话：北京市光明路 36 号 25762668
开户行及账号：工行光明路支行 6847350125566

备注

收款人：李志鹏　　复核：路梦遥　　开票人：梁启生　　销售方：（章）

第二联 抵扣联 购买方扣税凭证

单据 19.3.2

北京增值税专用发票

1100144130　　No 08010001

发票联

开票日期：2014 年 12 月 04 日

购买方
名　　称：河北阳光啤酒集团有限公司
纳税人识别号：130620041011029
地址、电 话：河北省万春市春江路 8008 号 89798969
开户行及账号：建设银行万春第一支行 13001600001111222201

密码区：本书略

货物或应税劳务、服务名称	规格型号	单位	数 量	单价	金 额	税率	税 额
啤酒瓶盖		个	18 000 000	0.03	540 000.00	17%	91 800.00
合　计					¥540 000.00		¥91 800.00
价税合计（大写）	⊗陆拾叁万壹仟捌佰元整				（小写）¥631 800.00		

销售方
名　　称：北京市光华制盖厂
纳税人识别号：11010179861565
地址、电 话：北京市光明路 36 号 25762668
开户行及账号：工行光明路支行 6847350125566

备注

收款人：李志鹏　　复核：路梦遥　　开票人：梁启生　　销售方：（章）

第三联 发票联 购买方记账凭证

单据 19.3.3

中国建设银行 电汇凭证（回单）1

□普通　　□加急　　　　委托日期 2014 年 12 月 4 日

<table>
<tr><td rowspan="3">汇款人</td><td>全　称</td><td>河北阳光啤酒集团有限公司</td><td rowspan="3">收款人</td><td>全　称</td><td>北京市光华制盖厂</td></tr>
<tr><td>账　号</td><td>1300160000111222201</td><td>账　号</td><td>6847350125566</td></tr>
<tr><td>汇出地点</td><td>河北省万春市</td><td>汇入地点</td><td>北京市</td></tr>
<tr><td colspan="2">汇出行名称</td><td>建设银行万春第一支行</td><td colspan="2">汇入行名称</td><td>工行光明路支行</td></tr>
<tr><td>金额</td><td>人民币（大写）</td><td colspan="3">叁拾万元整</td><td>万千百十万千百十万千百十元角分
¥30000000</td></tr>
<tr><td colspan="5" rowspan="2">中国建设银行股份有限公司 万春第一支行 2014.12.04 转讫
汇出行签章</td><td>支付密码</td></tr>
<tr><td>附加信息及用途：货款

复核　　　记账</td></tr>
</table>

此联汇出行给汇款人的回单

业务 20

单据 20.6.1

资产评估报告

河北永春会计师事务所评报字【2014】第 384 号

河北永春会计师事务所接受永兴股份有限公司的委托，根据国家有关资产评估的规定，本着独立、公正、科学、客观的原则，按照公认的资产评估方法对永兴股份有限公司的全部资产和负债进行了实地查勘、市场调查与询证，现将资产评估情况及评估结果报告如下：

委托方简介

委托方：永兴股份有限公司　　注册地址：万春市朝阳路 86 号　　法定代表人：王遥

经济性质：股份有限公司　　注册资金：3 000 万元　　工商登记号码：986067548957643

经营范围：机械制造

一、评估目的

永兴股份有限公司拟转让股份，为此需要进行评估，以评估后净资产的公允价值作为参考依据。

二、评估范围和对象

委托评估的账面价值和公允价值统计表　　　　**单位：万元**

项　目	账面价值	公允价值
公司整体评估（可辨认净资产）	802	800

三、评估报告书的法律效力

本次评估结论是反映评估对象在本次评估目的下，根据公开市场的原则确定的现行公允市价，没有考虑将来可能承担的抵押、担保事宜，以及特殊的交易方可能追加付出的价格等对评估价格的影响，同时，本报告也未考虑国家宏观经济政策发生变化以及遇有自然力和其他不可抗力对资产价格的影响，本次评估有效期限为一年，自 2014 年 12 月 1 日起至 2015 年 11 月 30 日止，超过一年，需重新进行资产评估。

河北永春会计师事务所

法定代表人：陆永春

注册资产评估师：杨泽

2014 年 12 月 1 日

单据 20.6.2

永兴股份有限公司股权转让协议书

受让方/甲方：河北阳光啤酒集团有限公司

转让方/乙方：永兴股份有限公司

转让方与受让方经过充分协商，在平等自愿的基础上，就转让方永兴股份有限公司的股权转让给受让方事宜，达成以下协议。

一、转让方永兴股份有限公司（乙方）愿意将其公司的30%的股权，计100万股，以每股1.8元转让给河北阳光啤酒集团有限公司（甲方），股权转让后，受让方将派人参与生产经营决策。

二、受让方：河北阳光啤酒集团有限公司以其持有的股份，按照公司章程的规定，享有相应的责、权、利。

三、本协议书经甲乙双方签字、盖章并经公证处公证后（合营企业为外商投资企业的，报请审批机关批准后）生效。双方应在协议书生效后三十日内到工商行政管理机关办理变更登记手续。

四、本协议书正本一式三份，甲乙双方各执一份，并报工商登记机关备案一份。

甲方	乙方
甲方：河北阳光啤酒集团有限公司	乙方：永兴股份有限公司
法人代表：赵立强	法人代表：王　遥
开户行：中国建设银行股份有限公司万春第一支行	开户行：中国建设银行股份有限公司朝阳路支行
账号：13001600001111222201	账号：13001600001111222207
电话：89798969	电话：67887676
地址：万春市春江路8008号	地址：万春市朝阳路86号
签约日期：2014年12月4日	签约日期：2014年12月4日

单据 20.6.3

股东持股证明书

股东：河北阳光啤酒有限公司

截至 2014 年 12 月 05 日，依股东名册记载持有本公司股份总数为100万股，股权比例30%。

此　致

永兴股份有限公司

2014年 12 月5日

注：此项投资后续计量使用权益法。

单据 20.6.4

中国建设银行实时通付款凭证
存根/回单联
130000306698

附加信息

签发日期 2014 年 12 月 05 日

单位主管：孙丽丽　　会计：周宏伟

收款人：永兴股份有限公司
金　额：1 800 000.00
用　途：购买永兴公司股票

☐ 现金支票功能
☑ 转账支票功能
☐ 汇兑功能
☐ 银行汇票申请功能
☐ 银行本票申请功能

银行办讫签章：中国建设银行股份有限公司 万春第一支行 2014.12.05 办讫章

单据 20.6.5

中国建设银行实时通付款凭证
存根/回单联
130000306699

附加信息

签发日期 2014 年 12 月 05 日

单位主管：孙丽丽　　会计：周宏伟

收款人：河北省产权交易所
金　额：5 400.00
用　途：支付交易费用

☐ 现金支票功能
☑ 转账支票功能
☐ 汇兑功能
☐ 银行汇票申请功能
☐ 银行本票申请功能

银行办讫签章：中国建设银行股份有限公司 万春第一支行 2014.12.05 办讫章

单据 20.6.6

河北省万春市产权交易专用发票
发票联

发票代码：213040256004

发票号码：00650080

付款单位（个人）：河北阳光啤酒集团有限公司　　机打编号：

项 目	单 位	数 量	单 价	金额 万	千	百	十	元	角	分	备 注
交易费用					5	4	0	0	0	0	
合计（大写）	万伍仟肆佰零拾零元零角零分					（小写）¥5 400.00					

第二联 发票联

收款单位（盖章有效）河北省万春市产权交易所 财务专用章　　开票人：张星星　　2014 年 12 月5日

业务 21

单据 21.6.1

1206144130　　**天津增值税专用发票**　　№ 09010001

抵扣联

开票日期：2014 年 12 月 5 日

购买方	名　　称：河北阳光啤酒集团有限公司 纳税人识别号：130620041011029 地址、电 话：河北省万春市春江路 8008 号 89798969 开户行及账号：建设银行万春第一支行 1300160000111122220 1				密码区	本书略	
货物或应税劳务、服务名称	规格型号	单位	数 量	单价	金 额	税率	税　额
产品质量检测仪		台	1	200 000.00	200 000.00	17%	34 000.00
合计					¥200 000.00		¥34 000.00
价税合计（大写）	⊗贰拾叁万肆仟元整				（小写）¥234 000.00		
销售方	名　　称：天津仪器厂 纳税人识别号：120200010001001 地址、电 话：天津市滨江路 148 号 25982633 开户行及账号：工行滨江路支行 6847350125678			备注	天津仪器厂 120223598615541 发票专用章		

收款人：赵秀敏　　复核：张艳娇　　开票人：李彩云　　销售方：（章）

第二联 发票联 购买方记账凭证

单据 21.6.2

1206144130　　**天津增值税专用发票**　　№ 09010001

发票联

开票日期：2014 年 12 月 5 日

购买方	名　　称：河北阳光啤酒集团有限公司 纳税人识别号：130620041011029 地址、电 话：河北省万春市春江路 8008 号 89798969 开户行及账号：建设银行万春第一支行 1300160000111122220 1				密码区	本书略	
货物或应税劳务、服务名称	规格型号	单位	数量	单价	金 额	税率	税　额
产品质量检测仪		台	1	200 000.00	200 000.00	17%	34 000.00
合计					¥200 000.00		¥34 000.00
价税合计（大写）	⊗贰拾叁万肆仟元整				（小写）¥234 000.00		
销售方	名　　称：天津仪器厂 纳税人识别号：120200010001001 地址、电 话：天津市滨江路 148 号 25982633 开户行及账号：建设银行滨江支行 1201000100010001 0001			备注	天津仪器厂 120223598615541 发票专用章		

收款人：赵秀敏　　复核：张艳娇　　开票人：李彩云　　销售方：（章）

第三联 发票联 购买方记账凭证

单据 21.6.3

货物运输业增值税专用发票

1206144230　　　　发票联　　　　No 12010002

开票日期：2014 年 12 月 5 日

承运人及纳税人识别号	顺达物流公司 110101000100001			密码区	本书略		
实际受票方及纳税人识别号	河北阳光啤酒集团有限公司 130620041011029						
收货人及纳税人识别号	河北阳光啤酒集团有限公司 130620041011029			发货人及纳税人识别号	天津仪器厂 120200010001001		
起运地、经由、到达地	天津至万春						
费用项目及金额	运费 3 590 元			运输货物信息			
合计金额	3590.00	税率	11%	税额	394.90	机器编号	12
价税合计（大写）	⊗叁仟玖佰捌拾肆元玖角				（小写）¥3 984.90		
车种车号	货车 12121	车船吨位	40	备注			
主管税务机关及代码	国家税务局天津西街分局 6523144						

收款人：王龙　　复核：王遥　　开票人：赵小雨　　承运人：（章）

第二联　抵扣联　受票方扣税凭证

单据 21.6.4

货物运输业增值税专用发票

1306144230　　　　发票联　　　　No 10101010

开票日期：2014 年 12 月 1 日

承运人及纳税人识别号	顺利物流公司 120102060202779			密码区	本书略		
实际受票方及纳税人识别号	河北阳光啤酒集团有限公司 130620041011029						
收货人及纳税人识别号	河北阳光啤酒集团有限公司 130620041011029			发货人及纳税人识别号	天津仪器厂 120200010001001		
起运地、经由、到达地							
费用项目及金额	运费 3 590 元			运输货物信息			
合计金额	3590.00	税率	11%	税额	394.90	机器编号	
价税合计（大写）	⊗叁仟玖佰捌拾肆元玖角				（小写）¥3 984.90		
车种车号	货车 12121	车船吨位	40	备注			
主管税务机关及代码	国家税务局天津西街分局 6523144						

收款人：王龙　　复核：王遥　　开票人：赵小雨　　承运人：（章）

第三联　发票联　受票方记账凭证

单据 21.6.5

固定资产移交使用报告单

2014 年 12 月 5 日

名　　称	规格型号	单位	数量	设备价款（元）	预计使用年限	使用单位
产品质量检测仪		台	1	203 590.00	10 年	品控部
备注	2014 年 12 月投入使用					

使用部门主管：赵　涛　　会计：周宏伟　　制单：赵　丽

单据 21.6.6

中国建设银行实时通付款凭证

存根/回单联

130000306700

附加信息

签发日期 2014 年 12 月 05 日

单位主管：孙丽丽　　会计：周宏伟

收款人：天津仪器厂
金　额：237 984.90
用　途：支付设备款和代垫运费

□ 现金支票功能

□ 转账支票功能

☑ 汇兑功能

□ 银行汇票申请功能

□ 银行本票申请功能

银行办讫签章：

中国建设银行股份有限公司 万春第一支行 2014.12.05 办讫章

业务 22

单据 22.1.1

1300124330　　河北增值税普通发票　　№ 09010001

发票联

开票日期：2014 年 12 月 5 日

购买方	名　　称：河北阳光啤酒集团有限公司 纳税人识别号：130620041011029 地址、电 话：河北省万春市春江路 8008 号 89798969 开户行及账号：建设银行万春第一支行 13001600001111222201				密码区	本书略		
货物或应税劳务、服务名称	规格型号	单位	数 量	单价	金 额	税率	税 额	
(财会)培训费			4	943.40	3 773.60	6%	226.40	
合计					¥3 773.60		¥226.40	
价税合计（大写）	⊗肆仟元整				（小写）¥4 000.00			
销售方	名　　称：东方培训中心 纳税人识别号：130602000100011 地址、电 话：万春市滨江路 148 号 25982633 开户行及账号：建设银行滨江支行 13001600001111222206				备注	东方培训中心 130602000100011 发票专用章		

第二联　发票联　购买方记账凭证

收款人：赵敏　　复核：张艳　　开票人：李云云　　销售方：（章）

注：财务部员工现金报销培训费。

业务 23

单据 23.1.1

中国建设银行实时通付款凭证

存根/回单联

130000306701

附加信息

签发日期 2014 年 12 月 05 日

单位主管：孙丽丽　　会计：周宏伟

收款人：河北阳光啤酒集团有限公司
金　额：10 000.00
用　途：提取现金备用

☑ 现金支票功能
☐ 转账支票功能
☐ 汇兑功能
☐ 银行汇票申请功能
☐ 银行本票申请功能

中国建设银行股份有限公司 万春第一支行 2014.12.05 办讫章

银行办讫签章：

业务 24

单据 24.2.1

河北省国家税务局通用机打发票

发票代码：113021420020
发票号码：04001001

开票日期：2014-12-05　　行业分类：

付款单位：河北阳光啤酒集团有限公司	纳税识别号：130620041011029	机打代码：113021420020	
收款单位：光荣加油站	纳税识别号：130601001222206	机打号码：04001001	
税务机关：万春地税一局	机关代码：13020123		
项目	单价	数量	金额
车用汽油	6.8	5 882.35	¥40 000.00
开票人：赵海燕			
合计（大写）	人民币肆万元整		

第一联　发票联　付款方式记账凭证

单据 24.2.2

中国建设银行实时通付款凭证
存根/回单联

130000306702

附加信息

签发日期 2014 年 12 月 05 日

单位主管：孙丽丽　　会计：周宏伟

收款人：光荣加油站
金　额：40 000.00
用　途：汽车用油

□ 现金支票功能
☑ 转账支票功能
□ 汇兑功能
□ 银行汇票申请功能
□ 银行本票申请功能

银行办讫签章：中国建设银行股份有限公司 万春第一支行 2014.12.05 办讫章

业务 25

单据 25.1.1

中国建设银行 信汇凭证（收账通知）4

委托日期 2014 年 12 月 05 日

汇款人			收款人		
汇款人	全　称	上海代理商	收款人	全　称	河北阳光啤酒集团有限公司
	账　号	770267425818973		账　号	13001600001111222201
	汇出地点	上海市		汇入地点	河北省万春市
汇出行名称		农业银行虹口分行	汇入行名称		建设银行万春第一支行

金额	人民币（大写）	万	千	百	十	万	千	百	十	万	千	百	十	元	角	分
	壹佰万元整						¥	1	0	0	0	0	0	0	0	0

汇入行签章	支付密码
中国建设银行股份有限公司 万春第一支行 2014.12.05 办讫章	附加信息及用途：货款
	复核　　记账

此联给收款人的收账通知

业务 26

单据 26.1.1

中国建设银行实时通付款凭证

存根/回单联

130000306703

附加信息

签发日期 2014 年 12 月 05 日

单位主管：孙丽丽　　会计：周宏伟

收款人：北京利发啤酒物资供应公司
金　额：6 400 000.00
用　途：货款

☐ 现金支票功能

☐ 转账支票功能

☑ 汇兑功能

☐ 银行汇票申请功能

☐ 银行本票申请功能

银行办讫签章：

中国建设银行股份有限公司
万春第一支行
2014.12.05
办讫章

业务 27

单据 27.2.1

中国建设银行 进账单（收账通知）3

2014 年 12 月 05 日

付款人	全　称	天津代理商	收款人	全　称	河北阳光啤酒集团有限公司
	账　号	584000535123654		账　号	13001600001111222201
	开户银行	工商银行天津二支行		开户银行	中国建设银行万春第一支行
金额	人民币（大写）	壹仟零柒拾陆万肆仟元整		万千百十万千百十元角分	¥ 1 0 7 6 4 0 0 0 0 0
票据种类	银行汇票	票据张数	2		
票据号码					
	复核　记账			开户银行签章	中国建设银行股份有限公司 万春第一支行 2014.12.05 办讫章

此联是开户银行交给收款人人收账通知

单据 27.2.2

河北增值税专用发票　　No 75700034

1306144130

此联不作报销、扣税凭证使用　　开票日期：2014 年 12 月 06 日

购买方	名　　称：天津代理商 纳税人识别号：120116432328795 地 址、电 话：天津市滨河路 32 号 26347888 开户行及账号：工商银行天津二支行 584000535123654				密码区	本书略		
货物或应税劳务、服务名称	规格型号	单位	数 量	单价	金 额	税率	税　额	
纯生瓶装啤酒		吨	600	6 000	3 600 000.00	17%	612 000.00	
普通瓶装啤酒		吨	2 000	2 800	5 600 000.00	17%	952 000.00	
合计					¥9 200 000.00		¥1 564 000.00	
价税合计（大写）	⊗壹仟零柒拾陆万肆仟元整					（小写）¥10 764 000.00		
销售方	名　　称：河北阳光啤酒集团有限公司 纳税人识别号：130620041011029 地址、电 话：河北省万春市春江路 8008 号 89798969 开户行及账号：建设银行万春第一支行 13001600001111222201				备注	河北阳光啤酒集团有限公司 130620041011029 发票专用章		

收款人：王明强　　复核：周宏伟　　开票人：郑祥林　　销售方：（章）

第一联　记账联　销售方记账凭证

业务 28

单据 28.1.1

现金股利派发通知书 　　6765 号

河北阳光啤酒集团有限公司：

根据股东大会决议，公司向全体股东每股派发上半年现金股利 0.1 元（含税），你公司拥有股份数 1 500 000 股，派发现金股利计 150 000 元（大写：人民币壹拾伍万元整）。

河海公司

2014 年 12 月 06 日

业务 29

单据 29.2.1

河北增值税专用发票　　No 75700035

1306144130

此联不作报销、扣税凭证使用　　开票日期：2014 年 12 月 06

购买方	名　　称：济南代理商 纳税人识别号：370100432328795 地 址、电 话：济南市长青路 36 号 34347898 开户行及账号：工商银行长青支行 675843215445536				密码区	本书略	
货物或应税劳务、服务名称	规格型号	单位	数 量	单价	金 额	税率	税 额
纯生瓶装啤酒		吨	600	6 000	3 600 000.00	17%	612 000.00
普通瓶装啤酒		吨	2 000	2 800	5 600 000.00	17%	952 000.00
合计					¥9 200 000.00		¥1 564 000.00
价税合计（大写）	⊗壹仟零柒拾陆万肆仟元整					（小写）¥10 764 000.00	
销售方	名　　称：河北阳光啤酒集团有限公司 纳税人识别号：130620041011029 地址、电 话：河北省万春市春江路 8008 号 89798969 开户行及账号：建设银行万春第一支行 13001600001111222201				备注	河北阳光啤酒集团有限公司 130620041011029 发票专用章	

收款人：王明强　　复核：周宏伟　　开票人：郑祥林　　销售方：（章）

第一联　记账联　销售方记账凭证

单据 29.2.2

托收凭证（受理回单）　　1

委托日期 2014 年 12 月 06 日

业务类型	委托收款（☑邮划 ☐电划）			托收承付（☐邮划☐电划）			
付款人	全称	济南代理商		收款人	全称	河北阳光啤酒集团有限公司	
	账号	675843215445536			账号	13001600001111222201	
	地址	山东省济南市	开户行 建行长青支行		地址	河北省万春市	开户行 建行万春第一支行
金额	人民币（大写）	壹仟零柒拾陆万肆仟元整				亿千百十万千百十元角分	¥ 1 0 7 6 4 0 0 0 0 0
款项内容	货款、运费	托收凭据名称	增值税专用发票	附寄单证张数	贰张		
商品发运情况	已经发货			合同名称号码	2014－210		
备注： 复核　　记账		款项收妥日期 年　月　日		中国建设银行股份有限公司 万春第一支行 2014.12.06 办讫章 收款人开户银行签章 2014 年 12 月 06 日			

此联收款人开户行给收款人的受理回单

业务 30

单据 30.1.1

入　库　单

材料科目：周转材料　　　　收料单编号：字第 1205

供应单位：北京市光华制盖厂

发票号码：08010001　　　　2014 年 12 月 06 日　　　　收料仓库：2 号材料仓库

材料编号	材料名称	规格	单位	数量		买价		其他	实际成本	
				应收	实收	单价	金额		总成本	单位成本
	啤酒瓶盖		个	18 000 000	18 000 000	0.03	540 000		540 000	0.03
检验结果：合格				合计			540 000		540 000	0.03
备注										

检验员 石晓光　　　　收料员 周丽影　　　　记账员：郑祥林

第二联　记账联

业务 31

单据 31.1.1

入 库 单

材料科目：周转材料　　　　收料单编号：字第 1206

供应单位：北京市光明商标厂

发票号码：05010001　　　　2014 年 12 月 06 日　　　　收料仓库：2 号材料仓库

材料编号	材料名称	规格	单位	数量		买价		其他	实际成本	
				应收	实收	单价	金额		总成本	单位成本
	纯生啤酒商标		个	6 000 000	6 000 000	0.05	300 000		300 000	0.05
	普通啤酒商标		个	12 000 000	12 000 000	0.05	600 000		600 000	0.05
检验结果：合格				合计			900 000		900 000	
备注										

第二联　记账联

检验员 石晓光　　　　收料员 周丽影　　　　记账员：郑祥林

业务 32

单据 32.2.1

河北增值税专用发票

1306144130　　　　№ 75700036

此联不作报销、扣税凭证使用　　开票日期：2014 年 12 月 07 日

购买方	名　　称：石家庄代理商 纳税人识别号：131102870703042 地 址、电 话：石家庄市永华路 60 号 5885688 开户行及账号：工商银行永华路支行 584000586642312	密码区	本书略

货物或应税劳务、服务名称	规格型号	单位	数 量	单价	金 额	税率	税　额
纯生瓶装啤酒		吨	600	6 000	3 600 000.00	17%	612 000.00
普通瓶装啤酒		吨	2 000	2 800	5 600 000.00	17%	952 000.00
合计					¥9 200 000.00		¥1 564 000.00
价税合计（大写）	⊗壹仟零柒拾陆万肆仟元整						（小写）¥10 764 000.00

销售方	名　　称：河北阳光啤酒集团有限公司 纳税人识别号：130620041011029 地址、电 话：河北省万春市春江路8008 号 89798969 开户行及账号：建设银行万春第一支行13001600001111222201	备注	

收款人：王明强　　复核：周宏伟　　开票人：郑祥林　　销售方：（章）

第一联　记账联　销售方记账凭证

单据 32.2.2

银行承兑汇票　　2

汇票号码 5668528

出票日期（大写）贰零壹肆年壹拾贰月零柒日

出票人全称	石家庄代理商	收款人	全　称	河北阳光啤酒有限公司
出票人账号	110228773681042		账　号	1300160000111222201
付款行全称	工商银行永华路支行		汇入地点	建设银行万春第一支行
出票金额	人民币（大写）壹仟零柒拾陆万肆仟元整		万 千 百 十 万 千 百 十 元 角 分	¥ 1 0 7 6 4 0 0 0 0 0
汇票到期日（大写）	贰零壹壹年零壹月零伍日	付款人开户行	行号	3512
交易合同号码	2014-168		地址	石家庄市永华路60号
本汇票请你行承兑，到期无条件付款 出票人签章	本汇票已经承兑，到期日由本行付款 承兑行签章 承兑日期 2014 年 12 月 07 日 备注		复核	记账

此联收款人开户行随托收凭证寄付款行作借方凭证附件

业务 33

单据 33.3.1

领　料　单

材料科目：周转材料　　领料车间（部门）：酿造部　　材料类别：低值易耗品

用途：生产产品　　2014 年 12 月 07 日　　编号：12401

材料编号	材料名称	规格	计量单位	数量		实际成本	
				请领	实发	单位成本	金额
	工作服		套	10	10	100.00	1 000.00
	工作鞋		双	10	10	150.00	1 500.00
	手套		双	10	10	2.00	20.00
合　计							2 520.00
备注							

第三联　记账联

记账：郑祥林　　发料：周丽影　　领料部门：酿造车间　　领料人：李红

单据 33.3.2

领　料　单

材料科目：周转材料　　　领料车间（部门）：包装部　　　材料类别：低值易耗品

用途：生产产品　　　2014 年 12 月 07 日　　　编号：12402

材料编号	材料名称	规格	计量单位	数量		实际成本	
				请领	实发	单位成本	金额
	工作服		套	20	20	100.00	2 000.00
	工作鞋		双	20	20	150.00	3 000.00
	手套		双	20	20	2.00	40.00
合　计							5 040.00
备注							

第三联　记账联

记账：郑祥林　　　发料：周丽影　　　领料部门：包装车间　　　领料人：李 莉

单据 33.3.3

领　料　单

材料科目：周转材料　　　领料车间（部门）：工程部　　　材料类别：周转材料

用途：生产产品　　　2014 年 12 月 7 日　　　编号：12403

材料编号	材料名称	规格	计量单位	数量		实际成本	
				请领	实发	单位成本	金额
	润滑油		千克	10	10	8.00	80.00
合　计							80.00
备注							

第三联　记账联

记账：郑祥林　　　发料：周丽影　　　领料部门：包装车间　　　领料人：李 莉

业务 34

单据 34.7.1

中 华 人 民 共 和 国　　　　国

税 收 通 用 缴 款 书

号 0001

隶属关系：市属企业　　　　征收机关：万春市国家税务局

注册类型：股份制经济　　　填制日期：2014 年 12 月 07 日

缴款单位	代码	130620041011029	预算科目	编码	101010103
	全称	河北阳光啤酒集团有限公司		名称	增值税
	开户银行	中国建设银行万春第一支行		级次	中央 75%省市 12.5%地市 12.5%
	账号	13001600001111222201	收缴国库		市金库
税款所属时期：2014 年 11 月			税收限缴日期：2014 年 12 月 15 日		

品目名称	课税数量	计税金额	税率或单位税额	已缴或扣除额	实缴金额
啤酒					1 000 000.00
金额合计	人民币（大写）壹佰万元整				¥1 000 000.00
缴款单位（盖章） 经办人（章）	税务机关（盖章） 填票人（章）		上列款项已收妥并划转国库 2014 年 12 月 07 日		备注：

逾期不缴按税法规定加收滞纳金

单据 34.7.2

中 华 人 民 共 和 国　　　　国

税 收 通 用 缴 款 书

号 0002

隶属关系：市属企业　　　　征收机关：万春市国家税务局

注册类型：股份制经济　　　填制日期：2014 年 12 月 07 日

缴款单位	代码	130620041011029	预算科目	编码	101010103
	全称	河北阳光啤酒有限公司		名称	消费税
	开户银行	中国建设银行万春第一支行		级次	中央 100$
	账号	13001600001111222201	收缴国库		市金库
税款所属时期：2014 年 11 月			税收限缴日期：2014 年 12 月 15 日		

品目名称	课税数量	计税金额	税率或单位税额	已缴或扣除额	实缴金额
消费税					2 000 000.00
金额合计	人民币（大写）贰佰万元整				¥2 000 000.00
缴款单位（盖章） 经办人（章）	税务机关（盖章） 填票人（章）		上列款项已收妥并划转国库 2014 年 12 月 07 日		备注：

逾期不缴按税法规定加收滞纳金

单据 34.7.3

中华人民共和国 国

税收通用缴款书

号 0003

隶属关系：市属企业　　征收机关：万春市国家税务局

注册类型：股份制经济　　填制日期：2014 年 12 月 07 日

缴款单位	代码	130620041011029	预算科目	编码	101043399
	全称	河北阳光啤酒集团有限公司		名称	企业所得税
	开户银行	中国建设银行万春第一支行		级次	中央 60%省市 20%地市 20%
	账号	13001600001111222201	收缴国库		市金库
税款所属时期：2014 年 11 月			税收限缴日期：2014 年 12 月 15 日		

品目名称	课税数量	计税金额	税率或单位税额	已缴或扣除额	实缴金额
企业所得税					3 200 000.00
金额合计	人民币（大写）叁佰贰拾万元整				¥3 200 000.00
缴款单位（盖章） 经办人（章）		税务机关（盖章） 填票人（章）	上列款项已收妥并划转国库 2014 年 12 月 07 日		备注：

逾期不缴按税法规定加收滞纳金

单据 34.7.4

中国建设银行 China Construction Bank

中国建设银行单位客户专用回单

转账日期：2014 年 12 月 07 日　　凭证字号：20141207200410300

纳税人全称及纳税人识别号：河北阳光啤酒集团有限公司　130620041011029

付款人全称：河北阳光啤酒集团有限公司

付款人账号：13001600001111222201　　征收机关名称：万春市地方税务局

付款人开户行：中国建设银行万春第一支行　　收款国库（银行）名称：金库万春市支库

小写（合计）金额：¥6 200 000.00　　缴款书交易流水号：2014120711010101

大写（合计）金额：人民币陆佰贰拾万元整　　税票号码：AAj14120700001001

税（费）种名称	所属时期	实缴金额
增值税	20141101-20141130	1 000 000.00
消费税	20141101-20141130	2 000 000.00
企业所得税	20141101-20141130	3 200 000.00

本回单可通过建行对公自助设备或建行网站校验真伪

单据 34.7.5

中华人民共和国　地

税收通用缴款书

号 0004

隶属关系：市属企业　　征收机关：万春市地方税务局

注册类型：股份制经济　　填制日期：2014 年 12 月 07 日

缴款单位	代码	130620041011029	预算科目	编码	101090300
	全称	河北阳光啤酒集团有限公司		名称	城市维护建设税、教育费附加
	开户银行	中国建设银行万春第一支行		级次	市级 40%区级 60%
	账号	13001600001111222201	收缴国库		市金库
税款所属时期：2014 年 11 月			税收限缴日期：2014 年 12 月 15 日		

品目名称	课税数量	计税金额	税率或单位税额	已缴或扣除额	实缴金额
城市维护建设税					210 000.00
教育费附加					90 000.00
合　计					¥300 000.00
金额合计	人民币（大写）叁拾万元整				
缴款单位（盖章） 经办人（章）	税务机关（盖章） 填票人（章）	上列款项已收妥并划转国库 2014 年 12 月 07 日			备注：

单据 34.7.6

中华人民共和国　地

税收通用缴款书

号 0005

隶属关系：市属企业　　征收机关：万春市地方税务局

注册类型：股份制经济　　填制日期：2014 年 12 月 07 日

缴款单位	代码	130620041011029	预算科目	编码	101060109
	全称	河北阳光啤酒有限公司		名称	个人所得税
	开户银行	中国建设银行万春第一支行		级次	中央 60%省市 20%地市 20%
	账号	13001600001111222201	收缴国库		市金库
税款所属时期：2014 年 11 月			税收限缴日期：2014 年 12 月 15 日		

项　目	课税数量	计税金额	税率或单位税额	已缴或扣除额	实缴金额
个人所得税					6 150.00
合　计					¥6 150.00
金额合计	人民币（大写）陆仟壹佰伍拾元整				
缴款单位（盖章） 经办人（章）	税务机关（盖章） 填票人（章）	上列款项已收妥并划转国库 2014 年 12 月 07 日			备注：

单据 34.7.7

中国建设银行 China Construction Bank

中国建设银行单位客户专用回单

转账日期：2014 年 12 月 07 日　　　　凭证字号：20141207200410301

纳税人全称及纳税人识别号：河北阳光啤酒集团有限公司 130620041011029		
付款人全称：河北阳光啤酒集团有限公司		
付款人账号：13001600001111222201	征收机关名称：万春市地方税务局	
付款人开户行：中国建设银行万春市支行	收款国库（银行）名称：金库万春市支库	
小写（合计）金额：¥306 150.00	缴款书交易流水号：2014120711010102	
大写（合计）金额：人民币叁拾万零陆仟壹佰伍拾元整	税票号码：AAj14120700001002	
税（费）种名称	所属时期	实缴金额
城市维护建设税	20141101-20141130	210 000.00
教育费附加	20141101-20141130	90 000.00
个人所得税	20141101-20141130	6 150.00

（印章：中国建设银行 电子回单 专用章）

本回单可通过建行对公自助设备或建行网站校验真伪

业务 35

单据 35.1.1

中国建设银行电汇凭证（收账通知）1

■普通　　☐加急　　委托日期 2014 年 12 月 05 日

汇款人	全称	天津代理商	收款人	全称	河北阳光啤酒集团有限公司
	账号	584000535123654		账号	13001600001111222201
	汇出地点	天津市		汇入地点	河北省万春市
汇出行名称		建行天津市支行	汇入行名称		建设银行万春第一支行
金额	人民币（大写）	肆拾贰万壹仟贰佰元整	万千百十万千百十万千百十元角分		¥ 4 2 1 2 0 0 0 0
（印章：中国建设银行股份有限公司 万春第一支行 2014.12.08 办讫章） 汇出行签章			支付密码 附加信息及用途：货款 复核　　记账		

此联汇出行给汇款人的回单

业务 36

单据 36.2.1

1300124330　　　　河北增值税普通发票　　　　№ 09010001

发票联

开票日期：2014 年 12 月 08 日

购买方	名　　称：河北阳光啤酒集团有限公司 纳税人识别号：130620041011029 地址、电 话：河北省万春市春江路 8008 号 89798969 开户行及账号：建设银行万春第一支行 13001600001111222201			密码区	本书略		
货物或应税劳务、服务名称	规格型号	单位	数 量	单价	金 额	税率	税 额
基础电信服务费					3 773.60	6%	226.40
增值电信服务费					8 108.10	11%	891.90
合计					¥11 881.70		¥1 118.30
价税合计（大写）	⊗壹万叁仟元整				（小写）¥13 000.00		
销售方	名　　称：通信公司万春有限公司 纳税人识别号：130601000011101 地址、电 话：万春市滨江路 148 号 25982633 开户行及账号：建设银行滨江支行 13001600001111222216			备注	通信公司万春有限公司 130601000011101 发票专用章		

收款人：赵敏　　复核：张艳　　开票人：李云云　　销售方：（章）

第二联　发票联　购买方记账凭证

注：通信服务费金额 13 000 元。其中，管理部门 3 000 元，销售、物流部门 8 800 元，工程部 400 元，酿造部 400 元，包装部 400 元。

单据 36.2.2

中国建设银行实时通付款凭证

存根/回单联

130000306704

附加信息

签发日期 2014 年 12 月 08 日

单位主管：孙丽丽　　会计：周宏伟

收款人：通信公司万春有限公司
金　额：13 000.00
用　途：电信服务费

☐ 现金支票功能
☑ 转账支票功能
☐ 汇兑功能
☐ 银行汇票申请功能
☐ 银行本票申请功能

中国建设银行股份有限公司 万春第一支行 2014.12.08 办讫章

银行办讫签章：

38.5.

业务 37

单据 37.1.1

中国建设银行进账单（收账通知）3

2014 年　12　月 09 日

付款人	全　称	北京代理商	收款人	全　称	河北阳光啤酒集团有限公司
	账　号	584000535123653		账　号	13001600001111222201
	开户银行	工商银行万寿路支行		开户银行	农业银行万春市支行

金额	人民币（大写）贰拾捌万零捌佰元整	万	千	百	十	万	千	百	十	元	角	分
				¥	2	8	0	8	0	0	0	0

票据种类	银行汇票	票据张数	2
票据号码	11045555		
复核　记账			中国建设银行股份有限公司 万春第一支行 2014.12.08 办讫章 收款人开户银行盖章 2014 年 12 月 09 日

业务 38

单据 38.5.1

万春市医疗保险基金汇（补）缴单凭证（缴费收据）

（河北省财政厅监制章）

No 147448980

单位编号：　　2014 年 12 月 10 日　　结算期：　年　月

付款单位	全　称	河北阳光啤酒集团有限公司	收款单位	全　称	万春市医疗保险基金管理中心
	银行账户	13001600001111222201		专户账户	4576234455667798899
	开户银行	中国建设银行万春第一支行		开户银行	工行春江路支行

金额	人民币（大写）	贰拾壹万贰仟壹佰元整	千	百	十	万	千	百	十	元	角	分
				¥	2	1	2	1	0	0	0	0

基本医疗保险费			城镇居民医疗保险	生育保险费	公务员医疗补助	滞纳金	付款单位要完整填写上述内容，并在第一联此处加盖印鉴章作付款通知。
小计	单位	个人					
199 500	157 500	42 000		12 600			

大病统筹保险费			意外伤害保险费			补缴社保费			中国工商银行股份有限公司 春江路支行 2014.12.10 办讫章 银行盖章
小计	单位	个人	小计	单位	个人	小计	单位	个人	
备注									

会计　　复核　　记账

①银行盖章后退付款单位记账

单据 38.5.2

万春市住房公积金汇（补）缴单凭证（回单）　　No 007448980

2014 年 12 月 10 日　　1

付款单位	全称	河北阳光啤酒集团有限公司	收款单位	全称	万春市住房公积金金管理中心
	银行账户	1300160000111222201		专户账户	55987654321345656
	开户银行	中国建设银行万春市第一支行		开户银行	工行春江路支行

金额	人民币（大写）	千	百	十	万	千	百	十	元	角	分
	叁拾柒万捌仟元整		¥	3	7	8	0	0	0	0	0

单位公积金账户	款项内容	缴存时间	附寄单证	变更清册　张 补缴清册　张
	住房公积金	2014.12		

上月汇缴		本月增加汇缴		本月减少汇缴		本月汇缴	
人数	金额	人数	金额	人数	金额	人数	金额

号上述内容

中国工商银行股份有限公司 春江路支行 2014.12.10 办讫章

住房公积金管理中心盖章

会计　　复核　　记账

此联住房公积金管理中心盖章后退付款单位记账

单据 38.5.3

中国建设银行 China Construction Bank

中国建设银行单位客户专用回单

转账日期：2014 年 12 月 10 日　　凭证字号：20141210200410303

纳税人全称及纳税人识别号：河北阳光啤酒集团有限公司　130620041011029

付款人全称：河北阳光啤酒集团有限公司

付款人账号：1300160000111222201　　征收机关名称：万春市地方税务局

付款人开户银行：中国建设银行万春市第一支行　　收缴国库（银行）名称：国家金库万春市支库

小写（合计）金额：¥588 000.00　　缴款书交易流水号：BBJ20008889991

大写（合计）金额：伍拾捌万捌仟元整　　税款号码：BBJ20008889991

税（费）种名称	所属日期	实缴金额
基本养老保险费	20141101.20141130	¥588 000.00

中国建设银行 电子回单专用章

单据 38.5.4

中国建设银行 China Construction Bank

中国建设银行单位客户专用回单

转账日期：2014 年 12 月 10 日　　凭证字号：20141210200410304

纳税人全称及纳税人识别号：河北阳光啤酒集团有限公司　130620041011029

付款人全称：河北阳光啤酒集团有限公司

付款人账号：1300160000111222201　　征收机关名称：万春市地方税务局

付款人开户银行：中国建设银行万春市第一支行　　收缴国库（银行）名称：国家金库万春市支库

小写（合计）金额：¥63000.00　　缴款书交易流水号：BBJ20008889992

大写（合计）金额：陆万零叁仟元整　　税款号码：BBJ20008889992

税（费）种名称	所属日期	实缴金额
失业保险	20141101-20141130	¥63 000.00

中国建设银行 电子回单专用章

单据 38.5.5

委托收款凭证（付款通知）　　　　委收号码

委邮　　委托日期：　2014 年　12 月　10 日　　　　付款期限　年　月　日　　第　号

<table>
<tr><td rowspan="3">付款人</td><td>全　称</td><td>河北阳光啤酒集团有限公司</td><td rowspan="3">收款人</td><td>全　称</td><td>万春国家南市区社会保险事业管理所</td></tr>
<tr><td>账　号</td><td>13001600001111222201</td><td>账　号</td><td>66987654321345678</td></tr>
<tr><td>开户银行</td><td>中国建设银行万春市第一支行</td><td>开户银行</td><td>工行春江路支行</td></tr>
<tr><td colspan="2">托收金额</td><td>人民币（大写）</td><td colspan="2">贰万壹仟元整</td><td>千 百 十 万 千 百 十 元 角 分
¥ 2 1 0 0 0 0 0</td></tr>
<tr><td colspan="2">款项内容</td><td></td><td colspan="2">委托收款凭据名称：税务款项</td><td>附寄单证张数</td></tr>
<tr><td colspan="2">备注：
工伤保险</td><td colspan="4">付款人注意：
1. 根据支付结算办法规定办理委托收款，在付款期限内未提出拒付，即视为同意付款。
2. 如需提前付款或多付款，应另写书面通知送银行办理。
3. 如需提出全部或部分拒付，应在付款期限内另填拒绝付款，将拒付理由书并附债务证明退交开户银行</td></tr>
</table>

单位主管　　会计　　复核　　记账　　　　　付款人开户银行盖章　　月　日

此联付款人开会银行给付款人按时付款的通知

（印章：万春国家南市区社会保险事业管理所 财务专用章；中国工商银行股份有限公司 春江路支行 2014.12.10 办讫章）

业务 39

单据 39.1.1

中国建设银行实时通付款凭证

存根/回单联

130000306705

附加信息

签发日期　2014 年 12 月 10 日

单位主管：孙丽丽　　会计：周宏伟

收款人：顺发物流公司
金　额：150 000.00 元
用　途：预付运费

☐ 现金功能

☑ 转账支票功能

☐ 汇兑功能

☐ 银行汇票申请功能

☐ 银行本票申请功能

银行办讫签章：

（印章：中国建设银行股份有限公司 万春第一支行 2014.12.10 办讫章）

业务 40

单据 40.3.1

职工补助申请审批表

申请人姓名	申请原因	申请补助金额	审批补助金额	申请人签收
孙梅	父亲生病家庭困难	3 000.00	3 000.00	孙梅
李勤	医药费	6 000.00	6 000.00	李勤
合计金额人民币（大写）玖仟元整			小写：¥9 000.00	
审查意见：　同意				

现金付讫

单位负责人　钱二国

日期：2014 年 12 月 10 日

单据 40.3.2

河北省门诊统一收费收据

医院名称：万春市第二医院　　日期：2014 年 12 月 10 日　　No 7200221

姓名：孙梅	科室：急诊	项目：烧伤药费等
应收额：12 076 元		实收额：12 076 元
人民币大写：壹万贰仟零柒拾陆元整		

报销凭证

收费员：1003

盖章有效　遗失不补

单据 40.3.3

河北省门诊统一收费收据

医院名称：万春市第二医院　　日期：2014 年 12 月 10 日　　No 7200251

姓名：李勤	科室：外科	项目：手术费等
应收额：6 000 元	实收额：6 000 元	
人民币大写：陆仟元整		

收费员：1003

盖章有效　遗失不补

业务 41

单据 41.3.1

3706144130　　　　山东增值税专用发票　　　　No 37010001

抵扣联　　　　开票日期：2014 年 12 月 10 日

购买方	名　　称：河北阳光啤酒集团有限公司 纳税人识别号：130620041011029 地址、电 话：河北省万春市春江路8008 号 89798969 开户行及账号：建设银行万春第一支行1300160000111122201				密码区	本书略	
货物或应税劳务、服务名称	规格型号	单位	数 量	单价	金 额	税率	税　额
麦芽		吨	400	4 500.00	1800 000.00	17%	306 000.00
合　计					¥1 800 000.00		¥306 000.00
价税合计（大写）	⊗贰佰壹拾万陆仟元整				（小写）¥2 106 000.00		
销售方	名　　称：济南广发麦芽厂 纳税人识别号：370105560308066 地址、电 话：山东省济南市南坝路 45 号 6586288 开户行及账号：建设银行南坝支行37010000111122220003				备注	济南广发麦芽厂 370105560308066 发票专用章	

收款人：马玉强　　复核：刘 芳　　开票人：王秋菊　　销售方：（章）

第二联　抵扣联　购买方扣税凭证

单据 41.3.2

3706144130　　　　山东增值税专用发票　　　　No 37010001

发票联　　　　开票日期：2014 年 12 月 10 日

购买方	名　　称：河北阳光啤酒集团有限公司 纳税人识别号：130620041011029 地址、电 话：河北省万春市春江路8008 号 89798969 开户行及账号：建设银行万春第一支行1300160000111122201				密码区	本书略	
货物或应税劳务、服务名称	规格型号	单位	数 量	单价	金 额	税率	税　额
麦芽		吨	400	4 500.00	1 800 000.00	17%	306 000.00
合　计					¥1 800 000.00		¥306 000.00
价税合计（大写）	⊗贰佰壹拾万陆仟元整				（小写）¥2 106 000.00		
销售方	名　　称：济南广发麦芽厂 纳税人识别号：370105560308066 地址、电 话：山东省济南市南坝路 45 号 6586288 开户行及账号：建设银行南坝支行37010000111122220003				备注	济南广发麦芽厂 370105560308066 发票专用章	

收款人：马玉强　　复核：刘 芳　　开票人：王秋菊　　销售方：（章）

第三联　发票联　购买方记账凭证

单据 41.3.3

付款期限
壹个月

中国建设银行

河北 CB 01 13062324

银行汇票（多余款收账通知）

出票日期：（大写）贰零壹肆年壹拾贰月零贰日

代理付款行：农行南坝路支行　行号：××××

收款人：济南广发麦芽厂　账号：014403780105033

出票金额　人民币　叁佰陆拾万元整　3 600 000.00

实际结算金额	人民币（大写）	贰佰壹拾万零陆仟元整	千	百	十	万	千	百	十	元	角	分
				2	1	0	6	0	0	0	0	0

申请人：河北阳光啤酒集团有限公司　账号：13001600001111222201

出票行：建设银行万春第一支行　行号：××××

备　注：

凭票付款

出票行签章

中国建设银行股份有限公司万春第一支行 汇票专用章

2014 年 12 月 02 日

密押：

多余金额

千	百	十	万	千	百	十	元	角	分
¥	1	4	9	4	0	0	0	0	0

左列多余金额已收入你账户内

中国建设银行股份有限公司 万春第一支行 2014.12.10 办讫章

复核　记账

此联退回多余款金额已收入你账户内

业务 42

单据 42.1.1

入库单

材料科目：原材料　收料单编号：字第 1207

供应单位：济南广发麦芽厂

发票号码：37010001　2014 年 12 月 12 日　收料仓库：2 号材料仓库

材料编号	材料名称	规格	单位	数量		买价		其他	实际成本	
				应收	实收	单价	金额		总成本	单位成本
	麦芽		吨	400	400	4 500	1 800 000		1 800 000	4 500
检验结果：合格				合计			1 800 000		1 800 000	
备注										

检验员 石晓光　收料员 周丽影　记账员：郑祥林

第二联 记账联

业务 43

单据 43.3.1

差旅费报销单

报销日期 2014 年 12 月 12 日　　　　　　省略车票 16 张

出差地点	合肥		出差人	赵海	部门	销售部
出差原因	市场调查					
交通费	出发地		目的地	单价	张数	小计
	万春		合肥	330	1	330
	合肥		万春	330	1	330
	合肥		增城	20	7	140
	增城		合肥	20	7	140
	小计					940
住宿费	张数		金额	小计	报销金额合计人民币（大写）壹万壹仟贰佰肆拾元整 小写：¥11 240	
	1		1 000	1 000		
包干补助	天数	人数	标准	小计		
	13	1	100	1 300	预借差旅费	10 000
其他	张数		金额	小计	应补款	1 240
招待费	4		2 000.00	8 000.00	应退款	

部门负责人签批：赵建　　　单位负责人签批：钱二国　　　财务审核签字：孙丽丽

单据 43.3.2

安徽省地方税务局通用机打发票

（印章：黑龙江省地方税务局 发票联）

发票代码：234021470020
发票号码：02001001

开票日期：2014-12-04　　　　行业分类：餐饮业

付款方名称：河北阳光啤酒集团有限公司	纳税识别号：130620041011029	机打代码：234021470020
收款方名称：合肥红树林大酒店	纳税识别号：340011001222216	机打号码：02001001
税务机关：合肥地税一局	机关代码：34020123	
项目	金额	备注
餐费	¥2 000.00	（印章：合肥红树林大酒店 340011001222216 发票专用章）
开票人：石海燕		
合计（大写）	人民币贰仟元整	

第一联　发票联　付款方式记账凭证

注：12 月 1 日，销售部的赵海报销的餐费发票共 4 张，每张金额不等，金额合计为 8 000.00 元。

单据 43.3.3

安徽省地方税务局通用机打发票

发票联

发票代码：234021470020

发票号码：02002001

开票日期：2014-12-04　　　　行业分类：住宿业

付款方名称：河北阳光啤酒集团有限公司	纳税识别号：130620041011029	机打代码：234021470020
收款方名称：合肥住得好宾馆	纳税识别号：340211001222217	机打号码：02002001
税务机关：合肥地税一局	机关代码：44020123	
项目	金额	备注
住宿费	¥1 000.00	
开票人：石艳艳		
合计（大写）	人民币壹仟元整	

第一联　发票联　付款方式记账凭证

业务 44

单据 44.1.1

托收凭证（汇款依据或收账通知）　4

委托日期 2014 年 11 月 29 日

业务类型	委托收款（☑邮划 □电划）			托收承付（□邮划□电划）			
付款人 全称	济南代理商			收款人 全称	河北阳光啤酒集团有限公司		
付款人 账号	675843215445536			收款人 账号	1300160000111122201		
付款人 地址	山东省 济南市/县	开户行	建行长青支行	收款人 地址	河北省 万春市/县	开户行	建行万春第一支行
金额	玖仟捌佰贰拾捌元整				¥9828.00（千 9 百 8 十 2 元 8 角 0 分 0）		
款项内容	货款、运费	托收凭据名称	商业承兑汇票	附寄单证张数	壹张		
商品发运情况	已经发货			合同名称号码	2014－210		
备注：人民币（大写） 复核　记账	上列款项已划回收入你方账户 收款人开户银行签章 2014 年 12 月 12 日						

此联收款人开户行给收款人的收账通知

业务 45

单据 45.3.1

流动资金借款申请书

2014 年 12 月 9 日

企业名称：河北阳光啤酒集团有限公司　　所有制性质：股份制

申请借款金额	1000 000.00	
借款用途	流动资金周转需要	
借款期限	3 个月	
还款资金来源	销货款	
申请企业：河北阳光啤酒集团有限公司		负责人：刘立强
经办行审批意见：同意借款		

单据 45.3.2

信用借款合同

经中国建设银行万春市支行（下称贷款方）与河北阳光啤酒集团有限公司（下称借款方）充分协商，根据《借款合同条例》和中国建设银行的有关规定签订本合同，共同遵守。

第一条　自2014 年 12 月 12 日起，由贷款方向借款方提供流动资金短期借款（种类）贷款（大写）壹佰万元，用于流动资金周转需要，还款期限至 2015 年 3 月 11 日止，利率按年息 5.4%计算。如遇国家贷款利率调整，按调整后的新利率和计息方法计算。

第二条　贷款方应在符合国家信贷政策、计划的前提下，按期、按额向借款方提供贷款。否则，应按违约数额和延期天数付给借款方违约金。违约金数额的计算，与逾期贷款的加息相同。

第三条　借款方愿遵守贷款方的有关贷款办法规定，并按本合同规定用途使用贷款。否则，贷款方有权停止发放贷款、收回或提前收回已发放的贷款。对违约部分，按规定加收五分之五的罚息。

第四条　借款方保证按期偿还贷款本息。利息贷款到期偿还本金时一并支付。如需延期，借款方必须在贷款到期前提出书面申请，经贷款方审查同意，签订延期还款协议。借款方不申请延期或双方签订延期还款协议的，从逾期之日起，贷款方按规定加收万分之五的罚息，并可随时从借款方存款账户中直接扣收逾期贷款本息。

借款方：河北阳光啤酒集团有限公司　　贷款方：中国建设银行万春第一支行

法人代表：赵立强　　负责人：赵永福

账号：中国建设银行万春市支行 1300160000111222201　　经办人　崔胜利

电话：89798969　　电话：6785686

地址：河北省万春市春江路 8008 号　　地址：万春市春江路 22 号

签约日期：　2014 年 12 月 11 日　　签约日期：2014 年 12 月 11 日

注：此凭据不作为记账依据。

单据 45.3.3

贷款凭证（3）（收账通知）

2014 年 12 月 12 日

贷款单位	河北阳光啤酒集团有限公司		种类	短期	贷款户账号	1300160000111122201										
金　额	人民币（大写）	壹佰万元整				千	百	十	万	千	百	十	元	角	分	
						¥	1	0	0	0	0	0	0	0	0	
用　途	流动资金周转借款		单位申请期限		自 2014 年 12 月 11 日起至 2015 年 3 月 11 日											
			银行核定期限		2014 年 12 月 11 日起至 2015 年 3 月 11 日											
上述贷款已核准发放。并已转入你单位账号。年利率 5.4%　2014 年 12 月 12 日　银行签章						单位会计分录　收入　付出　复核　记账　主管　会计										

中国建设银行股份有限公司 万春第一支行 2014.12.12 办讫章

业务 46

单据 46.1.1

中国建设银行　收费凭条

2014 年 12 月 12 日　　序号：

付款人户名	河北阳光啤酒集团有限公司			付款人账号	1300160000111122201					
服务项目（凭证种类）	数量	工本费	手续费	小计						上述款项请从我账户中支付。
				千	百	十	元	角	分	
现金支票	2	6				1	2	0	0	预留印鉴：
转账支票	3	7				2	1	0	0	河北阳光啤酒集团有限公司 财务专用章
合计					¥	3	3	0	0	
币种（大写）叁拾叁元整										
以下在购买凭证时填写										
领购人姓名	李芳芳		领购人证件类型	身份证						
			领购人证件号码	130620197904124128						

事后监督：

记账联附件

业务 47

单据 47.3.1

1206144330　　**天津增值税专用发票**　　№ 12285079

抵扣联　　开票日期：2014 年 12 月 13 日

购买方	名　　称：河北阳光啤酒集团有限公司 纳税人识别号：130620041011029 地址、电 话：河北省万春市春江路8008 号 89798969 开户行及账号：建设银行万春第一支行1300160000111122201	密码区	本书略

货物或应税劳务、服务名称	规格型号	单位	数 量	单价	金 额	税率	税 额
恒利大米		吨	600	2 100.00	1 260 000.00	13%	163 800.00
合　计					¥1 260 000.00		¥163 800.00
价税合计（大写）	⊗壹佰肆拾贰万叁仟捌佰元整				（小写）¥1 423 800.00		

销售方	名　　称：天津恒利公司 纳税人识别号：120105710615063 地址、电 话：天津市灵寺街 16 号 35862665 开户行及账号：建设银行灵雨支行12010000111122220013	备注	天津恒利公司 120105710615063

收款人：马玉　　复核：胡志军　　开票人：黎明　　销售方：(章)

第二联　抵扣联　购买方扣税凭证

单据 47.3.2

1206144330　　**天津增值税专用发票**　　№ 12285079

发票联　　开票日期：2014 年 12 月 13 日

购买方	名　　称：河北阳光啤酒集团有限公司 纳税人识别号：130620041011029 地址、电 话：河北省万春市春江路8008 号 89798969 开户行及账号：建设银行万春第一支行1300160000111122201	密码区	本书略

货物或应税劳务、服务名称	规格型号	单位	数 量	单价	金 额	税率	税 额
恒利大米		吨	600	2 100.00	1 260 000.00	13%	163 800.00
合　计					¥1 260 000.00		¥163 800.00
价税合计（大写）	⊗壹佰肆拾贰万叁仟捌佰元整				（小写）¥1 423 800.00		

销售方	名　　称：天津恒利公司 纳税人识别号：120105710615063 地址、电 话：天津市灵寺街 16 号 35862665 开户行及账号：建设银行灵雨支行12010000111122220013	备注	天津恒利公司 120105710615063

收款人：马玉　　复核：胡志军　　开票人：黎明　　销售方：(章)

第三联　发票联　购买方记账凭证

单据 47.3.3

入　库　单

材料科目：原材料　　　　　　　　　　　　　　　　收料单编号：字第 1208

供应单位：天津恒利公司

发票号码：12285079　　　　2014 年 12 月 12 日　　　　收料仓库：2 号材料仓库

材料编号	材料名称	规格	单位	数量		买价		其他	实际成本	
				应收	实收	单价	金额		总成本	单位成本
	恒利大米		吨	600	600	2 100	1 260 000		1 260 000	2 100
检验结果：合格				合计			1 260 000		1 260 000	2 100
备注										

第二联记账联

检验员 石晓光　　　收料员 周丽影　　　记账员：郑祥林

业务 48

单据 48.5.1

投　资　协　议　书

甲方：（投资人）河北永华集团　　　　　　乙方：（被投资人）河北阳光啤酒集团有限公司

根据中华人民共和国法律、法规的相关规定，甲、乙双方本着互惠互利的原则，就甲方投资乙方一事，经过友好协商，现达成一致协议如下：

一、甲方以现金 16 000 000 元对乙方进行投资，其中 1 000 000 元为溢价，占有乙方 7.5%股份，以获取收益。

二、权利和义务

甲方必须及时足额把投资资金以及相关资料证明交给乙方。甲方享有股东的责、权、利，不得随意抽撤资金，否则，由此造成的损失由甲方负责。

乙方有责任对甲方资金进行科学管理和合理运用，以使甲方获得合理收益。

三、投资方式

投资方式为现金投资，年终按净收益获得红利。

四、违约责任

甲、乙双方任何一方的行为造成损失的，由责任方负责一切损失。

五、争议的解决

凡因执行本协议所发生的或与本协议有关的一切争议，双方通过友好协商解决，协商不成时，可向相关仲裁机构申请仲裁或向签署地人民法院提起诉讼。在诉讼过程中，除进入诉讼程序的部分外，本协议仍具有法律效力。

本协议经双方当事人签字盖章后生效。本协议一式两份，双方各执一份。

甲方：河北永华集团　　　　　　　　　　乙方：河北阳光啤酒集团有限公司

法人代表：王胜利　　　　　　　　　　　法人代表：赵立强

日期：2014 年 12 月 13 日　　　　　　　日期：2014 年 12 月 13 日

（印章：河北永华集团 合同专用章）（印章：河北阳光啤酒集团有限公司 合同专用章）

单据 48.5.2

股东持股证明书

股东：河北永华集团

截止 2014 年 12 月 13 日依股东名册记载持有本公司股份总数为 5 000 万股，占股比例 7.5%

此　致

河北阳光啤酒集团有限公司

2014 年 12 月 13 日

单据 48.5.3

中国建设银行进账单（收账通知）3

2014 年 12 月 13 日

<table>
<tr><td rowspan="3">付款人</td><td>全　称</td><td>河北永华集团</td><td rowspan="3">收款人</td><td>全　称</td><td colspan="11">河北阳光啤酒集团有限公司</td></tr>
<tr><td>账　号</td><td>13060123456778901234</td><td>账　号</td><td colspan="11">13001600001111222201</td></tr>
<tr><td>开户银行</td><td>中国建设银行保定市支行</td><td>开户银行</td><td colspan="11">中国建设银行万春市支行</td></tr>
<tr><td rowspan="2">金额</td><td rowspan="2">人民币（大写）</td><td colspan="3" rowspan="2">壹仟陆佰万元整</td><td>万</td><td>千</td><td>百</td><td>十</td><td>万</td><td>千</td><td>百</td><td>十</td><td>元</td><td>角</td><td>分</td></tr>
<tr><td>¥</td><td>1</td><td>6</td><td>0</td><td>0</td><td>0</td><td>0</td><td>0</td><td>0</td><td>0</td><td>0</td></tr>
<tr><td colspan="2">票据种类</td><td>银行汇票</td><td>票据张数</td><td>贰张</td><td colspan="11" rowspan="3">开户银行签章</td></tr>
<tr><td colspan="2">票据号码</td><td colspan="3"></td></tr>
<tr><td colspan="5">复核　　　记账</td></tr>
</table>

此联是开户银行交给收款人的收账通知

单据 48.5.4

注册资本金变更的批复

万春工商【2014】51 号

河北阳光啤酒集团有限公司：

你公司《关于要求变更资质证书注册资本金的请示》已收悉。经审核，上报材料符合股份制企业资质管理有关规定，同意你公司注册资本金增加 5 000.00 万元。其中永华集团投资 1 500 万元，占股比例 7.5%；永浩集团投资 3 500 万元，占股比例 17.5%。

万春市工商行政管理局

2014 年 12 月 13 日

单据 48.5.5

验资报告

万春市大雁会计师事务所验报字【2014】第 111 号

河北阳光啤酒集团有限公司：

我们接受委托，审验了贵公司接受河北永华集团现金投资 15 000 000 元的实收情况。按照国家相关法律、法规的规定和协议、章程的要求出资，提供真实、合法、完整的验资资料，保护资产的安全、完整是全体股东及贵公司的责任。我们的责任是对贵公司接受投资的实收情况发表审验意见。我们的审验是依据《中国注册会计师审计准则第 1602 号—验资》进行的。在审验过程中，我们结合贵公司的实际情况，实施了检查等必要的审验程序。

据协议、章程的规定，贵公司接受河北永华集团现金投资 15 000 000 元，于 2014 年 12 月 13 日一次性缴足。经我们审验，截至 2014 年 12 月 13 日，贵公司已到收河北永华集团的货币投资壹仟陆佰万元整。

本验资报告仅供贵公司申请变更登记及据以向股东签发出资证明时使用，不应将其视为是对贵公司验资报告日后资本保全、偿债能力和持续经营能力等的保证，因使用不当所造成的后果，与执行本验资业务的注册会计师及本会计师事务所无关。

附件：

1. 注册资本实收情况明细表
2. 验资事项说明

万春市大雁会计师事务所（公章）　　　　中国注册会计师：李树仁

中国万春市　　　　中国注册会计师：赵海涛

报告日期 2014 年 12 月 13 日

附件 1

注册资本实收情况明细表

截至 2014 年 12 月 13 日

被审验单位：河北阳光啤酒集团有限公司　　注册资本币种：人民币　　单位：万元

股东名称	认缴资本	实际出资情况
		货币出资
河北永华集团	1 500	1 600
资产合计	1 500	1 600

附件 2 验资事项说明（略）

业务 49

单据 49.7.1

资产评估报告

万春市大雁会计师事务所评报字【2014】第 249 号

万春市大雁会计师事务所接受河北阳光啤酒集团有限公司的委托，根据国家有关资产的规定，本着独立、公正、科学、客观的原则，按照公认的资产评估方法对河北永浩公司投入的固定资产（生产流水线）进行了实地查勘、市场调查与查询、现将资产评估情况及评估结果报告如下：

一、委托方简介

委托方：河北阳光啤酒集团有限公司　　注册地址：河北省万春市春江路 8008 号

法定代表人：赵立强　　经济性质：万春市控股

注册资金：15 000 万元　　工商登记号码：1306 2004 1011 029

经营范围：啤酒业

二、评估目的

河北永浩公司固定资产（生产流水线）投入，为此需要评估，以评估后的资产的公允价值作为参考依据。

三、评估范围和对象

委托评估的账面价值和公允价值统计表（单位：万元）

项　目	账面价值不含增值税	公允价值不含增值税
生产流水线	3 700	3 700

四、评估报告书的法律效力。

本次评估结论是反映评估对象在本次评估目的下，根据公开市场的原则确定的现行公允市价，没有考虑将来可能承担的抵押、担保事宜，以及特殊的交易方可能追加付出的价格等对评估价格的影响，同时，本报告也未考虑国家宏观经济政策发生变化以及遇有自然力和其他不可抗力对资产价格的影响。本次评估有效期限为一年，自 2014 年 12 月 13 日起至 2015 年 12 月 12 日止，超过一年，需重新进行资产评估。

万春市大雁会计师事务所

法定代表人：赵[illegible]仁

注册资产评估师：李秋生

2014 年 12 月 13 日

单据 49.7.2

股权投资协议

投资方：河北永浩公司

被投资方：河北阳光啤酒集团有限公司

投资方与被投资方经过充分协商，在平等自愿的基础上，投资方河北永浩公司以生产流水线投资，生产流水线公允价值（不含增值税）为 37 00 万元获河北阳光啤酒集团有限公司的 15% 股份。

甲方：河北永浩公司　　乙方：河北阳光啤酒集团有限公司

法人代表：张兴华　　法人代表：赵立强

签约日期：　2014 年 12 月 13 日　　签约日期：2014 年 12 月 13 日

单据 49.7.3

股东持股证明书

股东：河北永浩公司

截至 2014 年 12 月 13 日依股东名册记载持有本公司股份总数为 5 000 万股，占股比例 17.5%。

此　致

河北阳光啤酒集团有限公司

2014 年 12 月 13 日

单据 49.7.4

固定资产移交报告单

2014 年 12 月 13 日

名　称	规格型号	单位	数量	设备价款（不含税）	移交单位
生产流水线		条	1	37 000 000	物流部
备　注	河北永浩公司向我公司投入一条生产线				

使用部门主管：　　　　会计：周宏伟　　　　制单：郑祥林

单据 49.7.5

河北增值税专用发票

No 75010001

1306144130　　　　发票联　　　　开票日期：2014 年 12 月 13 日

购买方	名　称：河北阳光啤酒集团有限公司 纳税人识别号：130620041011029 地址、电话：河北省万春市春江路 8008 号 89798969 开户行及账号：建设银行万春第一支行 13001600001111222201			密码区	本书略		
货物或应税劳务、服务名称	规格型号	单位	数量	单价	金额	税率	税额
生产流水线		条	600	37 000 000.00	37 000 000.00	17%	6 290 000.00
合计					¥37 000 000.00		¥6 290 000.00
价税合计（大写）	⊗肆仟叁佰贰拾玖万元整				（小写）¥43 290 000		
销售方	名　称：河北永浩公司 纳税人识别号：130105710615063 地址、电话：石家庄市裕华街 16 号 35862665 开户行及账号：建设银行裕华支行 13010200200011112201			备注			

收款人：王海燕　　复核：胡志丰　　开票人：杜明　　销售方：（章）

第三联　发票联　购买方记账凭证

单据 49.7.6

1306144130　　　　**河北增值税专用发票**　　　　№ 75010001

抵扣联　　　　开票日期：2014 年 12 月 13 日

购买方	名　　称：河北阳光啤酒集团有限公司 纳税人识别号：130620041011029 地址、电　话：河北省万春市春江路8008 号 89798969 开户行及账号：建设银行万春第一支行1300160000111222201				密码区	本书略		
货物或应税劳务、服务名称	规格型号	单位	数量	单价	金额	税率	税　额	
生产流水线		条	600	37 000 000.00	37 000 000.00	17%	6 290 000.00	
合计					¥37 000 000.00		¥6 290 000.00	
价税合计（大写）	⊗肆仟叁佰贰拾玖万元整				（小写）¥43 290 000			
销售方	名　　称：河北永浩公司 纳税人识别号：130105710615063 地址、电　话：石家庄市裕华街16 号 35862665 开户行及账号：建设银行裕华支行1301020020001111 2201				备注			

第二联　抵扣联　购买方扣税凭证

收款人：王海燕　　复核：胡志丰　　开票人：杜明　　销售方：（章）

单据 49.7.7

验资报告

万春市大雁会计师事务所验报字【2014】第 112 号

河北阳光啤酒集团有限公司：

我们接受委托，审验了贵公司河北永浩公司固定资产（生产流水线）投资的实收情况。按照国家相关法律、法规的规定和协议、章程的要求出资，提供真实、合法、完整的验资资料，保护资产的安全、完整是全体股东及贵公司的责任。我们的责任是对贵公司接受投资的实收情况发表审验意见。我们的审验是依据《中国注册会计师审计准则第 1602 号—验资》进行的。在审验过程中，我们结合贵公司的实际情况，实施了检查等必要的审验程序。

据协议、章程的规定，贵公司接受河北永浩集团固定资产（生产流水线）投资，生产流水线（不含税价）37 000 000 元，于 2014 年 12 月 13 日一次性缴足。经我们审验，截至 2014 年 12 月 13 日，贵公司已到收河北永浩集团投入的固定资产（生产流水线）投资。

本验资报告仅供贵公司申请变更登记及据以向股东签发出资证明时使用，不应将其视为是对贵公司验资报告日后资本保全、偿债能力和持续经营能力等的保证，因使用不当所造成的后果，与执行本验资业务的注册会计师及本会计师事务所无关。

附件：1. 注册资本实收情况明细表　2. 验资事项说明

会计师事务所(公章)　　　　中国注册会计师：李树仁

中国万春市　　　　中国注册会计师：赵海涛

报告日期 2014 年 12 月 13 日

附件 1

注册资本实收情况明细表

截至 2014 年 12 月 13 日

被审验单位：河北阳光啤酒集团有限公司　注册资本币种：人民币　单位：万元

股东名称	认缴资本	实际出资情况
		实物（生产流水线）（含增值税）
河北永浩集团	3 500	4 329
资产合计	3 500	4 329

附件 2 验资事项说明（略）

业务 50

单据 50.5.1

公告编号：临 2014—039

河北阳光啤酒集团有限公司会议通知

会议决定对雪灾地区通过民政局捐款 500 000.00 元，直接捐郊区凤凰岭小学 100000 元用于校舍维修。

本次决议不属于公司重大变动事项，无须经过股东大会审批。免于按照相关规定披露和履行相应程序，符合有关规定。

河北阳光啤酒集团有限公司

二〇一四年十二月十四日

单据 50.5.2

公益性单位接受捐赠统一收据

UNIFIED INVOICE OF DONATION FOR PUBLIC WELFARE ORGANIZATION

2014 年 12 月 14 日　　国财 00201　　No 00137569

捐赠者 Dornor	河北阳光啤酒集团有限公司										
捐赠项目 For Purpose		救灾									
捐赠金额 Total	（实物价值）大写 Amounts in Words	肆拾万零仟零佰零拾零元零角零分	佰	拾	万	仟	佰	拾	元	角	分
			¥	4	0	0	0	0	0	0	0
货币（实物）种类人民币 Currency(material)object											
备注 Note											

接收单位（签章）　审核　　经手人 宜 阳　　支票号 130000306704

单据 50.5.3

河北省捐款捐物专用收据

日期：2014 年 12 月 14 日　　No 8139614

捐赠人	河北阳光啤酒集团有限公司					
捐赠种类	实物	名　称	品　种	计量单位	单　价	折算金额
	货币	（大写）壹拾万元整			¥100 000.00	

第二联收据

捐收单位（章）：　　经手人：王泽东

单据 50.5.4

中国建设银行实时通付款凭证

存根/回单联

130000306706

附加信息

签发日期 2014 年 12 月 14 日

单位主管：孙丽丽　　会计：周宏伟

收款人：凤凰岭小学
金　额：100 000
用　途：捐赠支出

☐ 现金支票功能

☑ 转账支票功能

☐ 汇兑功能

☐ 银行汇票申请功能

☐ 银行本票申请功能

银行办讫签章：中国建设银行股份有限公司 万春第一支行 2014.12.14 办讫

单据 50.5.5

中国建设银行实时通付款凭证

存根/回单联

130000306707

附加信息

签发日期 2014 年 12 月 14 日

单位主管：孙丽丽　　会计：周宏伟

收款人：万春市民政局
金　额：400 000
用　途：捐赠灾区

☐ 现金支票功能

☑ 转账支票功能

☐ 汇兑功能

☐ 银行汇票申请功能

☐ 银行本票申请功能

银行办讫签章：中国建设银行股份有限公司 万春第一支行 2014.12.14 办讫

业务 51

单据 51.2.1

河北省国家税务局通用机打发票

发票代码：113021430020

发票号码：04001011

开票日期：2014-12-14　　　　行业分类：

付款单位：河北阳光啤酒集团有限公司	纳税识别号：130620041011029	机打代码：113021430020	
收款单位：万春汽贸公司	纳税识别号：130601001222215	机打号码：04001011	
税务机关：万春国税一局	机关代码：13020122		
项目	单价	数量	金额
汽车修理	52 000	1	¥52 000.00
开票人：赵海燕			
合计（大写）	人民币伍万贰仟元整		

第一联发票联　付款方式记账凭证

（印章：万春汽贸公司 130601001222215 发票专用章）

单据 51.2.2

中国建设银行实时通付款凭证

存根/回单联

130000306708

附加信息

签发日期 2014 年 12 月 14 日

单位主管：孙丽丽　　会计：周宏伟

收款人：河北省万春市万春汽贸公司
金　额：52 000.00
用　途：支付汽车修理费

□ 现金支票功能

☑ 转账支票功能

□ 汇兑功能

□ 银行汇票申请功能

□ 银行本票申请功能

银行办讫签章：

中国建设银行股份有限公司 万春第一支行 2014.12.14 办讫章

业务 52

单据 52.2.1

河北省地方税务局通用机打发票

发票联

发票代码：213011470020

发票号码：01502536

开票日期：2014-12-14　　行业分类：餐饮业

付款方名称：河北阳光啤酒集团有限公司	纳税识别号：130620041011029	机打代码：213011470020
收款方名称：365 驿家大酒楼	纳税识别号：130016001222209	机打号码：01502536
税务机关：万春地税一局	机关代码：01230123	

项目	单价	数量	金额
餐费	1 000	1	¥1 000.00

开票人：王海燕

合计（大写）	人民币壹仟元整

第一联发票联　付款方式记账凭证

365 驿家大酒楼 130016001222209 发票专用章

注：12 月 14 日，销售部报销餐费，发票共 15 张，每张金额不等，金额合计为 200 000.00 元。

单据 52.2.2

中国建设银行实时通付款凭证

存根/回单联

130000306709

附加信息

签发日期 2014 年 12 月 14 日

单位主管：孙丽丽　　会计：周宏伟

收款人：365 驿家大酒楼
金　额：200 000.00
用　途：支付餐费

☐ 现金支票功能

☑ 转账支票功能

☐ 汇兑功能

☐ 银行汇票申请功能

☐ 银行本票申请功能

银行办讫签章：

（印章：中国建设银行股份有限公司 方园第一支行 2014.12.14 办讫章）

业务 53

单据 53.2.1

工资结算汇总表

部门 \ 项目		应发工资 100%	养老保险 8%	失业保险 1%	医疗保险 2%	公积金 8%	个人所得税	实发工资
行政部		60 000.00					2 000.00	
财务部		20 000.00					250.00	
酿造部	管理人员	20 000.00					100.00	
	工人	180 000.00					400.00	
包装部	管理人员	40 000.00					200.00	
	工人	1 500 000.00					600.000	
品控部		40 000.00					250.00	
物流部		100 000.00					300.00	
工程部		40 000.00					250.00	
销售部		100 000.00					1 800.00	
合计		2 100 000.00					6 150.00	

注："工资结算汇总表"根据"工资发放表"汇总填写。此处省略工资发放表；学生操作时计算并填写"工资结算汇总表"的空白项。

单据 53.2.2

中国建设银行实时通付款凭证

存根/回单联

130000306710

附加信息

签发日期 2014 年 12 月 14 日

单位主管：孙丽丽　　会计：周宏伟

收款人：河北阳光啤酒集团有限公司
金　额：1 694 850.00
用　途：发放 11 月份工资

☐ 现金支票功能

☑ 转账支票功能

☐ 汇兑功能

☐ 银行汇票申请功能

☐ 银行本票申请功能

银行办讫签章：中国建设银行股份有限公司 第一支行 2014.12.14 办讫章

业务 54

单据 54.2.1

公告编号：临 2010—041

河北阳光啤酒集团有限公司会议通知

本公司将自产的普通啤酒作为福利发放给包装部和酿造部职工每人 1 箱，共 870 箱。

河北阳光啤酒集团有限公司

二〇一四年十二月十五日

单据 54.2.2

职工非货币性职工福利发放表

2014 年 12 月 15 日　单位：件

部　门	人数	数量	单价	价	税（税率 17%）	价税合计
酿造部管理人员	10	10	16.8	168.00	28.56	196.56
包装部管理人员	20	20	16.8	336.00	57.12	393.12
酿造部工人	90	90	16.8	1 512.00	257.04	1 769.04
包装部工人	750	750	16.8	12 600.00	2 142.00	14 742.00
合计	870	870		14 616.00	2 484.72	17 100.72

业务 55

单据 55.3.1

河北增值税专用发票

抵扣联

1306144330　　　　　　No 21010001

开票日期：2014 年 12 月 16 日

购买方	名　称：河北阳光啤酒集团有限公司 纳税人识别号：130620041011029 地址、电话：河北省万春市春江路 8008 号 89798969 开户行及账号：建设银行万春第一支行 13001600001111222201	密码区	本书略

货物或应税劳务、服务名称	规格型号	单位	数量	单价	金额	税率	税额
电费		度	680 000	0.9	612 000.00	17%	104 040.00
合计					¥ 612 000.00		¥ 104 040.00
价税合计（大写）	⊗柒拾壹万陆仟零肆拾元整				（小写）¥716 040.00		

销售方	名　称：万春市供电局 纳税人识别号：130620560308066 地址、电话：河北省华南路 45 号 65862880 开户行及账号：农行华南路支行 030343218456650	备注	万春市供电公司 130620560308066 发票专用章

收款人：王敏　　复核：张淑英　　开票人：成昆　　销售方：（章）

第二联　抵扣联　购买方扣税凭证

单据 55.3.2

河北增值税专用发票

发票联

1306144330　　　　　　No 21010001

开票日期：2014 年 12 月 16 日

购买方	名　称：河北阳光啤酒集团有限公司 纳税人识别号：130620041011029 地址、电话：河北省万春市春江路 8008 号 89798969 开户行及账号：建设银行万春第一支行 13001600001111222201	密码区	本书略

货物或应税劳务、服务名称	规格型号	单位	数量	单价	金额	税率	税额
电费		度	680 000	0.9	612 000.00	17%	104 040.00
合计					¥612 000.00		¥104 040.00
价税合计（大写）	⊗柒拾壹万陆仟零肆拾元整				（小写）¥716 040.00		

销售方	名　称：万春市供电局 纳税人识别号：130620560308066 地址、电话：河北省华南路 45 号 65862880 开户行及账号：农行华南路支行 030343218456650	备注	万春市供电公司 130620560308066 发票专用章

收款人：王敏　　复核：张淑英　　开票人：成昆　　销售方：（章）

第三联　发票联　购买方记账凭证

单据 55.3.3

中国建设银行实时通付款凭证

存根/回单联

130000306711

附加信息

签发日期 2014 年 12 月 16 日

单位主管：孙丽丽　　会计：周宏伟

收款人：万春市供电公司
金　额：716 040.00
用　途：支付电费

□ 现金支票功能
☑ 转账支票功能
□ 汇兑功能
□ 银行汇票申请功能
□ 银行本票申请功能

银行办讫签章：（中国建设银行股份有限公司 万春第一支行 2014.12.16 办讫章）

业务 56

单据 56.3.1

中国建设银行实时通付款凭证

存根/回单联

130000306712

附加信息

签发日期 2014 年 12 月 16 日

单位主管：孙丽丽　　会计：周宏伟

收款人：万春市自来水公司
金　额：493 584.00
用　途：支付水费

□ 现金支票功能
☑ 转账支票功能
□ 汇兑功能
□ 银行汇票申请功能
□ 银行本票申请功能

银行办讫签章：（中国建设银行股份有限公司 万春第一支行 2014.12.16 办讫章）

单据 56.3.2

河北增值税专用发票

1306144330　　抵扣联　　No 22010001

开票日期：2014 年 12 月 16 日

购买方	名　　称：河北阳光啤酒集团有限公司 纳税人识别号：13062004101102 9 地址、电 话：河北省万春市春江路 8008 号 89798969 开户行及账号：建设银行万春市支行 1300160000111122 2201			密码区	本书略		
货物或应税劳务、服务名称	规格型号	单位	数 量	单价	金 额	税率	税　额
水费		吨	72 800	6	436 800.00	13%	56 784.00
合计					¥436 800.00		¥56 784.00
价税合计（大写）	⊗肆拾玖万叁仟伍佰捌拾肆元整				（小写）¥493 584.00		
销售方	名　　称：万春市自来水公司 纳税人识别号：13062077165566 地址、电 话：电谷大街 16 号 35862886 开户行及账号：工行电谷大街支行 040923225555456			备注	（万春市自来水公司 13062077165566 发票专用章）		

第二联　抵扣联　购买方扣税凭证

收款人：陈 平　　复核：王府府　　开票人：张茗铭　　销售方（章）

单据 56.3.3

河北增值税专用发票

1306144330　　　　　　　　　　　　　　　　　　　　№ 22010001

发票联

开票日期：2014 年 12 月 16 日

购买方	名　　称：河北阳光啤酒集团有限公司 纳税人识别号：130620041011029 地址、电 话：河北省万春市春江路 8008 号 89798969 开户行及账号：建设银行万春第一支行 13001600001111222201			密码区	本书略		
货物或应税劳务、服务名称	规格型号	单位	数 量	单价	金 额	税率	税 额
水费		吨	72 800	6	436 800.00	13%	56 784.00
合计					¥436 800.00		¥56 784.00
价税合计（大写）	⊗肆拾玖万叁仟伍佰捌拾肆元整				（小写）¥493 584.00		
销售方	名　　称：万春市自来水公司 纳税人识别号：13062077165566 地址、电 话：电谷大街 16 号 35862886 开户行及账号：工行电谷大街支行 040923225555456			备注			

收款人：陈 平　　复核：王府府　　开票人：张茗铭　　销售方：（章）

第三联　发票联　购买方记账凭证

业务 57

单据 57.4.1

冀财 0206

河北省政府非税收入通用票据

填制日期：2014 年 12 月 16 日

收到：河北阳光啤酒集团有限公司												
项目名称	数 量	单 位	标 准	金额 百	十	万	千	百	十	元	角	分
违规罚款							3	0	0	0	0	0
金额合计（大写）⊗佰⊗拾⊗万叁仟零佰零拾零元零角零分						¥	3	0	0	0	0	0

收款单位：（印章）　　收款人：王东东　　经手人：龚 丽

第二联　记账联

单据 57.4.2

中国建设银行实时通付款凭证

存根/回单联

130000306713

附加信息

签发日期 2014 年 12 月 16 日

单位主管：孙丽丽　　会计：周宏伟

收款人：环保局
金　额：3 000.00
用　途：支付环保局违规罚款

□ 现金支票功能

☑ 转账支票功能

□ 汇兑功能

□ 银行汇票申请功能

□ 银行本票申请功能

银行办讫签章：

单据 57.4.3

冀财 0388　　河北省政府非税收入通用票据

填制日期 2014 年 12 月 16 日

收到：河北阳光啤酒集团有限公司												
项目名称	数量	单位	标准	金额								
				百	十	万	千	百	十	元	角	分
社区绿化资助费							5	0	0	0	0	0
金额合计（大写）：⊗佰⊗拾⊗万叁仟零佰零拾零元零角零分						¥	5	0	0	0	0	0

第二联 记账联

收款单位：（印章）　　收款人：孙崇　　经手人：冯丽丽

单据 57.4.4

中国建设银行实时通付款凭证

存根/回单联

130000306714

附加信息

签发日期 2014 年 12 月 16 日

单位主管：孙丽丽　　会计：周宏伟

收款人：永华社区
金　额：5 000.00
用　途：支付社区绿化赞助费

☐ 现金支票功能
☑ 转账支票功能
☐ 汇兑功能
☐ 银行汇票申请功能
☐ 银行本票申请功能

银行办讫签章：中国建设银行股份有限公司 万春第一支行 2014.12.16 办讫章

业务 58

单据 58.3.1

商标使用权转让合同

转让方名称：河北阳光啤酒集团有限公司

受让方名称：石家庄光明啤酒厂

前言（鉴于条款）

——鉴于转让方河北阳光啤酒集团有限公司拥有阳光啤酒商标使用权，使用期限 2 年。

——鉴于受让方石家庄光明啤酒厂对上述的商标使用权了解，希望获得该商标使用权。使用期限 2 年。

——鉴于转让方同意将其拥有的商标使用权转让给受让方。双方一致同意签订本合同。

第一条　阳光啤酒商标使用权转让方向受让方交付商标使用权的全部相关资料。

第二条　交付资料的时间、地点及方式。

1. 交付资料的时间。合同生效后，转让方收到受让方支付给转让方的转让费后 2 日内，转让方向受让方交付合同第一条所述的全部资料。

2. 交付资料的方式和地点。转让方将上述全部资料以面交方式递交给受让方。

第三条　转让费及支付方式。

本合同涉及的阳光啤酒商标使用权的转让费为，每年（不含增值税）使用费 600 000 元（每月 50 000 元），每年 12 月支付。

第四条　违约及索赔。

对转让方：转让方拒不交付合同规定的全部资料，办理阳光啤酒商标使用权转让手续的，受让方有权解除合同，要求转让方返还转让费，并支付违约金。

对受让方：受让方拒付转让费，转让方有权解除合同要求返还全部资料，并要求赔偿其损失或支付违约金 30 万 。

第五条　争议的解决办法。

双方在履行合同中发生争执的，应按本合同条款，友好协商，自行解决。

双方不能协商解决争议的，提请受让方所在地或合同签约地专利管理机关调处，对调处结果不服的，向法院起诉。

甲方：河北阳光啤酒集团有限公司	乙方：石家庄光明啤酒厂
法人代表：赵方强	法人代表：丁明林
账号：中国建设银行万春第一支行：13001600001111222201	账号：建设银行城北支行 1601020450018703
电话：89793969	电话：57869688
地址：河北省万春市春江路 8068 号	地址：石家庄幸福路 22 号
签约日期：2014 年 12 月 10 日	签约日期：2014 年 12 月 10 日

（印章：河北阳光啤酒集团有限公司 合同专用章；石家庄光明啤酒厂 合同专用章）

单据 58.3.2

中国建设银行信汇凭证（收账通知）

委托日期 2014 年 12 月 12 日

汇款人	全　称	石家庄光明啤酒厂	收款人	全　称	河北阳光啤酒集团有限公司
	账　号	1601020450018703		账　号	1300160000111122201
	汇出地点	河北省石家庄		汇入地点	河北省万春市
汇出行名称		建设银行城北支行	汇入行名称		建设银行万春第一支行
金额	人民币（大写）	陆拾万元整			

万	千	百	十	万	千	百	十	万	千	百	十	元	角	分
						¥	6	0	0	0	0	0	0	0

中国建设银行股份有限公司 万春第一支行 2014.12.16 办讫章 汇入行签章	支付密码 附加信息及用途：货款 复核　　　记账

此联给收款人的收账通知

单据 58.3.3

河北省国家税务局通用机打发票

（印章：全国统一发票监制章 河北 国家税务总局监制）

记账联

发票代码：113021440020

发票号码：04001012

开票日期：2014-12-16　　　　行业分类：

付款单位：石家庄光明啤酒厂	纳税识别号：130620041011029	机打代码：213021440020
收款单位：河北阳光啤酒集团有限公司	纳税识别号：13001600122201	机打号码：04001012
税务机关：万春国税一局	机关代码：13020122	

项目	单价	数量	金额
商标使用费	600 000	1	¥600 000.00

开票人：郑祥林

（印章：河北阳光啤酒集团有限公司 130620041011029 发票专用章）

合计（大写）	人民币陆拾万元整

第二联　记账联　收款方式记账凭证

业务 59

单据 59.2.1

差旅费报销单

报销日期 2014 年 12 月 18 日　　　　省略车票 12 张

<table>
<tr><td>出差地点</td><td colspan="2">哈尔滨</td><td>出差人</td><td>李东</td><td>部门</td><td>物流部</td></tr>
<tr><td>出差原因</td><td colspan="6">开会</td></tr>
<tr><td rowspan="5">交通费</td><td colspan="2">出发地</td><td>目的地</td><td>单价</td><td>张数</td><td>小计</td></tr>
<tr><td colspan="2">万春</td><td>哈尔滨</td><td>275</td><td>1</td><td>275</td></tr>
<tr><td colspan="2">哈尔滨</td><td>依蓝县</td><td>20</td><td>5</td><td>100</td></tr>
<tr><td colspan="2">依蓝县</td><td>哈尔滨</td><td>20</td><td>5</td><td>100</td></tr>
<tr><td colspan="2">哈尔滨</td><td>万春</td><td>275</td><td>1</td><td>275</td></tr>
<tr><td rowspan="2">住宿费</td><td colspan="2">张数</td><td>金额</td><td>小计</td><td colspan="2" rowspan="4">报销金额合计人民币（大写）
壹仟玖佰伍拾元整
小写：¥1 950.00</td></tr>
<tr><td colspan="2">1</td><td>600</td><td>600</td></tr>
<tr><td rowspan="2">包干补助</td><td>天数</td><td>人数</td><td>标准</td><td>小计</td></tr>
<tr><td>6</td><td>1</td><td>100</td><td>600</td></tr>
<tr><td rowspan="3">其他</td><td colspan="2" rowspan="2">张数</td><td rowspan="2">金额</td><td rowspan="2">小计</td><td>预借差旅费</td><td>5 000</td></tr>
<tr><td>应补款</td><td></td></tr>
<tr><td colspan="2"></td><td></td><td></td><td>应退款</td><td>3 050</td></tr>
</table>

部门负责人签批：李东　　　　单位负责人签批：钱二国　　　　财务审核签字：孙丽丽

单据 59.2.2

黑龙江省地方税务局通用机打发票

发票代码：223011471020

发票号码：02002001

开票日期：2014-12-04　　　　行业分类：住宿业

付款方名称：河北阳光啤酒集团有限公司　　纳税识别号：130620041011029　　机打代码：223011471020

收款方名称：哈尔滨好再来宾馆　　纳税识别号：230111001222208　　机打号码：02002001

税务机关：哈尔滨地税一局　　机关代码：23010123

项目	金额	备注
住宿费	¥600.00	

开票人：李红燕

合计（大写）　人民币壹仟柒佰元整

第一联　发票联　付款方式记账凭证

业务60

单据 60.2.1

河北增值税专用发票

1306144130　　No 75700037

此联不作报销、扣税凭证使用　　开票日期：2014年12月2日

购买方	名　　称：万春市代理商 纳税人识别号：130605640321076 地址、电话：万春市东风路 8876844 开户行及账号：建行万春支行 1300160000111222210				密码区	本书略	
货物或应税劳务、服务名称	规格型号	单位	数量	单价	金额	税率	税额
纯生瓶装啤酒		吨	600	6000	3 600 000.00	17%	612 000.00
普通瓶装啤酒		吨	2 000	2800	5 600 000.00	17%	952 000.00
合计					¥9 200 000.00		¥1 564 000.00
价税合计（大写）	⊗壹仟零柒拾陆万肆仟元整					（小写）¥10 764 000.00	
销售方	名　　称：河北阳光啤酒集团有限公司 纳税人识别号：130620041011029 地址、电话：河北省万春市春江路8008号 89798969 开户行及账号：建设银行万春第一支行 1300160000111222201				备注		

收款人：李芳芳　　复核：周宏伟　　开票人：郑祥林　　销售方：（章）

第一联　记账联　销售方记账凭证

单据 60.2.2

中国建设银行 进账单（收账通知）3

2014年12月18日

付款人	全称	万春市代理商	收款人	全称	河北阳光啤酒集团有限公司
	账号	675843218945528		账号	1300160000111222201
	开户银行	建行万春市支行		开户银行	中国建设银行万春第一支行
金额	人民币（大写）	壹仟零柒拾陆万肆仟元整		万千百十万千百十元角分	¥ 1 0 7 6 4 0 0 0 0 0
票据种类	转账支票	票据张数	1		
票据号码					
		复核　记账			开户银行签章

中国建设银行股份有限公司 万春第一支行 2014.12.18 转讫

此联是收款人开户银行交给收款人的收账通知

业务 61

单据 61.1.1

万春高速公路联网收费专用发票

发票联（2014）

2120001002291

20093563

路段代码：

放口站	出口站	车道	收费员
运城	万春	2	00011122

金额（元）			车重量（吨）	超重（吨）
500				
车型	1	时间	20141204781137	

电脑打印，手写无效　　　　2014 年 12 月 [illegible] 日前开具有效

盖章有效，一次有效

注：行政部 12 月 9 日现金报销过路费过桥费，此类发票共计 20 张，金额合计 6 600 元整。

业务 62

单据 62.2.1

公告编号：临 2014—042

河北阳光啤酒集团有限公司会议通知

本公司将品控部的 2004 年 11 月购入的一台旧质量检测仪计划变卖处置，原值 400 000 元，已提折旧 313 500 元，账面净值 86 500 元，本月应提折旧 3 300 元，预计残值 4 000 元。

本次决议不属于公司重大变动事项，无须经过股东大会审批。免于按照相关规定披露和履行相应程序，符合有关规定。

河北阳光啤酒集团有限公司董事会

二〇一四年十二月[illegible]日

单据 62.2.2

固定资产折旧计算表

2014 年 12 月 18 日　　　　（单位：元）

大　类	管理部门	工程部	酿造部	包装部	销售	合　计
房屋、建筑物	3 300					3 300
合计	3 300					3 300

财务主管：孙丽丽　　复核：周宏伟　　制单：郑祥林

业务 63

单据 63.1.1

固定资产处置报告单

固定资产编号：　　　　　　2014 年 12 月 18 日　　　　　　固定资产卡账号： 6754

固定资产名称	规格型号	单位	数量	预计使用年限	原 值	已提折旧	预计净残值	备注
质量检测仪		台	1		400 000	316 800	4 000	
使用部门：	品控部							
固定资产状况	出　售							
处理意见	使用部门		技术鉴定小组		固定资产管理部门		主管部门审批	
	同意出售 赵涛		同意出售 王艳梅		同意出售 陈志红		同意出售 钱二国	

业务 64

单据 64.2.1

中国建设银行实时通付款凭证

存根/回单联

130000306714

附加信息

签发日期 2014 年 12 月 18 日

单位主管：孙丽丽　　会计：周宏伟

收款人：万春百货大楼
金　额：105 000.00
用　途：支付职工福利费

☐ 现金支票功能

☑ 转账支票功能

☐ 汇兑功能

☐ 银行汇票申请功能

☐ 银行本票申请功能

银行办讫签章：

单据 64.2.2　　　　**河北增值税普通发票**　　　　№ 01091135

1306144130

开票日期：2014 年 12 月 18 日

购买方	名　　称：河北阳光啤酒集团有限公司 纳税人识别号：130620041011029 地址、电话：河北省万春市春江路 8008 号 89798969 开户行及账号：建设银行万春第一支行 1300160000111122201					密码区	本书略
货物或应税劳务、服务名称	规格型号	单位	数量	单价	金额	税率	税额
食用油		箱	1000	92.9203	92 920.35	13%	12 079.65
合计					¥92 920.35		¥12 079.65
价税合计（大写）	⊗壹拾万零伍仟元整						（小写）¥105 000.00
销售方	名　　称：万春百货大楼 纳税人识别号：130620725890911 地址、电话：河北省万春市春江路 6001 号 60060010 开户行及账号：建设银行万春市支行 0145252834342339001					备注	

收款人：李子　　复核：李木　　开票人：李江　　销售方：（章）

业务 65

单据 65.1.1　　　　**材料盘盈盘亏报告单**

2014 年 12 月 18 日

编号	品名规格	单位	账面数量	实存数量	盘盈数		盘亏数		可抵扣（或转出）的进项税	原因
					数量	金额	数量	金额		
	大米	吨	360	359			1	2 100.00	（273）	
处理意见	保管部门		清查小组		审批部门					

供应部门负责人：李东　　保管：周丽影　　清点人：李东

业务 66

单据 66.1.1　　　　**中国建设银行进账单（收账通知）3**

2014 年　12　月 18 日　　　　第　　号

出票人	全称	海河公司	收款人	全称	河北阳光啤酒集团有限公司
	账号	58400053546234		账号	1300160000111222201
	开户银行	工行城北支行		开户银行	建设银行万春第一支行

金额	人民币（大写）	万	千	百	十	万	千	百	十	元	角	分
	壹拾伍万元整			¥	1	5	0	0	0	0	0	0

票据种类	转账支票	票据张数	1
票据号码			

单位主管　　会计　　复核　　记账

收款人开户银行签章　2014 年 12 月 18 日

此联是收款人开户银行交给收款人的收账通知

注：收到的款项为海河公司支付的股利。

业务 67

单据 67.3.1

中国建设银行 进账单（收账通知）3

2014 年 12 月 18 日

付款人	全　称	利德啤酒厂	收款人	全　称	河北阳光啤酒集团有限公司
	账　号	0145252834342333020		账　号	1300160000111222201
	开户银行	建行万春市支行		开户银行	建设银行万春第一支行
金额	人民币（大写）	壹拾万零肆仟元整		万千百十万千百十元角分	¥ 1 0 4 0 0 0 0 0
票据种类	转账支票	票据张数	1		
票据号码					
		复核　　记账			中国建设银行股份有限公司 万春第一支行 2014.12.18 转讫　开户银行签章

此联是收款人开户行交给收款人的收账通知

单据 67.3.2

商品购销合同

合同号：2014-156

甲方（购货方）：利德啤酒厂

乙方（销货方）：河北阳光啤酒集团有限公司

本着平等互利的原则，经双方协商，共同订立如下合同：

一、双方必须有合法的营业执照，乙方所供商品必须有合法商标，根据不同商品分别提供生产、经营许可证、注册商标证、产品合格证、进口商品检验证等。

二、甲方向乙方订购以下商品：

序号	商品名称	规格型号	计量单位	数量	单价（含增值税）	金额（含增值税）
1	检测仪		台	1	104 000.00	104 000.00
	合计					104 000.00

三、到货时间：乙方在 5 日内发货，货物委托运输公司运输，费用由购货方承担。

四、货款结算：支票

五、合同一式 贰 份，双方盖章后生效。如违约须赔偿对方损失，按价款 30%赔款，不可抗力除外。

本合同在履行过程中，若发生纠纷或异议，双方协调解决。

甲方：利德啤酒厂
法人代表：栗会平
账号：建行万春市支行 0145252834342333020
电话：6685366
地址：万春市永顺路 88 号
签约日期：2014 年 12 月 26 日
（利德啤酒厂 合同专用章）

乙方：河北阳光啤酒集团有限公司
法人代表：钱二国
账号：中国建设银行万春第一支行 1300160000111222201
电话：89798969
地址：河北省万春市春江路 8008 号
签约日期：2014 年 12 月 26 日
（河北阳光啤酒集团有限公司 合同专用章）

注：此凭证不作为记账依据。

单据 67.3.3

处置固定资产损益计算报告书

设备名称	单位	数量	设备原值	已提折旧	出售价格	应交增值税	损益
产品质量检测仪	台	1	400 000	316 800	104 000.00	2 019.42	18 780.58
备注：购入时间为 2001 年 11 月，购入时本地区未进行消费型增值税试点							

业务 68

单据 68.2.1

中国建设银行（贷款）本息结算清单

2014 年 12 月 18 日

收款单位			付款单位		
	账　　号	769990510002876		账　　号	13001600001111222201
	户　　名	建设银行万春第一支行		户　　名	河北阳光啤酒集团有限公司
	开户银行	建设银行万春第一支行		开户银行	建设银行万春第一支行
本金：1 200 000.00				本金：1 200 000.00	
备注：利息 15 000 元逾期 4 天归还本息，另每日加收万分之五罚息，计 30 元				科目： 双方科目： 复核员：　　记账员：	

中国建设银行股份有限公司 万春第一支行 2014.12.18 转讫

单据 68.2.2

中国建设银行实时通付款凭证

存根/回单联

1300003067163

附加信息

签发日期 2014 年 12 月 18 日

单位主管：孙丽丽　　会计：周宏伟

收款人：建设银行万春第一支行
金　额：1 215 030.00
用　途：支付借款本金和利息

☐ 现金支票功能

☑ 转账支票功能

☐ 汇兑功能

☐ 银行汇票申请功能

☐ 银行本票申请功能

中国建设银行股份有限公司 万春第一支行 2014.12.18 转讫

银行办讫签章：

业务 69

单据 69.1.1

航空证券公司营业部卖出交割凭证

成交日期	2014.12.18	证券名称	009003 银河科技
资金账号	675840051679213	成交数量	50 000
股东代码	18727	成交净价	5.50
股东姓名	河北阳光啤酒集团有限公司	成交金额	275 000.00
席位代码	66076	实收佣金	550.00
申请编号	71254	印花税	275.00
申报时间	14：21：36	过户费	50.00
成交时间	14：32：50	附加费	4.00
单位利息		结算价格	274 121.00
成交编号	50178	实付金额	274 121.00
上次资金		本次资金	274 121.00
上次余股		本次余股	0
委托来源		打印日期	2014.12.18

业务 70

单据 70.3.1

河北增值税专用发票

抵扣联

1306144130　　　　No 01012001

开票日期：2014 年 12 月 18 日

购买方	名　　称：河北阳光啤酒集团有限公司 纳税人识别号：130620041011029 地址、电 话：河北省万春市春江路8008 号 89798969 开户行及账号：建设银行万春第一支行1300160000111222201	密码区	本书略				
货物或应税劳务、服务名称	规格型号	单位	数量	单价	金 额	税率	税　额
广告费			1	1 000 000.00	1 000 000.00	6%	60 000.00
合计					¥1 000 000.00		¥60 000.00
价税合计（大写）	⊗壹佰零陆万元整				（小写）¥1 060 000.00		
销售方	名　　称：万春电视台 纳税人识别号：130620041011027 地址、电 话：河北省万春市春江路6011 号 60060010 开户行及账号：建设银行万春支行1300160000111222282	备注					

收款人：李子　　复核：李木　　开票人：李江　　销售方：（章）

第二联　抵扣联　购买方扣税凭证

单据 70.3.2

河北增值税专用发票

1306144130 　　发票联　　№ 01012001

开票日期：2014 年 12 月 18 日

购买方	名　　称：河北阳光啤酒集团有限公司 纳税人识别号：130620041011029 地址、电话：河北省万春市春江路 8008 号 89798969 开户行及账号：建设银行万春第一支行 13001600001111222201				密码区	本书略		
货物或应税劳务、服务名称	规格型号	单位	数量	单价	金额	税率	税额	
广告费			1	1 000 000.00	1 000 000.00	6%	60 000.00	
合计					¥1 000 000.00		¥60 000.00	
价税合计（大写）	⊗壹佰零陆万元整				（小写）¥1 060 000.00			
销售方	名　　称：万春电视台 纳税人识别号：130620041011027 地址、电话：河北省万春市春江路 6011 号 60060010 开户行及账号：建设银行万春支行 13001600001111222282				备注			

第三联 发票联 购买方记账凭证

收款人：李子　　复核：李木　　开票人：李江　　销售方：（章）

单据 70.3.3

中国建设银行实时通付款凭证

存根/回单联

130000306717

附加信息

签发日期 2014 年 12 月 18 日

单位主管：孙丽丽　　会计：周宏伟

收款人：万春电视台
金　额：1 000 000.00
用　途：支付广告费

☐ 现金支票功能
☑ 转账支票功能
☐ 汇兑功能
☐ 银行汇票申请功能
☐ 银行本票申请功能

银行办讫签章：

业务 71

单据 71.1.1

<table>
<tr><td colspan="2" align="center">收　据</td></tr>
<tr><td rowspan="4">收
据</td><td>2014 年 12 月 18 日　　　字　No 0007841</td></tr>
<tr><td>今收到 李勤 交 来 违规操作罚款</td></tr>
<tr><td>人民币（大写）伍佰元整　　　¥ 500.00</td></tr>
<tr><td>收款单位公章（河北阳光啤酒集团有限公司 财务专用章）　　收款人：李芳芳　　交款人：李勤
第三联　记账联</td></tr>
</table>

业务 72

单据 72.1.1

<table>
<tr><td colspan="2" align="center">申　请</td></tr>
<tr><td colspan="2">经查发现，供货商济南纸箱厂已注销，所欠其货款 100 000 元（大写：壹拾万元整）无法支付，特申请转作营业外收入。</td></tr>
<tr><td>同意
钱二国
2014 年 12 月 28 日</td><td>孙丽丽
2014 年 12 月 18 日</td></tr>
</table>

业务 73

单据 73.4.1

<table>
<tr><td colspan="2" align="center">申　请</td></tr>
<tr><td colspan="2">经查，因天寒冷，仓库暖气管道出现细微漏水，造成大米发生霉变，发生损失 2 373.00 元，特申请转作营业外支出。</td></tr>
<tr><td>同意
钱二国
2014 年 12 月 18 日</td><td>孙丽丽
2014 年 12 月 18 日</td></tr>
</table>

单据 73.4.2

材料盘盈盘亏报告单

2014 年 12 月 18 日

<table>
<tr><td rowspan="2">编号</td><td rowspan="2">品名规格</td><td rowspan="2">单位</td><td rowspan="2">账面数量</td><td rowspan="2">实存数量</td><td colspan="2">盘盈数</td><td colspan="2">盘亏数</td><td rowspan="2">可抵扣（或转出）的进项税</td><td rowspan="2">原因</td></tr>
<tr><td>数量</td><td>金额</td><td>数量</td><td>金额</td></tr>
<tr><td></td><td>大米</td><td>吨</td><td>360</td><td>359</td><td></td><td></td><td>1</td><td>2 100.00</td><td>（273）</td><td>暖气漏水</td></tr>
<tr><td rowspan="2">处理意见</td><td colspan="2">保管部门</td><td colspan="2">清查小组</td><td colspan="6">审批部门</td></tr>
<tr><td colspan="2">计入营业外支出</td><td colspan="2">计入营业外支出</td><td colspan="6">同意清查小组意见
2014.12.18</td></tr>
</table>

供应部门负责人：李东　　保管：周丽影　　清点人：李东

单据 73.4.3

纳税人资产损失税前扣除申请表

企业名称：河北阳光啤酒集团有限公司 2014 年 12 月 18 日 金额（单位：元）

品名	损失类型	损失数量	账面价值	残值金额	责任人赔偿	保险赔偿	财政审批数	计税扣除金额
大米		1吨	2 373					2 373
合计			2 373					2 373
主管税务机关审核意见： 情况属实，同意税前扣除。 经办人：郎松 科 长：栗之花 2014 年 12 月 18 日								

法定代表人（负责人）： 财务负责人： 联系电话：

说明：1. 企业申报时按品名各栏分别列出，另附报损失主要原因说明、有关损失的有效证明资料。

2. 本表填报一式四份，经规定程序和权限报批后，有关地税相关各留存一份，退还企业一份备查。

单据 73.4.4

税前扣除审批表

企业名称：河北阳光啤酒集团有限公司 2014 年 12 月 18 日 （单位：元）

利润总额		预计应纳税所得额		
扣除项目及审批表				
项 目	本年度已核销（列支）金额	审核批准扣除金额	纳税调整金额	备 注
1. 固定资产				
其中：盘亏				
报废				
2. 流动资产				
其中：盘亏				
报废	2 373.00	2 373.00		
3. 其他损失				
合计	2 373.00	2 373.00		
区国税局： 2014 年 12 月 18 日		市国税局： 同意 2014 年 12 月 18 日		

业务 74

单据 74.3.1

货物运输业增值税专用发票

1306144230　　　　　　抵扣联　　　　　　№ 13010001

开票日期：2014 年 12 月 19 日

承运人及 纳税人识别号	顺发物流公司 130620346564773	密码区	本书略
实际受票方及 纳税人识别号	河北阳光啤酒集团有限公司 130620041011029		
收货人及 纳税人识别号	石家庄代理商 131102870703042	发货人及 纳税人识别号	河北阳光啤酒集团有限公司 130620041011029
起运地、经由、到达地	万春至石家庄		
费用项目及金额	运费 55 600 元	运输货物信息	
合计金额	55 600.00	税率 11%　税额 6 116.00	机器编号 10
价税合计（大写）	⊗陆万壹仟柒佰壹拾陆元整		（小写）¥61 716.00
车种车号		车船吨位	
主管税务机关及代码	国家税务局万春第一分局 6523144	备注	

收款人：杨博明　　复核：王遥　　开票人：赵宝柱　　承运人：（章）

第二联　抵扣联　受票方扣税凭证

单据 74.3.2

货物运输业增值税专用发票

1306144230　　　　　　发票联　　　　　　№ 13010001

开票日期：2014 年 12 月 19 日

承运人及 纳税人识别号	顺发物流公司 130620346564773	密码区	略
实际受票方及 纳税人识别号	河北阳光啤酒集团有限公司 130620041011029		
收货人及 纳税人识别号	石家庄代理商 131102870703042	发货人及 纳税人识别号	河北阳光啤酒集团有限公司 130620041011029
起运地、经由、到达地	万春至石家庄		
费用项目及金额	运费 55 600 元	运输货物信息	
合计金额	55 600.00	税率 11%　税额 6 116.00	机器编号 10
价税合计（大写）	⊗陆万壹仟柒佰壹拾陆元整		（小写）¥61 716.00
车种车号		车船吨位	
主管税务机关及代码	国家税务局万春第一分局 6523144	备注	

收款人：杨博明　　复核：王遥　　开票人：赵宝柱　　承运人：（章）

第三联　发票联　受票方记账凭证

注：货物运输业增值税专用发票共 5 份，详细情况如下：

受票人	收货人	发票号	运费	增值税	价税合计
河北阳光啤酒集团有限公司	北京代理商	13010001	55 600.00	6 116.00	61 716.00
	天津代理商	13010002	55 600.00	6 116.00	61 716.00
	石家庄代理商	13010003	55 600.00	6 116.00	61 716.00
	济南代理商	13010004	75 060.00	8 256.60	83 316.60
	万春代理商	13010005	5 580.00	613.80	6 193.80
合计			247 440.00	27 218.40	274 658.40

单据 74.3.3

中国建设银行实时通付款凭证

存根/回单联

130000306718

附加信息

签发日期 2014 年 12 月 19 日

单位主管：孙丽丽　　会计：周宏伟

收款人：顺发物流公司
金　额：115 500.00
用　途：运费

☐ 现金支票功能

☑ 转账支票功能

☐ 汇兑功能

☐ 银行汇票申请功能

☐ 银行本票申请功能

银行办讫签章：中国建设银行股份有限公司 万春第一支行 2014.12.19 转讫

业务 75

单据 75.1.1

借　款　单

2014 年 12 月 19 日

部　门	行政部	姓名	孙兵	借款用途	出差
借款金额	人民币（大写）肆仟元整				（小写）¥4 000.00
实际报销金额		结余金额 / 超支金额	现金付讫	领导审核意见	同意借款 钱二国
备注				结账日期	2014 年 12 月 19 日

财务主管 周宏伟　　会计 郑祥林　　出纳 李芳芳　　借款人签章 孙兵

业务 76

单据 76.2.1

中国建设银行实时通付款凭证

存根/回单联

130000306719

附加信息

签发日期 2014 年 12 月 19 日

单位主管：孙丽丽　　会计：周宏伟

收款人：河北阳光啤酒集团有限公司工会
金　额：42 000.00
用　途：拨缴工会经费

☐ 现金支票功能
☑ 转账支票功能
☐ 汇兑功能
☐ 银行汇票申请功能
☐ 银行本票申请功能

银行办讫签章：

中国建设银行股份有限公司 万春第一支行 2014.12.19 转讫

单据 76.2.2

冀财 0305　　河北省政府非税收入通用票据

填制日期：2014 年 12 月 19 日

单位：河北阳光啤酒集团有限公司												
项目名称	数 量	单 位	标 准	金 额								
				百	十	万	千	百	十	元	角	分
工会经费						4	2	0	0	0	0	0
金额合计（大写）：⊗佰⊗拾肆万贰仟零佰零拾零元零角零分					¥	4	2	0	0	0	0	0

第二联 记账联

收款单位：（印章）　　收款人：王晨东　　经手人：秦立丽

业务 77

单据 77.1.1

中国建设银行 China Construction Bank

中国建设银行单位客户专用回单

币别：人民币　　　　2014 年 12 月 21 日　　　　流水号：

户名：河北阳光啤酒集团有限公司			账号 1300160000111222201		
计息项目	起息日	结息日	本金/积数	利率（%）	利息
利息	2014.07.21	2014.12.21	193 548 387.10	0.465	2 500.00
合计金额	（大写）人民币贰仟伍佰元整				
上列存款利息，已照收你单位 1300160000111222201 账户。			打印柜员：130111101001 打印机构：春江路支行 打印卡号：1301100001000101	中国建设银行 电子回单 专用章	

打印时间：2014-12-22　　　　交易柜员　　交易机构

本回单可通过建行对公自助设备或建行网站校验真伪

业务 78

单据 78.1.1

中国建设银行（贷款）利息清单

2014 年 12 月 21 日

收款单位	账　　号	769990510002876	付款单位	账　　号	1300160000111222201
	户　　名	农业银行万春市支行		户　　名	河北阳光啤酒集团有限公司
	开户银行	农业银行万春市支行		开户银行	建设银行万春第一支行
本金：10 000 000.00			利率：6.6%		利息：55 000.00
备注：归还长期借款利息				科目： 双方科目： 复核员：　　记账员：	

（印章：中国建设银行股份有限公司 万春第一支行 2014.12.18 转讫）

业务 79

单据 79.1.1

现 金 盘 点 报 告 表

2014 年 12 月 30 日

项 目	票 面	数 量	金 额	盘点异常及建议事项	
现金盘点报告表	¥100.00	140	14 000.00	属正常范围内，计入管理费用	
	¥50.00	1	50.00		
	¥20.00	2	40.00		
	¥10.00	2	2.00	盘点结果及要点报告	
				盘亏	
小 计			14 110.00	总经理	财务经理
账 面 数				钱二国	孙丽丽
处理结果	盘 盈				
	盘 亏		10.00		
保管人：李芳芳		盘点人：周宏伟			

注：账面数根据现金日记账期末金额填列，学生实训的现金日记账的期末金额应当是 1 120 元。

业务 80

单据 80.1.1

投资性房地产折旧计算表

2014 年 12 月 31 日　　　　单位：元

项　目	用　途	本月应提折旧额	备　注
房屋	出租	4 165	

财务主管：孙丽丽　　　　复核：周宏伟　　　　制单：郑祥林

业务 81

单据 81.1.1

公允价值变动计算单

2014 年 12 月 31 日

股票/债券	数量	账面余额		公允价值	公允价值变动额（损益）
		成本	公允价值变动额		
长江电力				2 000 000.00	
黄河科技				900 000.00	
合　计					

财务主管：孙丽丽　　　　复核：周宏伟　　　　制单：郑祥林

业务 82

单据 82.1.1

长期股权投资损益调整计算表

2014 年 12 月 31 日　　　　单位：元

接受投资方	持股比例	接受投资方 2014 年净利润	应享有的权益份额	核算方法
永兴股份有限公司	30%	500 000.00	150 000.00	权益法
合计			150 000.00	

财务主管：孙丽丽　　　　复核：周宏伟　　　　制单：郑祥林

业务 83

单据 83.1.1

长期借款利息计提表

2014 年 12 月 31 日

借款日期	到期日	借款金额	利率	月利息	备　注
2010.10.20	2015.10.20	10 000 000	5.5‰		2011 年 1 月购买设备

财务主管：孙丽丽　　　　复核：周宏伟　　　　制单：郑祥林

业务 84

单据 84.1.1

国债利息收入计提表

2014 年 12 月 31 日

购买日期	到期日	国债金额	利率	月利息	备 注
2010.01.21	2015.1.21	200 000	7.2%		付息日为每年 1 月 21 日

财务主管：孙丽丽　　复核：周宏伟　　制单：郑祥林

业务 85

单据 85.1.1

坏账准备计算表

年末应收账款余额	计提比例	坏账准备期末余额	坏账准备期初余额	应计提或冲销坏账准备

财务主管：孙丽丽　　复核：周宏伟　　制单：郑祥林

业务 86

单据 86.1.1

工资分配表

2014 年 12 月 31 日　　单位：元

科 目	部门	产品	直接计入	分配计入			合 计
				工时	分配率	分配金额	
生产成本	酿造部	纯生啤酒		2 160 000.00			
		普通啤酒		4 320 000.00			
		小计		6 480 000.00		180 000.00	
生产成本	包装部	纯生啤酒		18 000 000.00			
		普通啤酒		12 000 000.00			
		小计		30 000 000.00		1 500 000.00	
制造费用	酿造部		20 000.00				
制造费用	包装部		40 000.00				
辅助生产成本	工程部	工资	40 000.00				
管理费用	管理部门		120 000.00				
销售费用	销售部	工资	200 000.00				
合计			420 000.00			1 680 000.00	2 100 000.00

财务主管：孙丽丽　　复核：周宏伟　　制单：郑祥林

业务 87

单据 87.1.1

职工福利费分配

2014 年 12 月 31 日

科　目	部　门	产　品	金　额	科　目	部　门	金　额
生产成本	酿造部	纯生啤酒	3 666.67	管理费用	管理部门	23 000.00
		普通啤酒	7 333.33	制造费用	酿造部	1 000.00
		小　计	11 000.00	制造费用	包装部	2 000.00
	包装部	纯生啤酒	45 000.00	辅助生产成本	工程部	2 000.00
		普通啤酒	30 000.00	销售费用	销售部	9 000.00
		小　计	75 000.00	计提职工福利费合计		123 000.00

财务主管：孙丽丽　　复核：周宏伟　　制单：郑祥林

业务 88

单据 88.1.1

职工教育经费计提表

2014 年 12 月 31 日　　单位：元

科　目	部　门	产　品	金　额	科　目	部　门	金　额
生产成本	酿造部	纯生啤酒		管理费用	管理部门	4 000.00
		普通啤酒		制造费用	酿造部	
		小　计		制造费用	包装部	
	包装部	纯生啤酒		辅助生产成本	工程部	
		普通啤酒		销售费用	销售部	
		小　计		合　计		4 000.00

财务主管：孙丽丽　　复核：周宏伟　　制单：郑祥林

业务 89

单据 89.1.1

工会经费计算表

2012 年 12 月 31 日　　单位：元

科　目	部　门	产　品	工　资	计提比例	金　额
管理费用	管理部门				
生产成本	酿造部	纯生啤酒			
		普通啤酒			
		小计			
生产成本	包装部	纯生啤酒			
		普通啤酒			
		小计			
制造费用	酿造部				
制造费用	包装部				
辅助生产成本	工程部	工会经费			
销售费用	销售部	工会经费			
合计				2%	

财务主管：孙丽丽　　复核：周宏伟　　制单：郑祥林

注：表内第四列“工资”下数据根据实训时计算填列的单据 84.4.4 最后一列金额填写。

业务 90

单据 90.1.1

五险一金计提表

2014 年 12 月 31 日　　　　单位：元

科目	部门	产品	工资	单位缴纳部分						
				养老保险 20%	失业保险 2%	工伤保险 1%	医疗保险 7.5%	生育保险 0.6%	公积金 10%	合　计
管理费用	管理部门									
生产成本	酿造部	纯生啤酒								
		普通啤酒								
		小计								
生产成本	包装部	纯生啤酒								
		普通啤酒								
		小计								
制造费用	酿造部									
制造费用	包装部									
辅助生产成本	工程部	社保								
销售费用	销售部	社保								
合计										

财务主管：孙丽丽　　　　复核：周宏伟　　　　制单：郑祥林

业务 91

单据 91.1.1

职工非货币性福利计提表

2014 年 12 月 31 日　　　　单位：元

会计科目	部　门	产　品	金　额	科　目	部　门	金　额
生产成本	酿造部	纯生啤酒	589.68	制造费用	酿造部	196.56
		普通啤酒	1 179.36	制造费用	包装部	393.12
		小计	1 769.04			
	包装部	纯生啤酒	8 845.20			
		普通啤酒	5 896.80			
		小计	14 742.00	计提职工非货币性福利合计		17 100.72

财务主管：孙丽丽　　　　复核：周宏伟　　　　制单：郑祥林

业务 92

单据 92.1.1

外购水费分配表

2014 年 12 月 31 日

会计科目	部门或产品	项　目	金　额	备　注
生产成本	纯生啤酒	直接材料	80 000.00	
		其他直接支出	100 000.00	
		小计	180 000.00	
	普通啤酒	直接材料	150 000.00	
		其他直接支出	150 000.00	
		小计	300 000.00	
辅助生产成本	工程部	水费	49 800.00	
管理费用	管理部门	水费	9 000.00	
制造费用	酿造部	水费	168 000.00	
制造费用	包装部	水费	210 000.00	
合计			916 800.00	

财务主管：孙丽丽　　复核：周宏伟　　制单：郑祥林

业务 93

单据 93.1.1

外购电费分配表

2014 年 12 月 31 日　　单位：元

会 计 科 目	部门或产品	项　目	金　额	备　注
生产成本	纯生啤酒	其他直接支出	192 000.00	
生产成本	普通啤酒	其他直接支出	320 000.00	
辅助生产成本	工程部	电费	480 000.00	
管理费用	管理部门	电费	18 000.00	
制造费用	酿造部	电费	36 000.00	
制造费用	包装部	电费	78 000.00	
合　计			1 124 000.00	

财务主管：孙丽丽　　复核：周宏伟　　制单：郑祥林

业务 94

单据 94.1.1

累计摊销计算表

2014 年 12 月 31 日　　单位：元

项　目	原　值	使用年限	月摊销额
土地使用权	240 000 000.00	50	400 000.00
商标权	3 600 000.00	10	30 000.00
专利权	1 020 000.00	10	8 500.00
小　计	244 620 000.00		438 500.00

财务主管：孙丽丽　　复核：周宏伟　　制单：郑祥林

业务 95

单据 95.1.1

固定资产折旧计算表

2014 年 12 月 31 日　　单位：元

大　类	管理部门	工程部	酿造部	包装部	销售	合　计
房屋、建筑物	412 335.00		300 000.00	100 000.00		812 335.00
机器设备	4 950.00	56 466.67	277 588.89	1 333 266.67		1 672 272.23
运输工具	24 920.00			24 920.00		49 840.00
办公设备	9050.29	1 205.48	1 205.48	1 205.48	3 040.37	15 707.10
家具	1704.00	1 060.00	1 060.00	1 060.00	1 821.40	6 705.40
合计	452 959.29	58 732.15	579 854.37	1 460 452.15	4 861.77	2 556 859.73

财务主管：孙丽丽　　复核：周宏伟　　制单：郑祥林

业务 96

单据 96.9.1

限额领料单

领料部门：酿造部　　领料编号：12301

领料用途：生产普通啤酒　　2014 年 12 月　　发料仓库：1 号

材料类别	材料编号	材料名称及规格	计量单位	领用限额	实际领用	单　价	金　额	备　注
辅助材料	01	酒花	吨	4	4			

供应部门负责人：李东　　生产计划部门负责人：李强

日期	数量		领料人签章	发料人签章	扣除代用数量	退　料			限额结余
	请购	实发				数　量	收料人	发料人	
1	2	2	李　红	周丽影					2
2	2	2	李　红	周丽影					0
合计	4	4							

单据 96.9.2

限额领料单

领料部门：酿造部　　　　领料编号：12302

领料用途：生产普通啤酒　　　　2014 年 12 月　　　　发料仓库：1 号

材料类别	材料编号	材料名称及规格	计量单位	领用限额	实际领用	单　价	金　额	备　注
辅助材料	01	酒花	吨	58	58			

供应部门负责人：李东　　　　生产计划部门负责人：李强

日期	数量		领料人签章	发料人签章	扣除代用数量	退　料			限额结余
	请购	实发				数　量	收料人	发料人	
3	2	2	李　红	周丽影					56
4	2	2	李　红	周丽影					54
30	2	2	李　红	周丽影					2
31	2	2	李　红	周丽影					0
合计	58	58							

单据 96.9.3

限额领料单

领料部门：酿造部　　　　领料编号：12303

领料用途：生产纯生啤酒　　　　2014 年 12 月　　　　发料仓库：1 号

材料类别	材料编号	材料名称及规格	计量单位	领用限额	实际领用	单　价	金　额	备　注
辅助材料	01	酒花	吨	31	31			

供应部门负责人：李东　　　　生产计划部门负责人：李强

日期	数量		领料人签章	发料人签章	扣除代用数量	退　料			限额结余
	请购	实发				数　量	收料人	发料人	
3	3	3	李　红	周丽影					28
4	1	1	李　红	周丽影					27
30	1	1	李　红	周丽影					1
31	1	1	李　红	周丽影					0
合计	31	31							

单据 96.9.4

限额领料单

领料部门：酿造部　　　　领料编号：12304

领料用途：生产普通啤酒　　　　2014 年 12 月　　　　发料仓库：1 号

材料类别	材料编号	材料名称及规格	计量单位	领用限额	实际领用	单　价	金　额	备　注
原料及主要材料	01	麦芽	吨	496	496			

供应部门负责人：李东　　　　生产计划部门负责人：李强

日期	数量		领料人签章	发料人签章	扣除代用数量	退　料			限额结余
	请购	实发				数　量	收料人	发料人	
1	16	16	李　红	周丽影					480
2	16	16	李　红	周丽影					464
30	16	16	李　红	周丽影					16
31	16	16	李　红	周丽影					0
合计	496	496							

单据 96.9.5

限额领料单

领料部门：酿造部　　　　领料编号：12305

领料用途：生产纯生啤酒　　　　2014 年 12 月　　　　发料仓库：1 号

材料类别	材料编号	材料名称及规格	计量单位	领用限额	实际领用	单　价	金　额	备　注
原料及主要材料	01	麦芽	吨	248	248			

供应部门负责人：李东　　　　生产计划部门负责人：李强

日期	数量		领料人签章	发料人签章	扣除代用数量	退　料			限额结余
	请购	实发				数　量	收料人	发料人	
1	8	8	李　红	周丽影					240
2	8	8	李　红	周丽影					232
30	8	8	李　红	周丽影					8
31	8	8	李　红	周丽影					0
合计	248	248							

单据 96.9.6

限额领料单

领料部门：酿造部　　　　　　　　　　　　　　　　领料编号：12306

领料用途：生产普通啤酒　　　　2014 年 12 月　　　　发料仓库：1 号

材料类别	材料编号	材料名称及规格	计量单位	领用限额	实际领用	单　价	金　额	备　注
原料及主要材料	01	大米	吨	434	434			

供应部门负责人：李东　　　　　　　　　　　　　　生产计划部门负责人：李强

日期	数量		领料人签章	发料人签章	扣除代用数量	退　料			限额结余
	请购	实发				数　量	收料人	发料人	
1	14	14	李　红	周丽影					420
2	14	14	李　红	周丽影					406
30	14	14	李　红	周丽影					14
31	14	14	李　红	周丽影					0
合计	434	434							

单据 96.9.7

限额领料单

领料部门：酿造部　　　　　　　　　　　　　　　　领料编号：12307

领料用途：生产纯生啤酒　　　　2014 年 12 月　　　　发料仓库：1 号

材料类别	材料编号	材料名称及规格	计量单位	领用限额	实际领用	单　价	金　额	备　注
原料及主要材料	01	大米	吨	217	217			

供应部门负责人：李东　　　　　　　　　　　　　　生产计划部门负责人：李强

日期	数量		领料人签章	发料人签章	扣除代用数量	退　料			限额结余
	请购	实发				数　量	收料人	发料人	
1	7	7	李　红	周丽影					210
2	7	7	李　红	周丽影					203
30	7	7	李　红	周丽影					7
31	7	7	李　红	周丽影					0
合计	217	217							

单据 96.9.8

材料发出汇总表

材料类别：原材料　　　　　　2014 年 12 月 31 日

领用材料 \ 会计科目		产品 纯生啤酒	产品 普通啤酒	合计
酒花	数量（个）			
	单价（元）			
	金额（元）			
麦芽	数量（个）			
	单价（元）			
	金额（元）			
大米	数量（个）			
	单价（元）			
	金额（元）			
合计				

财务主管：孙丽丽　　　　复核：周宏伟　　　　制单：郑祥林

单据 96.9.9

材料分配明细表

材料类别：原材料　　　　　　2014 年 12 月 31 日

领用材料 \ 会计科目	生产成本 纯生啤酒	生产成本 普通啤酒	合计
酒花			
麦芽			
大米			
合计			

财务主管：孙丽丽　　　　复核：周宏伟　　　　制单：郑祥林

业务 97

单据 97.12.1

限额领料单

领料部门：包装部　　　　　　　　　　　　　　　　　　领料编号：12308

领料用途：生产普通啤酒　　　　2014 年 12 月　　　　　发料仓库：2 号

材料类别	材料编号	材料名称及规格	计量单位	领用限额	实际领用	单　价	金　额	备　注
周转材料	01	酒瓶	个	12 400 000	12 400 000			

供应部门负责人：李东　　　　　　　　　　　　　　生产计划部门负责人：李强

日期	数量		领料人签章	发料人签章	扣除代用数量	退　料			限额结余
	请购	实发				数　量	收料人	发料人	
1	400 000	400 000	李　红	周丽影					12 000 000
2	400 000	400 000	李　红	周丽影					11 600 000
30	400 000	400 000	李　红	周丽影					400 000
31	400 000	400 000	李　红	周丽影					0
合计	12 400 000	12 400 000							

单据 97.12.2

限额领料单

领料部门：包装部　　　　　　　　　　　　　　　　　　领料编号：12309

领料用途：生产纯生啤酒　　　　2014 年 12 月　　　　　发料仓库：2 号

材料类别	材料编号	材料名称及规格	计量单位	领用限额	实际领用	单　价	金　额	备　注
周转材料	01	酒瓶	个	6 200 000	6 200 000			

供应部门负责人：李东　　　　　　　　　　　　　　生产计划部门负责人：李强

日期	数量		领料人签章	发料人签章	扣除代用数量	退　料			限额结余
	请购	实发				数　量	收料人	发料人	
1	200 000	200 000	李　红	周丽影					6 000 000
2	200 000	200 000	李　红	周丽影					5 800 000
30	200 000	200 000	李　红	周丽影					200 000
31	200 000	200 000	李　红	周丽影					0
合计	6 200 000	6 200 000							

单据 97.12.3

限额领料单

领料部门：酿造部　　　　　　　　　　　　　　　　　　领料编号：12310

领料用途：生产普通啤酒　　　　2014 年 12 月　　　　　　发料仓库：2 号

材料类别	材料编号	材料名称及规格	计量单位	领用限额	实际领用	单　价	金　额	备　注
周转材料	02	瓶盖	个	12 400 000	12 400 000			

供应部门负责人：李东　　　　　　　　　　　　　　　　生产计划部门负责人：李强

日期	数量		领料人签章	发料人签章	扣除代用数量	退　料			限额结余
	请领	实发				数　量	收料人	发料人	
1	400 000	400 000	李　红	周丽影					12 000 000
2	400 000	400 000	李　红	周丽影					11 600 000
30	400 000	400 000	李　红	周丽影					400 000
31	400 000	400 000	李　红	周丽影					0
合计	12 400 000	12 400 000							

单据 97.12.4

限额领料单

领料部门：酿造部　　　　　　　　　　　　　　　　　　领料编号：12311

领料用途：生产纯生啤酒　　　　2014 年 12 月　　　　　　发料仓库：2 号

材料类别	材料编号	材料名称及规格	计量单位	领用限额	实际领用	单　价	金　额	备　注
周转材料	02	瓶盖	个	6 200 000	6 200 000			

供应部门负责人：李东　　　　　　　　　　　　　　　　生产计划部门负责人：李强

日期	数量		领料人签章	发料人签章	扣除代用数量	退　料			限额结余
	请领	实发				数　量	收料人	发料人	
1	200 000	200 000	李　红	周丽影					6 000 000
2	200 000	200 000	李　红	周丽影					5 800 000
30	200 000	200 000	李　红	周丽影					200 000
31	200 000	200 000	李　红	周丽影					0
合计	6 200 000	6 200 000							

单据 97.12.5

限额领料单

领料部门：酿造部　　　　　　　　　　　　　　　　　　领料编号：12312

领料用途：生产普通啤酒　　　　2014 年 12 月　　　　发料仓库：2 号

材料类别	材料编号	材料名称及规格	计量单位	领用限额	实际领用	单　价	金　额	备　注
周转材料	03	标签	个	12 400 000	12 400 000			

供应部门负责人：李东　　　　　　　　　　　　　　　生产计划部门负责人：李强

日期	数量		领料人签章	发料人签章	扣除代用数量	退　料			限额结余
	请领	实发				数　量	收料人	发料人	
1	400 000	400 000	李　红	周丽影					12 000 000
2	400 000	400 000	李　红	周丽影					11 600 000
30	400 000	400 000	李　红	周丽影					400 000
31	400 000	400 000	李　红	周丽影					0
合计	12 400 000	12 400 000							

单据 97.12.6

限额领料单

领料部门：酿造部　　　　　　　　　　　　　　　　　　领料编号：12313

领料用途：生产纯生啤酒　　　　2014 年 12 月　　　　发料仓库：2 号

材料类别	材料编号	材料名称及规格	计量单位	领用限额	实际领用	单　价	金　额	备　注
周转材料	03	标签	个	6 200 000	6 200 000			

供应部门负责人：李东　　　　　　　　　　　　　　　生产计划部门负责人：李强

日期	数量		领料人签章	发料人签章	扣除代用数量	退　料			限额结余
	请领	实发				数　量	收料人	发料人	
1	200 000	200 000	李　红	周丽影					6 000 000
2	200 000	200 000	李　红	周丽影					5 800 000
30	200 000	200 000	李　红	周丽影					200 000
31	200 000	200 000	李　红	周丽影					0
合计	6 200 000	6 200 000							

单据 97.12.7

限额领料单

领料部门：酿造部　　　　领料编号：12314

领料用途：生产普通啤酒　　　　2014 年 12 月　　　　发料仓库：2 号

材料类别	材料编号	材料名称及规格	计量单位	领用限额	实际领用	单　价	金　额	备　注
周转材料	04	胶带	卷	34 472	34 472			

供应部门负责人：李东　　　　生产计划部门负责人：李强

日期	数量		领料人签章	发料人签章	扣除代用数量	退　料			限额结余
	请领	实发				数　量	收料人	发料人	
1	1 112	1 112	李　红	周丽影					33 360
2	1 112	1 112	李　红	周丽影					32 248
30	1 112	1 112	李　红	周丽影					1 112
31	1 112	1 112	李　红	周丽影					0
合计	34 472	34 472							

单据 97.12.8

限额领料单

领料部门：酿造部　　　　领料编号：12315

领料用途：生产纯生啤酒　　　　2014 年 12 月　　　　发料仓库：2 号

材料类别	材料编号	材料名称及规格	计量单位	领用限额	实际领用	单　价	金　额	备　注
周转材料	04	胶带	卷	17 236	17 236			

供应部门负责人：李东　　　　生产计划部门负责人：李强

日期	数量		领料人签章	发料人签章	扣除代用数量	退　料			限额结余
	请领	实发				数　量	收料人	发料人	
1	556	556	李　红	周丽影					16 680
2	556	556	李　红	周丽影					16 124
30	556	556	李　红	周丽影					556
31	556	556	李　红	周丽影					0
合计	17 236	17 236							

单据 97.12.9

限额领料单

领料部门：酿造部　　　　　　　　　　　　　　　　　　　　　领料编号：12316

领料用途：生产普通啤酒　　　　　2014 年 12 月　　　　　　　发料仓库：2 号

材料类别	材料编号	材料名称及规格	计量单位	领用限额	实际领用	单价	金额	备注
周转材料	05	纸箱	个	465 000	465 000			

供应部门负责人：李东　　　　　　　　　　　　　　　　　　生产计划部门负责人：李强

日期	数量		领料人签章	发料人签章	扣除代用数量	退料			限额结余
	请领	实发				数量	收料人	发料人	
1	15 000	15 000	李红	周丽影					450 000
2	15 000	15 000	李红	周丽影					435 000
30	15 000	15 000	李红	周丽影					15 000
31	15 000	15 000	李红	周丽影					0
合计	465 000	465 000							

单据 97.12.10

限额领料单

领料部门：酿造部　　　　　　　　　　　　　　　　　　　　　领料编号：12317

领料用途：生产纯生啤酒　　　　　2014 年 12 月　　　　　　　发料仓库：2 号

材料类别	材料编号	材料名称及规格	计量单位	领用限额	实际领用	单价	金额	备注
周转材料	05	纸箱	个	516 770	516 770			

供应部门负责人：李东　　　　　　　　　　　　　　　　　　生产计划部门负责人：李强

日期	数量		领料人签章	发料人签章	扣除代用数量	退料			限额结余
	请领	实发				数量	收料人	发料人	
1	16 670	16 670	李红	周丽影					500 100
2	16 670	16 670	李红	周丽影					483 430
30	16 670	16 670	李红	周丽影					16 670
31	16 670	16 670	李红	周丽影					0
合计	516 770	516 770							

单据 97.12.11

材料发出汇总表

材料类别：周转材料　　　　　　2014 年 12 月 31 日

领用材料 \ 会计科目		产品		合计
		纯生啤酒	普通啤酒	
啤酒瓶	数量（个）			
	单价（元）			
	金额（元）			
瓶盖	数量（个）			
	单价（元）			
	金额（元）			
标签	数量（个）			
	单价（元）			
	金额（元）			
胶带	数量（个）			
	单价（元）			
	金额（元）			
纸箱	数量（个）			
	单价（元）			
	金额（元）			
合计				

财务主管：孙丽丽　　　　复核：周宏伟　　　　制单：郑祥林

单据 97.12.12

材料分配明细表

材料类别：周转材料　　　　　　2014 年 12 月 31 日

领用材料 \ 会计科目	生产成本		合计
	纯生啤酒	普通啤酒	
啤酒瓶			
瓶盖			
标签			
胶带			
纸箱			
合计			

财务主管：孙丽丽　　　　复核：周宏伟　　　　制单：郑祥林

业务 98

单据 98.1.1

辅助生产成本分配表

2014 年 12 月 31 日

应借账户	生产工时	分配率	金额
生产成本——纯生啤酒	5 200		
生产成本——普通啤酒	10 400		
合计			

财务主管：孙丽丽　　复核：周宏伟　　制单：郑祥林

业务 99

单据 99.1.1

制造费用分配表

2014 年 12 月 31 日

应借账户	包装部			酿造部			
	生产工时	分配率	金额	生产工时	分配率	金额	合计
生产成本——纯生啤酒	18 000 000			2 160 000			
生产成本——普通啤酒	12 000 000			4 320 000			
合计							

财务主管：孙丽丽　　复核：周宏伟　　制单：郑祥林

业务 100

单据 100.3.1

完工入库产品统计表

单位：仓库　　2014 年 12 月 3 1 日

品名	单位	单价	数量	金额	备注
纯生瓶装啤酒	吨		4 500.00		
普通瓶装啤酒	吨		12 400.00		
合计					

二、记账凭证

负责人：李东　　经手人：周丽影

注：完工入库产品统计表的数量根据入库单统计填写，单价、金额根据产品成本计算单计算填写。此处省略入库单，入库单每天一份，共 31 份。

单据 100.3.2

产品成本计算单

原材料陆续投入　　　　2014 年 12 月 31 日

产品名称：纯生啤酒

摘　要	直接材料	直接人工	制造费用	其他直接支出	合　计
期初在产品成本					
本月发生费用					
费用合计					
在产品约当产量	3 000.00	1 800.00	1 800.00	1 800.00	
完工产品产量	4 500.00	4 500.00	4 500.00	4 500.00	4 500.00
产量合计	7 500.00	6 300.00	6 300.00	6 300.00	
单位成本					
完工产品成本					
在产品成本					

财务主管：孙丽丽　　　　复核：周宏伟　　　　制单：郑祥林

单据 100.3.3

产品成本计算单

原材料陆续投入　　　　2014 年 12 月 31 日

产品名称：普通啤酒

摘　要	直接材料	直接人工	制造费用	其他直接支出	合　计
期初在产品成本					
本月发生费用					
费用合计					
在产品约当产量	3 200.00	1 800.00	1 800.00	1 800.00	
完工产品产量	12 400.00	12 400.00	12 400.00	12 400.00	12 400.00
产量合计	15 600.00	14 200.00	14 200.00	14 200.00	
单位成本					
完工产品成本					
在产品成本					

财务主管：孙丽丽　　　　复核：周宏伟　　　　制单：郑祥林

业务 101

单据 101.7.1

产品出库单

单位：万春代理商　　　　2014 年 12 月 2 日

品　　名	单　　位	单　　价	数　　量	金　　额	备　　注
纯生瓶装啤酒	吨		600		
普通瓶装啤酒	吨		2 000		

负责人：李东　　　　经手人：周丽影

二、记账凭证

单据 101.7.2

产品出库单

单位：北京代理商　　　　2010 年 12 月 5 日

品　　名	单　　位	单　　价	数　　量	金　　额	备　　注
纯生瓶装啤酒	吨		600		
普通瓶装啤酒	吨		2 000		

负责人：李东　　　　经手人：周丽影

二、记账凭证

单据 101.7.3

产品出库单

单位：济南代理商　　　　2014 年 12 月 6 日

品　　名	单　　位	单　　价	数　　量	金　　额	备　　注
纯生瓶装啤酒	吨		600		
普通瓶装啤酒	吨		2 000		

负责人：李东　　　　经手人：周丽影

二、记账凭证

单据 101.7.4

产品出库单

单位：上海代理商　　　　2014 年 12 月 7 日

品　　名	单　　位	单　　价	数　　量	金　　额	备　　注
纯生瓶装啤酒	吨		600		
普通瓶装啤酒	吨		2 000		

负责人：李东　　　　经手人：周丽影

二、记账凭证

单据 101.7.5

产品出库单

单位：石家庄代理商　　　2014　年 12　月 18　日

品　　名	单　　位	单　　价	数　　量	金　　额	备　　注
纯生瓶装啤酒	吨		600		
普通瓶装啤酒	吨		2 000		

二、记账凭证

负责人：李东　　　　　　　　　　　　　　经手人：周丽影

单据 101.7.6

产品出库单

单位：职工非货币性福利　　　2014　年 12　月 18　日

品　　名	单　　位	单　　价	数　　量	金　　额	备　　注
普通瓶装啤酒	吨		5.22		

二、记账凭证

负责人：李东　　　　　　　　　　　　　　经手人：周丽影

单据 101.7.7

产品销售成本计算表

2014 年 12 月 31 日

产 品 名 称	销售数量（吨）	单位成本（元）	总成本（元）	备　　注
普通瓶装啤酒				
纯生瓶装啤酒				
合　　计				

财务主管：孙丽丽　　　　　复核：周宏伟　　　　　制单：郑祥林

业务 102

单据 102.2.1

增值税计算简表

2014 年 12 月 31 日　　　　　　　　　　单位：元

项目 / 计算方法	进项税额	销项税额	进项税额转出	应纳税额	备　　注
间接计算方法					

财务主管：孙丽丽　　　　　复核：周宏伟　　　　　制单：郑祥林

注：为避免重复，在此省略增值税纳税申报表，该表见附录三附表 3.1。

单据 102.2.2

增值税计算简表

2014 年 12 月 31 日　　　　单位：元

项目 / 计算方法	不含税销售额	征收率	应纳税额	减征税额	实际应纳税额	备　注
简易计税方法						

业务 103

单据 103.3.1

消费税计算简表

2014 年 12 月 31 日　　　　单位：元

项　目	销售数量	税　率	扣减税额	应纳税额	备　注

财务主管：孙丽丽　　　　复核：周宏伟　　　　制单：郑祥林

注：为避免重复，在此省略消费税纳税申报表，该表见附录三附表 3.4。

单据 103.3.2

营业税计算简表

2014 年 12 月 31 日　　　　单位：元

项　目	营业额	税　率	应纳税额	备　注
合　　计				

财务主管：孙丽丽　　　　复核：周宏伟　　　　制单：郑祥林

注：为避免重复，在此省略营业税纳税申报表，该表见附录三附表 3.7。

单据 103.3.3

城建税和教育费附加计算表

2014 年 12 月 31 日　　　　单位：元

税　种	计税依据金额	税　率	应交税费	备　注
城建税				
教育费附加				
合　　计				

财务主管：孙丽丽　　　　复核：周宏伟　　　　制单：郑祥林

注：为避免重复，在此省略城建税和教育费附加纳税申报表，该表见附录三附表 3.8。

业务 104

单据 104.1.1

本期收入类账户发生额计算表

2014 年 12 月 31 日　　　　单位：元

科　　目	借方发生额	贷方发生额
主营业务收入		
其他业务收入		
投资收益		
公允价值变动损益		
营业外收入		
合　　计		

财务主管：孙丽丽　　复核：周宏伟　　制单：郑祥林

业务 105

单据 105.1.1

本期支出类账户发生额计算表

2014 年 12 月 31 日　　　　单位：元

科　　目	借方发生额	贷方发生额
主营业务成本		
其他业务成本		
营业税金及附加		
管理费用		
财务费用		
销售费用		
资产减值损失		
营业外支出		
合　　计		

财务主管：孙丽丽　　复核：周宏伟　　制单：郑祥林

业务 106

单据 106.1.1

2014 年企业所得税计算简表

2014 年 12 月 31 日　　　　单位：元

项　　目	金　　额	项　　目	金　　额
2014 年会计利润		企业所得税税率	
纳税调整增加项目金额		应纳企业所得税额	
纳税调整减少项目金额		已预缴所得税	
应纳税所得额		应补缴企业所得税	

财务主管：孙丽丽　　复核：周宏伟　　制单：郑祥林

注：为避免重复，在此省略企业所得税纳税申报表，该表见附录三附表 3.9。

业务 107

单据 107.1.1

净利润计算表

2014 年 12 月 31 日　　单位：元

项　目	金　额	项　目	金　额
2014 年 1～11 月税后利润		2014 年利润总额	
2014 年 1～11 月所得税费用		2014 年企业所得税	
2014 年 12 月初本年利润（税前）		2014 年税后利润	
2014 年 12 月税前利润			

财务主管：孙丽丽　　复核：周宏伟　　制单：郑祥林

业务 108

单据 108.1.1

净利润分配表

2014 年 12 月 31 日　　单位：元

项　目	金　额	备　注
2014 年度所得税后净利润		
提取盈余公积金		本年税后利润的 10%
2014 年度利润可供分配金额		本年税后利润的 90%
对外分配股利：		当年可供分配利润的 60%
长江公司（股权比例 80%）		按股权比例 80%分配
黄河公司（股权比例 20%）		按股权比例 20%分配
留存利润：		当年可供分配利润的 40%
2014 年 12 月初未分配利润		
2014 年末累计未分配利润		

财务主管：孙丽丽　　复核：周宏伟　　制单：郑祥林

会计综合实训

（可裁剪使用经济业务原始凭证）

本书包括手工会计综合实训、计算机会计综合实训、企业纳税申报综合实训；原始凭证单独成册，方便实训操作。

新增互联网下的银行业务凭证、发票真伪鉴定、实训涉及的营改增政策、现金流量表和所有者权益变动表等；修订利润表，纳税申报表，发票（含增值税专用发票、货物运输业增值税专用发票、普通机打发票等），银行各种结算业务凭证的格式和内容。

除本书外，全套教学解决方案还包括课程标准、电子课件、账套及相关资料、参考答案等资源，索取方式参见本书“配套资料索取说明”。

ISBN 978-7-115-30148-2

9 787115 301482 >

ISBN 978-7-30148-2

定价：48.00 元